筑摩選書

鈴木浩三

Suzuki Kozo

江戸の風評被害

江戸の風評被害　目次

江戸の風評被害

プロローグ

江戸時代にも風評被害があった

風評被害は現代の問題である。

しかし、江戸時代にも風評被害はあった。「蕎麦を食べた者が中毒死した」という風説が拡がったために蕎麦屋の休業が続出する、「小判の改鋳があるらしい」と巷間いわれたために金融機能に障害が発生する、といったことは実際に江戸時代に起こっていた事実である。

とりわけ、江戸幕府（以下、「幕府」とする）の経済政策や金融（改鋳）政策の不透明感が増したとき、つまり市場に情報への飢餓感が増大したときに、両替（本書では、両替商を当時の一般的呼称に従い「両替」と呼ぶ）やその他の商人を含む市場参加者の不安が増幅されて、それが風評の発生につながるという大きな流れがみられる。また、政策が市場から支持されなかったり、幕府当局への信頼や信用が低下してくると、市場の思惑や取引参加者の願望が、風評になって現れるケースもあった。つまり、市場と幕府のせめぎ合いの中から風評が発生し、それが市場関係者に伝播・共有されて、金融その他の取引の障害や、幕府の政策の滞りに結びついたわけである。その意味で、少なくとも当時の経済分野における風評やそれに伴う障害の発生は、マーケット機能と表裏の関係にあったと見ることもできる。

もちろん江戸時代ならではの風評や噂もあったが、現代と似たものも多く、幕府もそれらを禁止し、取締りの対象にしていた。経済政策にまつわるものを含め、当時の様々な風評被害をみてみると、結局、カネ儲けや生老病死に関するものが多くを占めている観がある。時代・地域の違いなく、それらは人々の関心を最も引きつける領域なのだ。

なお、当時は「風評」という言い方はなく、幕府の公文書上の表現では「浮説」「虚説」「風説」などといった表現がなされていた。本書の第1章以降では、基本的に典拠した触書等の史料に掲載された用語を用いることにしたい。

風評被害とは

風評被害が、現代特有の社会現象ではないとすれば、「江戸時代における風評被害」を切り取って示すことができるのではなかろうか。それは単なる歴史趣味や好奇心を満足させるだけではなく、現代人が風評被害と向き合う際のヒントに結びつく可能性も秘めている。それが、この本を出版する狙いの一つである。

ところが、「風評被害」という用語は一九九〇年代頃から一般化したこともあって、厳密な定義があるわけではない。『広辞苑　第六版』（平成二十年）によれば、「風評」とは「世間の評判。うわさ。とりざた。風説」とあり、「風評被害」とは「風評によって売上げ減などの被害を受けること」とある。このうち「世間の評判」に着目すると、「風評」という言葉には、人々から価値判断を下されたという語感がある。この場合、「風評」には「ある社会事象に対して、その社会の人々によって価値判断が行われた上で共有化され、語られる評価」という意味が含まれるといえるだろう。それは、風評被害というのは、それによって被評者たちに売上減少といった経済的な被害が発生することを指すことになる。

三・一一以降の「風評被害」を扱った『風評被害　そのメカニズム』（関谷直也）では、風評被害を「ある社会問題（事件・事故・環境汚染・災害・不況）が報道されることによって、本来「安全」とされるもの（食品・商品・土地・企業）を人々が危険視し、消費、観光、取引をやめることなどによって引き起こされる経済的被害のこと」と定義している。

これに対して、「風評被害」（曽我部真裕）では、情報やマスコミ報道の多寡は重視せずに、「事故・災害により、当該事故地・被災地で生産される「安全な」食品・商品等の実際の安全性に消費者が不安を感じ、当該食品・商品等の購入を忌避することによって生じる主として経済的な被害」と広くとらえている。「風評被害とは何か」（荒木一視）でも「事実ではない情報や正確性を欠く情報、誇張された情報等によって、産地や企業あるいは観光地などが経済的な打撃を受けること」を風評被害としている。

以上の共通点を集約すると、風評被害とは「事実と異なる情報が（人々に）拡がることによって経済的被害が発生すること」といってもよいだろう。ただし、マスコミュニケーションという現代的な装置の存在を前提とすると、それらが未発達だった江戸時代には「風評被害」はあり得なかったことになる。しかし、現代でもソーシャル・メディアなどを通じて、個人が情報の受信と発信を繰り返すことによって社会全体に風評が拡がって、その結果、誰かが経済的な損害を蒙ることはよく見られる。報道を介さなくとも、真実ではない情報の伝播によって被害が生じることは珍しくはない。

情報が伝わるスピード

江戸時代は、浮説、虚説、噂、取り沙汰、風説などが渦巻く時代だった。それらが人々に伝わる速度も速かった。もちろん遠隔地間の交通・通信状況は現代とは比較にならないが、当時も、事件・事故、災害などが発生して、その情報が人と人とのコミュニケーションを介して社会に拡がっていくスピードは「瞬く間」といってもよかった。口コミだけではなく、手紙やメモ、印刷物によって情報が伝わる速度と拡散力は現代人の想像を超えている。現代的なマスコミやインターネットがなくても、ニュースは次々に人々に伝わっていったのである。たとえば、安政江戸地震（安政二年〈一八五五〉）の直後から、夥しい種類の倒壊・焼失個所を記した被災地域の一覧が災害情報として出版されている。

江戸・大坂を中心とする金・銀・銭の変動相場制が機能し、米の先物取引などが発達していた当時、金銀や銭、米の相場や、天候や災害など商取引や相場形成に影響する情報は、江戸や大坂などの都市に限らず、全国に一斉に拡がっていった。情報を取り損なえば経済的なリスクに直結する世の中だったのである。文字通りの「生き馬の目を抜く」社会であった。

一方、江戸城内で起こった政変や有力閣僚の任免は、その日のうちに江戸中の上下が知るところとなった。天保改革で有名な老中の水野越前守忠邦《ただくに》が天保十四年（一八四三）に失脚した時や、水野の片腕として江戸市中の風俗・奢侈取締りに辣腕を振るった南町奉行の鳥居甲斐守忠耀《ただてる》が、弘化元年（一八四四）に免職・改易された際には、その日の夕方には江戸の市民が彼等の屋敷を取り囲んで投石に及んでいる。さらに、政敵へのダメージや幕府の役職を争うライバルに対して、誹謗・中傷情報を意図的・計画的に流すことも珍しくはなかった。デマも多かったのである。

そうした情報環境の中では、それまで安全だと考えられていた食べ物や取引システムに対して、人々が疑いを持ったり回避行動を取るようになると、それが当時の情報ネットワークによって社会全体に拡がって具体的な経済的な影響を生じさせることも珍しくはなかった。

したがって、「報道」やマスコミという現代的な装置の有無にとらわれることなく、これを「人と人との情報のやりとり」と置き換えると、「風評被害」に関する先述した各定義は「江戸時代の風評被害」を語る上で有益なものとなる。

そこで、この本で扱う「風評被害」とは、「ある社会事象について事実と異なる情報が伝播していくことによって生じる人々の行動（消費、取引などの経済活動、社会的行動など）の集積が引き起こす経済的被害」ととらえることにする。

もちろん「事実と異なる情報」であっても、その情報が語られる時点で、人々がそれを信じるに足りる、あるいは信じることに無理のない場合には、客観的事実ではなくとも〝真の情報〟として扱われることがある。後日、それが事実ではなく、偽の情報であることが判明することもある。ことがらの真実性とは、実は相対的なものなのである。

情報が飛び交う江戸時代

江戸時代、風評（浮説や虚説など）によって生じた被害はそれこそ無限にあるだろう。それゆえ、この本では、幕府の御触書《おふれがき》や町触《まちぶれ》（町人に局限された幕府の公示法令）など、当時の公的な記録に残された事象を中心に話を進めていきたい。

それは、対象をこのように限定することにより、触書などに記された風評と被害の間の因果関係を前提に話を進めることができるからである。風評の発生によって幕府にとって「何か困ったこと」が発生したからこそ禁止や取締り、規制の対象になったのである。しかも、規制されたこと自体、その風評による経済的ないしは社会的な影響が看過できなかったことを物語る。一方、それらを補完する意味から、いわば「民間」側の記録として随筆や日記類などに記されたものも対象にする。

しかし、風評と被害の事実のみを取り上げて、「江戸時代にはこのような風評被害がありました」と示したところで、それだけでは単なる好事家の歴史趣味に終わってしまう。そこで、風評が発生するに至った社会的な背景、取締令を都市の隅々まで行き渡らせる仕組みとしての都市の行政機構の実際、当時の経済システムの様子などについても、できるだけ触れていきたい。

江戸時代は資本主義的な経済システムが発達した時代であった。そこでは情報が取引の上で重要であり、その収集に多くの者が血眼になっていた。情報には正確性とスピードが要求され、相場情報なども瞬く間に関係者に伝わる仕組が整っていた。一方で、それらは経済面での風評を発生させる背景ないし装置の一つでもあった。

しかも、ジャーナリズムが未成熟だったため、諸業界や個々の生活圏内では「風評」がその社会の情報として成立し、限られた共同体の中では、メンバーなら誰でも情報発信が可能だったという条件もあった。それは、双方向の情報の受発信という現代のネット社会を思い起こさせる。

ところで、「風評被害」は経済的損失に結びつくものだと述べたが、その一方で、「風評」が世の中に拡がることによって経済的な利益を得る者が現れることもある。たとえば「どこそこの寺には御利益がある」という、うわさが流れることがある。霊験や御利益の有無は客観的に証明できないし、真偽・出処もあやふやなことが多いが、それを信じた多数の老若・善男善女が参詣に集まって賽銭やお札、祈禱料が急増することも多かった。人出をあてこんで門前市をなすことも珍しくなかった。こうした事実は、先ほど述べた「風評被害」の定義とは裏腹の関係にある。つまり「風評」によって利益・利得が生じる「風評利益」があるわけで、意図的に作り話を流して寺社の評判を高めることも実際に行われている。これは、現代のコーポレート・レピュテーション（Corporate Reputation：企業の評判を高める戦略）とも相通じている。

この本の構成

この本では、まず、現代人にも馴染みが深い食品や飲料水の安全に関する風評被害を取り上げる。それに続いて大地震の時に発生した風評などに触れ、後の章では貨幣改鋳や棄捐令《きえんれい》、米相場といった経済や市場経済の中で発生する風評被害の実際を描く。さらに、神社仏閣についての風評・評判と集客などの関係を扱う。

第1章では、「蕎麦を食べると当たって死ぬ」という特定の食品に対する風評の例を挙げる。そこでは当局の対応やそれが実行される前提となった江戸の都市行政、当時の人々が蕎麦に対して描いていたイメージなどについても触れる。

第2章では、口に入るもののなかでも、人間の生存や都市活動に不可欠な水道に毒物が投入されたという風評と、それによる混乱を描く。これは、食品の安全に対する人々の信用を破壊するということを超えて、社会的な不安を扇動する側面があり、当時の幕府内の権力闘争との関係も視野に入れながら述べていく。生老病死に関する情報には誰もが関心を持つがゆえに、それが間違ったものであっても、たちまち風評となって拡がる危険を孕んでいるわけである。

第3章では、大地震や天変地異に伴って発生した風評が経済面に及ぼした影響とともに、デマを流すことによって政治的・人事的な優位を作り出そうとする傾向や、風説によって利得を得る者が確実に存在したことにも触れる。

第4章では、貨幣改鋳に関係する風評が多かったこと、それを否定し、取り締まる幕府の法令も多かったことを示す。生老病死に加えて「儲け」「損失」といった経済人にとって死活的な情報が不足すると、さまざまな憶測が飛び交った。自らに都合の良い相場情報などが意図的に流されることもあった。風評がお金の流れや決済に大きく影響していた。そして、経済の発達や通貨政策の変遷に応じて、発生する風評にも変化や進化が生じていたのであった。

第5章では、浮説の発生を予防するための幕府の取り組みとともに、南鐐二朱判《なんりょうにしゅばん》という従来とは性格の異なる通貨の新たな鋳造・発行に伴って生じた浮説と金融市場の関係を述べる。

第6章では、米価、棄捐令に関する風評を扱う。米相場を操作するための風説の流布とその取締、寛政改革時に棄捐令に関して流された風説とともに、打壊しを恐れる富商が、米を買い占めたという風評を恐れて「米の買い置きを見合わせる」といった危機管理に走る様子などを描く。

第7章では、宗教施設である神社仏閣が賽銭やお札・お守りの売上収入などを高めようと、あの手この手のビジネスを展開していたこと、その背後には現世利益《げんぜりやく》を求める多くの老若男女が貴賤の別なく存在していたことに触れる。それは、風評被害ならぬ「風評利益」さえ発生していたことを示すためである。ここでは、人々の健康願望や利殖願望が特定の稲荷社の爆発的な人気をもたらしたこと、財政難に悩む大名家による邸内社への参詣人動員作戦のほか、架空の御利益話を流すことによって、評判を高めて集客効果を狙う、現在のコーポレート・レピュテーションにも通じるものがあったことを描く。

第8章では、寺社が経済的利益を求めて展開した開帳に関して、企画・立案、時代による開帳環境の変化のほか、御利益話＝浮説・虚説が生まれてくるプロセスを述べる。また、幕府は浮説や虚説を禁じていた一方で、開帳や祭礼の経済効果が大きく、景気刺激にプラスになることを認識していたことにも触れる。貨幣改鋳や米価などをめぐる風評によって最も被害を蒙っていたのが幕府であった一方で、幕府自身も風評によって利益を受けることがあり、それを期待していた一面もあったわけである。

以上の作業を通じて、情報機器類やネット、ジャーナリズム・マスコミのなかった江戸時代の「風評被害」の背景や、発生プロセスを具体的な事実に基づいて語っていく。それらが、現代のさまざまな風評被害にそれぞれの立場で向き合っている多くの人々に、何かしら有益な示唆を提供できるとすれば、筆者としてこれ以上の喜びはない。

第1章

蕎麦を食べると当たって死ぬ——食品をめぐる風評被害

蕎麦を食べると当たって死ぬ⁉

いまからちょうど二百年前の文化十年（一八一三）四月頃から、江戸市中に「蕎麦を食べるとあたって死ぬ」という風評が俄《にわ》かに広がった。蕎麦を食べる者が激減し、蕎麦屋の休業が続出する深刻な状況になった。

この事態を憂慮した江戸町人の自治的組織のトップである町年寄《まちどしより》は、六月になると、この風評の打ち消しと取締りに乗り出している。

この様子は、江戸の名主の覚書ないしはその写本とされる「文化中町方留書《ぶんかちゅうまちかたとめがき》」（「蕎麦中毒死風聞異説取締」『東京市史稿　産業篇第四十八』所収）に残されている。名主が職務を行うにあたって作成した文書(1)という点で、公的記録として扱っても差し支えないことや、当時の生々しい状況を再現するために全文を紹介する。なお、この記録では「風評」という言い方ではなく「風聞」「風説」「異説」などと呼んでいるので、ここでは当時の表現に従うことにする。

この記録は、正確にいうと文化十年六月十五日と十八日の二段階に分けて記されている。このうち十五日付けの文書は、南町奉行所の町廻方《まちまわり》から蕎麦中毒死の実態調査を命ぜられた本八町堀町（現・中央区八丁堀）の名主岡崎十左衛門（当時、七番組の肝煎名主《きもいりなぬし》に在職）が、管轄下の各町名主に調査とその報告を求める内容となっており、その大筋は次のような具合となる。

・「最近、蕎麦中毒で死者が出たので蕎麦は食べるな」という風説（噂）が出回っている。

・そのため、南町奉行所の御廻り方（町廻）から、どこの町の誰が死亡したのか、すなわち具体的な被害者の特定を内密に調査して報告せよとの指示があった。
・至急のことなので、明後日の十七日までに私宛てに書面で報告されたい。
というもので、この調査指令の本文に付けられた説明では、この風説は四月頃から広まりはじめ、蕎麦の消費が減少したため、休業に追い込まれる蕎麦屋も出てきたことが述べられている。実害が発生していたわけである。そしてこの風聞には、「昨年の出水によって綿作が不作になった畑に、後から蒔いた蕎麦が江戸へ出回ったため」というもっともらしい理由も付いていたこと、しかしその発生場所地は不明であることも書かれている。

此節蕎麦ニ中《あた》り相果《あいはて》候者有之、蕎麦を不食様《たべざるよう》風聞有之候。右ハ何町ニて誰と申もの相果候哉、内密御糺《おただし》御答被成候様、南御廻り方より被仰聞候。尤御急キニ付、右否御書付明後十七日迄拙者方え被遣可被下候。已上。

酉六月十五日　　　　　　　　　　　　　岡崎　十左衛門

右は、当四月頃より風説有之候て、一向蕎麦不食候ニ付、蕎麦屋ニも相休ミ罷在候も有之候。尤此義は昨年出水ニて綿不作ニ付、右蕎麦ヲ江戸へ出シ候趣ニ付、右風説致候。乍然右何方ニて作り候哉出所不分よし。

此節蕎麦給候得は中り候趣風説致、右は喰物之義ニ付、何様之喰合セ可有之事ニて給不申候は勝手次第可有之処、右体之義ニ付異説ヲ申触候様相聞、甚不宜義ニ付、惣て異説申不触様、

肝煎共組々申合取計可申趣被仰含候

但シ、此節蕎麦之儀ニ付御触有之候様心得違致者も有之候は、、是又心得違ひ無之様可申聞旨被仰含候。

右之通樽与左衛門殿被仰渡候間、此段御達申候。已上。

六月十八日

岡崎　十左衛門

外　弐　人

ところで、これらの文書をみると、風説の調査、報告、取締りに直接関与しているのが町奉行所（南）、町年寄（樽与左衛門）のほか名主（肝煎名主の岡崎十左衛門ら）となっており、江戸の都市行政機構に基づく法令伝達のプロセスが凝縮された形で表れている。

都市行政機構の仕組みや町奉行所、町年寄、名主のはたらきについては、後ほど詳しく触れるが（三七ページ）、文書の意味を捉えるためにも、ここでは必要最小限な範囲で述べておきたい。

江戸の場合、町地及び町地居住者に対する幕府の支配機関のトップに町奉行、その補助組織である町奉行所と与力・同心が置かれ、幕府の意思を江戸の全町に伝達した。同時にその事務の執行機関として三軒の町年寄が置かれていた。江戸の町年寄は、幕府の統治機構の一部であり、かつ、江戸町人の自治的組織の頂点として、法令の伝達、市中の土地の地割、各町の名主の任免、株仲間の統制などのほか、江戸町人の意思を町奉行に伝えることも行っていた。

名主は、町年寄の下で町触（町人を対象にした法令）の伝達、人別改《にんべつあらため》、町奉行や町年寄の指示による各種調査の実施など広汎な業務を行っていた。

蕎麦中毒死の風聞取締り

六月十八日になると、十五日の南町奉行所からの調査指令を受けた形で、町年寄の樽与左衛門から名主たちに風説の取締りが命じられた。そこでは、「最近、蕎麦を食べると中毒を起こすという風説がある。これは食品のことなので、何らかの食べ合わせを心配して食べないのは勝手だが、このような形で異説を言い触らすのは甚だよろしくないので、異説については肝煎名主たちの組々で申し合わせて取締りにあたれ」となっている。

この風聞には尾ヒレが付いていたとみえて、「この件に関して何らかの御触が発せられると誤解する者もあるので、そのようなことはないと徹底せよ」との指示も併せて出されている。

「文化中町方留書」のなかで町年寄の命を受けているのは、前述のように、七番組の肝煎名主で本八町堀町の名主・岡崎十左衛門のほか二名となっている。ただし、「惣て異説申不触様、肝煎共組々申合取計可申趣被仰含候」とあるので、本八町堀町や霊岸島銀町（現・中央区新川）などに限ったものではなく、江戸中の肝煎名主たちに対して町年寄が取締りを命じたものといえる。

以上は、江戸の町年寄や名主が関与した公的な記録であるが、民間出版物である斎藤月岑《げっしん》の『武江《ぶこう》年表』の文化十年中の記事にも、「六月初旬より、蕎麦を食へば死《しぬ》るといふ俗説行れ、蕎麦屋、更に售《あきな》ひなし」と、はっきりとした記録が残されている。なお、この本でたびたび登場する『武江年表』の著者である斎藤市左衛門幸成（号は月岑）は神田雉子町の名主であった。

ここでは風聞を俗説と記している点や、俗説の発生が六月頃からという点で、先ほど紹介した公文書とは若干異なるが、「蕎麦を食へば死ぬ」といふ俗説によって蕎麦屋の商売が「上がったり」になっている様子が、短いセンテンスの中で強調されている。

蕎麦の普及した時代

それでは、この風聞が発生するに至った背景にはどのようなものがあったのだろうか。

蕎麦が日本人の食生活の一部となったのは江戸時代以前からであったが、現代人にもお馴染みの麺状の蕎麦、すなわち「蕎麦切り」は江戸時代になってからである。

たとえば、貞享三年（一六八六）十一月には「饂飩、蕎麦切其外、何ニよらす火持歩行、商売仕候義、一切無用可仕候。（中略）若相背火を持行商売仕候ハヽ、当人ハ不及申、家主迄急度可申付者也」（「饂飩其他携火商禁止」『東京市史稿　産業篇第七』[2]）というように、火を持ち歩いてうどん・蕎麦切りなどを商うことを一切禁止する御触が出されているほどである。

これは火災の多い江戸で、防火対策の観点から発せられたものであるが、幕府がこうした営業を取り締まる必要があるほど、うどん・蕎麦の振り売り（担い売り）が盛んだったことを示している。

一方、武家を中心とする伊勢流の有職故実家として幕府に抱えられていた伊勢貞丈《さだたけ》（一七一七～八四）が記した『貞丈《ていじょう》雑記』には、蕎麦切りについては「旧記には見えず」と冷淡に扱われている。同書は貞丈が宝暦十三年（一七六三）から天明四年（一七八四）の間に記した雑録を、没後六十年の天保十四年（一八四三）に伊勢貞友らが編集刊行したものである。

とはいえ、蕎麦は安価だったので、庶民を中心とする江戸の人々には大いに普及していった。はじめは蕎麦屋とはいわずに、上方と同じようにうどん屋として始まっている。寛文四年（一六六四）には「けんどん蕎麦切り」、享保頃から二八蕎麦が売り出されている。

第3章で紹介する尾張徳川家の家臣で名古屋在住だった朝日重章《しげあき》が記した『鸚鵡《おうむ》籠中記《ろうちゅうき》』の中にも、彼の好物だったからか安価だったからなのかはわからないが、蕎麦をよく食べていた記事が残っている。そして、江戸時代中期以降になると、夜の江戸の街のいたる所には振り売りの夜《よ》鷹《たか》蕎麦、風鈴蕎麦が姿を見せていたのである。

喜田川守貞《もりさだ》の『守貞謾稿《まんこう》』には、「江戸は鮓屋《すしや》はなはだ多く、毎町一、二戸。蕎麦屋一、二町に一戸あり」とあって、町内にすし屋は一、二軒、蕎麦屋は一、二町に一軒という具合に、すし屋ほどではないが蕎麦屋の密度が高かったと述べている。また、「蕎麦屋　江戸は蕎麦を専《もっぱ》らとし、温どんを兼ね売る。けだしこの担ひ売を、京坂にて夜啼《よなき》温飩と云ふ。江戸にては、夜鷹蕎麦と云ふ。（中略）京坂も天保以来、これを釣る者あり。また三都とも温どん・そば各一椀価十六文。他食を加へたるものは、二十四文、三十二文等なり」と、振り売りの蕎麦商いの様子を述べている。

『守貞謾稿』は、喜田川守貞が当時の風俗の細部にわたって記録したもので、天保八年（一八三七）から嘉永六年（一八五三）までの部分が編集され刊行された後、補足・訂正などの加筆を加えて慶応三年（一八六七）に完結したものである。したがって、「蕎麦中毒死」の風聞のあった文化十年（一八一三）から少なくとも二、三十年後の記述である。

文化十年六月の町年寄による取締り指令の後、「文化中町方留書」に残された「蕎麦中毒死」の風説がどのような経過をたどったのか、といった点については残念ながら記録的には不明である。しかし、加熱食品とはいえ、店売り・振り売りの別なく、現在からみれば必ずしも衛生的とはいえない調理がなされていたことは想像に難くないことや、蕎麦屋の数が多かったという事実からすれば、本当に、蕎麦が原因で死んだ人物も存在した可能性もある。しかし、『守貞謾稿』の記述にあるとおり、そうした一時の風聞によってパニックに陥った江戸の人々であったが、その後は蕎麦を食べ続けていたことがわかる。

「人の噂も七十五日」ではないが、事実に基づく根拠がない風聞だったが故に、時の経過とともに人々の記憶から消えていったといえるだろう。あるいは、町年寄によって「洪水被害を受けた綿畑に蒔かれた種から収穫した蕎麦粉」という一見リアルな「根拠」も含めて、「蕎麦を食べると中毒死する」という話が明確に打ち消されたことによって、騒ぎが収束したという見方も成り立つ。そうであるならば、この件については、風聞よりも町年寄による発言の信用力の方が勝っていたともいえる。というのは、江戸の人々にとっては、町奉行所はもちろん町年寄や名主は圧倒的に高い権威と権限を持った存在だったからである。

急度・法度・越度・曲事

なお、先ほど紹介した貞享三年十一月の御触にある「若相背火を持行商売仕候ハヽ、当人ハ不及申、家主迄急度可申付者也」（傍点筆者）は、「もし、火を持ち歩く商売をすれば、当人はもとより家主までも厳重に（処罰を）申し付ける」といった意味である。このように「急度《きっと》」という語は、「厳重に」「厳しく」といった意味で用いられた法令用語の一つであった。

この本で紹介する触書などには、この他にも「法度《はっと》」、「越度《おちど（おっと）》」、「曲事《くせごと》」などの法律用語がたびたび登場する。これらの用語には時代によって意味合いが異なる部分があるが、以後の参考のために、江戸時代における用法について簡単に整理しておく。

「法度」は、武家諸法度や禁中並公家諸法度のように政権による制定法の名称として用いられたが、それらの法においては禁令的な側面が強かったため、禁制や禁止、さらには刑罰を意味する語としても使われるようになった。「越度」には、過失犯のほか法律違反や有罪の意もあったが、江戸幕府では武士、神官、僧侶が被告の場合には越度となった。これに対して、被告が百姓、町人の場合は「曲事」と用語が使い分けられたとされる。ただし、江戸の町触でも「越度」を用いるなど（第3章）、必ずしも厳格に区別されていたわけではない。

風説の連鎖

蕎麦が人々にポピュラーな時代だったとはいえ、それが食品で人の口に入るものである以上、健康はおろか生死までも左右する可能性を持つ。したがって、蕎麦の名店や名物がさまざまな場所にあり、多様なメニューや供給形態が成り立つほど、蕎麦を人々が好んで食べる状況ではあっても、ひとたび、それに対する不安が社会の中で表明されると、疑心暗鬼の連鎖を生むことになった。その結果が、「蕎麦を食べると当たって死ぬ」という風聞の発生であった。

しかも、この風聞がさらに発展した形で、「洪水で不作になった綿畑に蒔かれた蕎麦が原因」という噂の信用度を高める話が広まったり、「風聞の取締りのために新たな御触が出される見込み」という当局の関与までもがまことしやかに語られるようになる。風聞が風聞を呼ぶ、すなわち風評のスパイラルが発生していたのであった。

蕎麦が一般に普及していた割には、蕎麦に対する人々の知識が少ない、つまり情報量が少ないことが風聞の第一の背景であったといえる。「冠水した綿畑で収穫された蕎麦が原因」という、もっともらしい説が流布したことは、人々の蕎麦に対する情報や知識の低さを物語っている。それに加えて「食べると死ぬ」という、あらゆる人々にとって最も大きな関心事である生死に直結するものだったことも風説発生の背景にあった。そしてそれが蕎麦屋の休業続出という経済的損失にまで発展したのであった。

浮説・虚説は重罪

以上が「蕎麦中毒死」の風聞とその取締りの実際であるが、そうした浮説や虚説を言いふらして捕まると、どのようになったのであろうか。

時代は遡るが、元禄六年（一六九三）に「馬が物を言う」という流言が広まり、幕府当局はその出所を厳しく探索した。流言の中味は、馬が「これから疫病が流行すると言っている」という風評をバラまいて、それを避けるための薬の処方を書いた書物を頒布したというものである。

当時は五代将軍綱吉の時代であるが、第3章で述べるように綱吉に対する幕臣たちの評判は初めから悪く、政権批判が浮説の形で現れることも珍しくなかった。綱吉や側用人の柳沢吉保《よしやす》にとって、政権の動揺につながりかねない浮説やデマの類は看過できるものではなかったといえる。この流言に対して六月に発せられた触書では（『御触書寛保集成』［二八三九］(3)のほか、「流言馬ノモノイヒ厳探」『東京市史稿　産業篇第八』）、次のように強い調子で対応を指示している。

・最近、「馬がもの言う」と言い触らしている者があって不届きである。
・流言の発信者が誰なのか、それぞれの町ごとに流言の出所を順々に辿って書面で報告せよ。
・最初に言い出した者が判明したら、物を言ったという馬を特定せよ。
・殊に薬の効能・処方と組み合わせて申し触らしているそうなので、根拠になる医学書があれば報告せよ。
・町々ごとに人別帳を作成せよ。
・隠し置くことは曲事なので、ありていに申し出よ。

この流言を深刻にとらえた幕府は、このような形で出所の徹底した調査・追跡を命じたのであった。流言の中味が「疫病が流行る」、「それを避けるには何の薬が有効だ」というものであり、人々が飛びつきやすいものであったことも、当局の危機感を刺激したといえる。

このケースに類似するのは、現代のサプリメントや健康食品などの販売でも往々にしてみられるが、健康という人々の関心（利害得失）が今昔・洋の東西を問わず普遍的に高い分野では、このように浮説・虚説が発生しやすい。そして、人々がそれを共有することによって、具体的な薬品やお守りといったものに対する需要が爆発的に発生することにつながる。
それゆえ、幕府は町奉行に初めて江戸市民の人別帳を作成させるよう命じるなど規制と摘発を急いだのであった。

〔二八三九〕元禄六酉年六月
一頃日馬のもの云候由申触候、先年も灸針之儀申ふらし、又々かやうの儀申出、不届ニ候、何者申出候哉、一町切ニ順々はなし候者先々たんたへ《ママ》（探題か）、可書上之、初て申出候もの在之候ハヽ、何方之馬もの申候哉、書付いたし早々可申出候、殊薬之法くミ申ふらし候由、何之医書有之候哉、一町切ニ人別にた《マ》んた《マ》へ、書付可被出候、かくし置候ハヽ、可為曲事候、有体ニ可申出もの也、
六月

この御触が徹底された結果、当時の江戸の町人人口は三十五万人ということが判明した。そして、翌元禄七年三月に浪人の筑紫団右衛門が首謀者として逮捕されて死刑（斬罪）になった。『御触書寛保集成』に掲載されている触書〔二八四〇〕では、この事件の顛末も含めて次のように書き記している。
・浪人の筑紫団右衛門が、「馬が物を言う」という虚説を流布させ、その上、流行病除けのお札、薬の処方を作るとともに、虚偽の内容を書いた書物を流布し人々を惑わせた。

・これは重々不届きであるので、江戸市中を引き廻した上、斬罪に処する。
・今後、このような虚説が出ないように、町中の家持ちはもちろん借家・店借、使用人まで徹底させること。

以上のように、浮説の首謀者には斬罪という厳しい処分がなされたが、それだけ当時の幕府は、浮説やその蔓延に神経質になっていたのであった。そのこともあって、この「判決主文」に付属する箇所では「虚説を申したので斬罪にした」と浮説を流すことが死刑に相当することを改めて示した上で、「今後、このような虚説を言ってはならない」と町中の家持ちはもちろん借家・店借以下の下々に至るまで、その町の名主などが入念に御触の趣旨を周知徹底させるよう命じている。一罰百戒ないしは見せしめの意味もあったのである。

獄門にされた馬場文耕

時代は下った宝暦八年（一七五八）十二月、講釈師で戯作者の馬場文耕《ぶんこう》（一七一八〜五九）に獄門の判決が下った。『武江年表』では、「十二月二十五日、講釈師馬場文耕、禁令に触れたる講釈を行ひたる廉《かど》により市中引廻しの上、獄門の刑に処さる（四十四歳。本姓中井、通称左司馬。この講釈は「珍説森の雫《しずく》」なる題にして、美濃郡上《ぐじよう》藩にて検見取《けみとり》廃止・諸役免除を要求したる一揆が勃発、藩主金森頼錦《よりかね》が改易になりたる事件なり）」と記している。

文耕は享保三年に伊予国で生まれ、江戸に出て講釈師となり、時事問題をテーマにした講釈公演や、時事に題材をとったノンフィクション小説を書き、貸本屋に売って生計を立てていた。というからには、相当思い切ったことを述べる人物だったのであろう。逆に、それくらいの人物でなければ、時事問題を講談に仕立てて人を呼んで生計を立てることは難しかったともいえる。

宝暦八年十二月は、折しも、美濃国郡上城主の金森頼錦が改易され、領地没収の上、南部家にお預けになった年である。金森氏の改易の理由は、領地経営の失政によって農民の反対運動が燃え上がったことと、問題を内々に済まそうとした金森氏側の工作が老中以下の幕閣を巻き込む形の収賄事件につながった責任を問われたものであった。

文耕は、この大疑獄事件を材料にして講釈で演じ、さらに、「平仮名《ひらがな》森ノ雫」（『武江年表』では「珍説森の雫」）というノンフィクション小説を配布したのであった。文耕が捕まったのは、九月十六日の夜、講釈の実演中だったともいわれる。

文耕の行為は、具体的な疑獄事件の当事者が幕府の有力者であったこと、幕政批判に類する行為は講釈に限らず出版その他すべての分野で厳しく規制していたことに照らしても許し難いものであった。しかも幕府としては、隠しておきたい事件が大疑獄事件として江戸中に知れ渡ってしまい、相応の処理をしなくてはならない立場に追い込まれたのであった。

「惇信院殿御実紀《じゅんしんいんでんごじつき》」によれば、十月十八日には事件の関係者に対する処分が下され、老中の本多伯耆守正珍《まさよし》は逼塞、若年寄の本多長門守忠央《ただなか》は改易、大目付の曲淵《まがぶち》豊後守英元《ひでもと》は小普請入り・閉門、勘定奉行の大橋近江守親義《ちかよし》も改易、美濃郡代の青木次郎九郎安清は小普請入り・閉門と、それぞれ厳しい扱いとなっている。

「馬場文耕処罰」（『東京市史稿　産業篇第二十』）によれば、金森頼錦の改易処分とのバランスを取る形で、「異説などを申し触れることは禁止であるのに、公儀を恐れず、このような内容を夜間に講釈し、その他軽くない事柄を本にして貸し出した行為は、重々不届至極である」ということで「見懲《こらしめの》之ため町中引廻《ひきまわしの》之上」で文耕を獄門にした。ここには、後述の「出版条目」に違反する行為に対する一罰百戒の意図が見える。

なお、九月十六日に文耕が捕まった時に講釈の場所を貸していた家主の安右衛門は、軽追放になっている。安右衛門は「御吟味中の〝金森事件〟の講釈はマズイ」とピンと来ていたにもかかわらず、「客が大勢集まれば入場料も増えるから家賃の取り立てには好都合だ」と、見て見ぬふりをしていたのであった。評判が立っていただけあって、入場者もいつもよりは多かった。こうした種類の話を聞きたがる聴衆も多かったのである。

出版統制

ところで当時の出版事情と文耕処罰の関係について、先ほど述べた「出版条目」とは、①猥《みだ》らな本・異説を書いた本、②好色本、③大名・旗本の家筋・先祖に関する本、④作者・板元の実名を奥書しない本、⑤将軍家に関する本、の発行の禁止のことで、享保七年（一七二二）十一月に発令されている。幕府はその前年の八月、江戸書林仲間《しょりんなかま》と草双紙《くさぞうし》仲間の結成を命じ、江戸での出版統制の体制を整えたが、そこには、この時代になると江戸の経済成長などの背景もあって江戸で出版される図書が増加してきたという事情があった。

『お世継ぎのつくりかた』（鈴木理生）によれば、当時、各大名の領地経営は将軍から委任されたものであったので、大名領内で失政や重税があっても、それだけでは問題にはならなかった。しかし、郡上藩のように失政が原因で、農民側が越訴《おつそ》（直訴）という当時の法制度下では厳禁されていた行為に及ぶ、あるいは、失政の始末が領内だけで収まらない場合は違った。それが、講釈や出版などを通じて人々に知れ渡ることも同様であった。そうした場合は、領地経営を委任された大名の責任はもちろん、委任を行った幕府当局の責任も表面化することを意味していた。

それゆえ文耕の講釈は、単に金森氏の失政だけではなく、幕府高級官僚のスキャンダルを含む幕府の失敗にも矛先が向けられていたという点で、二重三重に「出版条目」に触れるものであった。幕府側からすれば、不都合な事実が広く世間に暴かれた点で許し難かったのであろう。なお、文耕は同じ年の初秋に『当代江都百化物』を出版し、当時実在した幕臣など二十七名の実名を挙げて「ばけもの」と槍玉に挙げており、当局からすれば非常に目立つ存在だったのである。

文耕については、インチキを述べたからではなく、むしろ真実であったがゆえに幕府の禁令に触れたという理由を付けられて厳しく処断されたのであった。文耕に対する判決文を見ても、「甚《はなはだ》重キ品之儀共《しなのぎども》を自分之作ニて書本ニ出し」、あるいは「異説等申触し候儀ハ停止《ちょうじ》」というように、異説とは言っているが浮説・虚説といった表現はされていない。

文耕の場合は浮説ではないが、「馬の物言い」の浮説と同様、浮説や虚説、流言、さらには幕府の禁令に触れる事実などを流して問題となると、発信元は捕まれば死罪になりかねないというのが当時の前提であった。

それゆえ、第4章以降で述べるような、市場の中から自然発生的に出てくる浮説・虚説なども含めて、浮説や虚説の〝震源地〟はほとんど判明しないのが一般的であった。浮説の流れ方・流され方も巧妙にならざるを得なかったといえる。その結果、浮説が世の中に蔓延していたといってよい状況の中で、取締りと処罰が厳しかった割には、浮説・虚説で処罰された例というのは決して多くないのが実際である。

江戸の都市行政機構

次に、この風聞の実態調査と取締りという危機管理にあたった町年寄やその配下の名主などから構成される江戸の都市行政機構について述べることにしたい。

というのは、蕎麦中毒死の風聞に対する当時の公的対応のメカニズムを明らかにし、第2章以降で紹介するさまざまな浮説・風説・異説などへの幕府の対処を理解する上で必要だからである。幕府の取締りや法令、政策が当時の社会の中で、どのように周知徹底されたのかという流れを押さえるためでもある。

江戸の町人居住地＝町地の場合、江戸時代の初期から町年寄を頂点とした町人に対する土地所有や居住形態別の支配体制が成立していたが、問屋株仲間の組織化政策がとられた享保期（一七一六〜三六）頃からは、その体制に商工業者を職能別ないしは業種別に統治する機能も加わった。

それは一定の地域内の住民に対する地方行政と、さまざまな産業分野に対する産業政策が、都市の支配と自治的機能の中で、表裏一体の関係になったことを意味していた（図1）。というのは、問屋株仲間に加入する事業者の大部分は都市の地主であり、かつ、問屋株仲間に加入する事業者

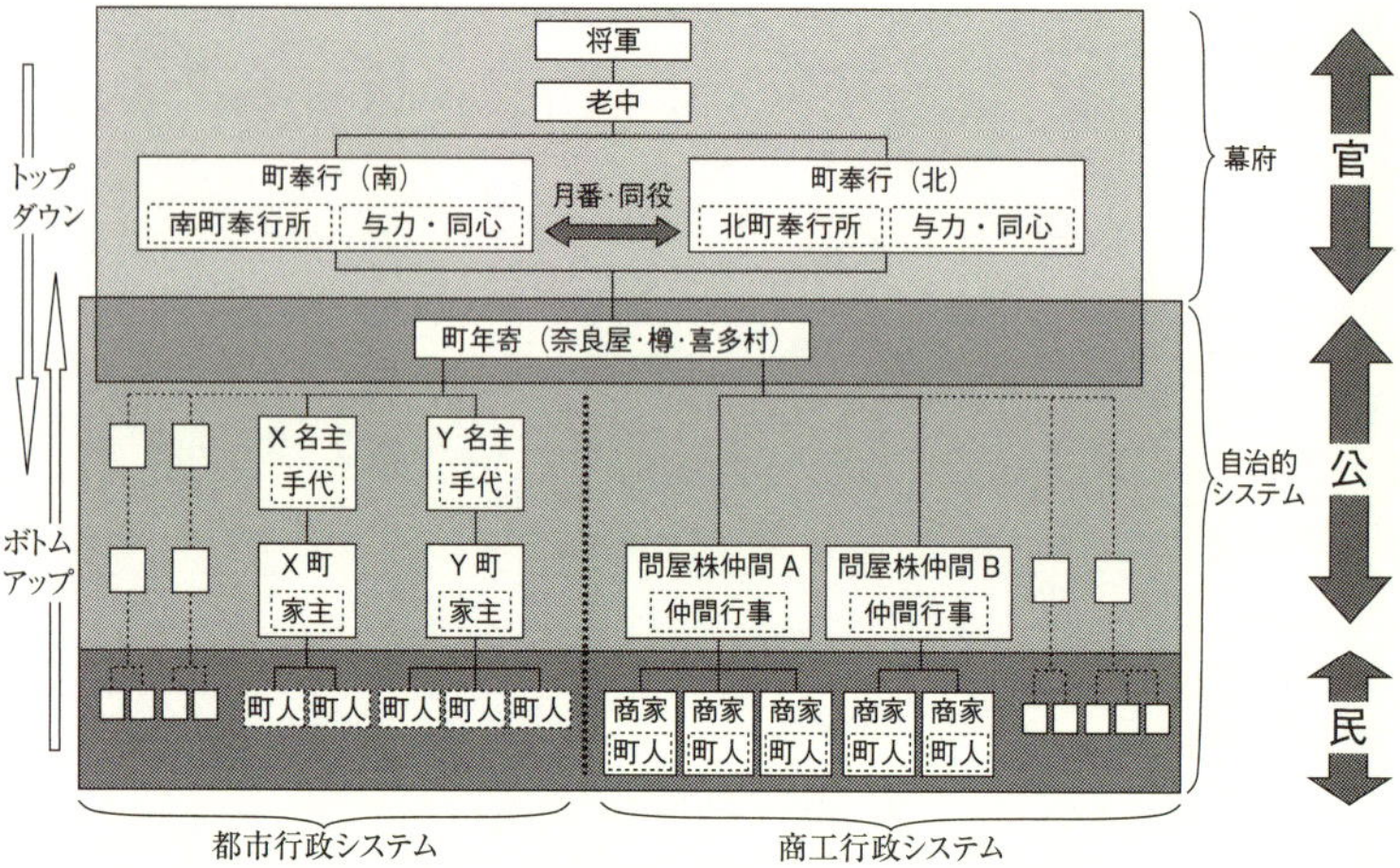

図１　江戸の都市行政と商工行政のシステム

だったという二面性があったためである。

ここでいう居住関係による支配とは、土地所有に基づいて形成されていた町年寄、名主、地主の委任を受けた使用人である家主から構成された町人の自治的組織が、都市に居住する地主、地借、店借という階層別に統治の一端を担っていたことを指す。もう一つの職能別・業種別の支配関係では、問屋株仲間などの同業団体を通じて、その組織に加入する個々の事業者を統制し、その使用人や出入りの下請業者まで間接的に支配・統制する関係となっていた。

このように、町年寄、名主、家主集団は相当に広い範囲の自治的能力を持った公法人あるいは公共団体として機能していた。つまり、町年寄・名主・家主から構成される自治的組織は、官でも民でもなく、町人をはじめとする都市居住者にとっての公共性や公益を実現するものだった。それ故、幕府はこれらの自治的組織の意思を尊重し、諸政策の実施に最大限に活用した。

このような自治的システムによる都市経営と経済政策の実施は、各地の天領の都市をはじめ、諸大名の領国における都市経営においても組織形態や名称の違いはあっても、ほぼ共通していた。

町奉行と町奉行所

江戸の場合、町地及び町地居住者の支配機関には、まず旗本から任用された町奉行がおり、その組織として町奉行所と与力・同心が置かれ、幕府の意思を江戸の全町に伝達した。

先ほど紹介した貞享三年(一六八六)十一月の「煮炊きのために火を持ち歩く商売の禁止令」では、「饂飩、河漏麵《かろめん》、其他何によらず、火を持あるきて売ひさぐ事一切停禁すべし」と「常憲院殿御実紀」にあるように、幕府内で決せられた禁止措置は江戸の町奉行に命じられた。そしてこれは、三名の町年寄によって江戸市中の各名主に伝達されたのであった。

町奉行所やその与力・同心というと司法機関のイメージが一般的であるが、民事訴訟や刑事事件の処理といった司法的機能のほかに、実際の町奉行は幕府による江戸の都市行政にあたっての政策立案機関であり、同時にその実施機関でもあった。そして現代でいえば経済政策や通貨政策はもとより、福祉政策も含む民政全般にわたる法令の実施や経済政策の運営なども担当していた。

とりわけ、貨幣経済や商品流通は江戸や大坂などの都市を中心に発達しており、それらの都市を対象とすれば他の地域にも経済政策の効果を波及させられた。そのため全国を対象とするような経済政策の実施にあたっては町奉行が関与する場合が多かった。たとえば、本来は勘定奉行が担当する貨幣改鋳も、元文の改鋳のように南町奉行の大岡越前守忠相《ただすけ》が実行した例もあるし、新通貨の市中への通用促進でも、町奉行が主な役割を果たしている。したがって、第4章以降で述べる貨幣改鋳に関する浮説・虚説に対する取締りも、町奉行所が所管しており、町年寄や名主はもとより、本両替仲間の行事（役員）などを駆使する形で対応に追われている。

町奉行は南・北各一名が任命され（時期によっては三奉行体制の場合もあった）、月番で任務にあたっていた。月番とは、同一の職に二人以上の者が就任し一か月交替で勤務する方式で、原則として一人が月番として任務に就き、他は非番とされたが重要な事案は両者の合議で決した。この月番制は幕府では寛永十年代に導入され、町奉行のほか老中、若年寄、寺社奉行、勘定奉行などにも適用された。月番の町奉行は毎日登城し、帰邸後、その月の新しい公事訴訟を受け付けた。非番の奉行所は門を閉じ、潜戸だけを開いたが、月番の時に受け付けた訴訟の審理、犯罪捜査とその継続、その他の行政活動なども継続した。また、評定所の審議にも出席しなければならないなど、非番とはいっても多忙な日々をおくっていた。

与力・同心

百万都市江戸の都市行政や経済政策は、南北町奉行合わせてわずか三百三十名の与力・同心が処理しており、幕末時点では南北町奉行の配下には、それぞれ与力二十五騎と同心百四十人が配置されていた。大坂の場合は東西町奉行所で与力三十騎ずつ、同心五十人ずつだった。

幕末近くの江戸の与力・同心の職制をみると二十二の分掌があった。お馴染みのものには、吟味方（民事・刑事事件担当）、牢屋見廻、町火消人足改（町火消しの指揮監督、つまり消防担当）などの司法・警察業務に関するものがある。その一方で、年番方（奉行所の庶務担当）、養生所見廻、町会所掛（町会所における積立貸金、貧民救済などの監督）、猿屋町会所見廻（札差の監督）、諸問屋組合再興掛（天保改革で全廃された問屋株仲間の再興を担当）など民政部門や管理部門、経済部門まで広範な分野の行政を行っていた。これらの役職には与力の下役として同心が配属されていたが、隠密廻《おんみつまわり》、定廻《じょうまわり》、臨時廻《りんじまわり》（以上を三廻《さんまわり》といった）のように同心だけの職もあった。

なお、前述の蕎麦中毒死の浮説を取り締まった町触で、「どこの町の誰が蕎麦を食べて死亡したのか内密に調査して報告せよ」と指示を出した「南御廻り方」というのは、南町奉行所の定廻の同心に相当する。こうした業務も町奉行所同心の職務であった。

町年寄

江戸の町地における都市行政の執行機関として、奈良屋（のち館《たて》）・樽屋、喜多村の世襲三家の町年寄が置かれていた。江戸の町年寄は、幕府の統治機構の一部であり、かつ、江戸町人の自治的組織の頂点として、都市施設の維持管理を含む都市行政にあたるという二面性を持っていた。法令（御触）の伝達、各町の名主の任免、人別の集計、町奉行所から命じられる調査や諮問（意見照会）への回答、市中の土地の地割、公役《くやく》・冥加《みょうが》・運上などの徴収、仲間や組合名簿の管理など問屋株仲間を含む諸職人や諸商人の統制、資金の貸付、町人の諸願の調査、民事訴訟の調停などのほか、江戸町人の意思を町奉行に伝えることも重要な職務だった。

町年寄三人は、天正十八年（一五九〇）から文禄元年（一五九二）に任命されて以来最上位の町人として扱われ、これらの職務のほかに、年始のほか、将軍家の法事や寛永寺への参詣の際に将軍への拝謁が許されていた。町年寄の主な収入は本町をはじめとする日本橋の拝領屋敷からの地代などのほか、幕府資金の貸付にあたっての手数料もあった。

「蕎麦中毒死」の町触は、町年寄の樽与左衛門（樽屋）から通達されているが、この樽与左衛門の先祖の水野三四郎は、長篠の合戦で戦功があり徳川家康から感状をもらい、その祝儀として酒樽を献じた。それ以後、樽姓に改めたとも、寛政二年（一七九〇）に猿屋町会所掛の功労によって樽姓を許されたともいわれる。奈良屋の先祖も、三河以来の家康の家臣で、家康の江戸入府に従い江戸支配を命ぜられた。天保五年（一八三四）に館の姓を許されている。喜多村は最初から姓を持っており、奈良屋・樽屋に加えて町年寄を命じられたとされている。

名主

町年寄と各町の間にあって、主に町の自治的な活動を保障し、実施する機関が名主だった。町触の伝達や人別改のほか、防火・消防、町年寄の命による諸調査の実施、町奉行所への訴訟や諸届への奥印《おくいん》（＝奥書《おくがき》に相当し、承認行為を意味した）、沽券状などの諸証文の検閲・奥印、簡単な民事訴訟など支配町内の紛争処理、町入用の徴収と納入、祭礼の実施、水道の管理など、広範な業務を行っていた。

名主には草創《くさわけ》名主、古町《こちょう》名主、平《ひら》名主、門前名主の四種類があった。草創名主は家康入府以来の由緒を持ち、古町名主はおおよそ寛永期（一六二四〜四四）までに成立した古町を支配し、年頭に江戸城で将軍への拝謁が許されていた。平名主は町並地《まちなみち》（町奉行・代官両支配地）を支配し、門前名主は寺社門前町を支配した。

江戸の発展とともに町人居住地である町地も拡大した。それに伴って、正徳期（一七一一〜一六）になると日本橋北、日本橋中、日本橋南、霊岸島などに名主の組合が成立した。享保七年（一七二二）には、それらを発展させる形で一番組から十七番組までの名主組合が結成され、年ごとに当番の名主を定めて事務にあたった。これを年番名主《ねんばん》といった。

その後、名主組合は二十一番組プラス番外二組の計二十三となった。寛政二年（一七九〇）以降になると、名主組合の管理を強化するために各番組ごとに二、三人の肝煎名主を任命するようになった。この場合、町触は町奉行から町年寄を経て肝煎名主に伝えられ、肝煎名主が管轄下の各名主に伝達・徹底する形となっていた。

前述の蕎麦中毒死の浮説に関して、文化十年（一八一三）六月十五日に取締令と調査指令が発せられた時期は、この肝煎名主の制度の定着期であった。調査指令の発信者である岡崎十左衛門は七番組の肝煎を務めていた本八町堀町の名主で、岡崎十左衛門とならんで十八日付の取締令の発信者となっていた「外二名」は、霊岸島銀町の名主・鈴木孫市と幸町の名主・長沢嘉左衛門である。

名主も町年寄と同様、世襲が原則だったが、次第に「株」的な存在になっていった。その場合、養子縁組の形を取って世襲の原則を維持しながら株を売買するものとなっていた。

さらに、名主の配下には職能団体としての家主の集団があった。無能な家主は解任（離縁）された。このように、町年寄、名主、家主集団は相当に広い範囲の自治的能力を持った公法人あるいは公共団体として機能していた。

なお、大坂では惣年寄《そうどしより》が江戸の町年寄に相当し、幕末時点で北組五人、南組四人、天満組三人の計十二人だった。これも世襲だったが、人数が多かったこともあって江戸時代を通じてメンバーには出入りがあった。江戸の名主に相当するのが大坂では町年寄と呼ばれたが、大坂の町年寄は世襲ではなく町人の選挙（地主層による公選）で選ばれた。

公による経営

町奉行－町年寄－名主－家主という自治的組織を用いる仕組みは、幕府の側からみれば、間接統治や経済政策の実施手段という性格を持っていた。その一方で、その仕組みは個々の町人や商家の営業上あるいは公的なニーズを幕府の政策に反映させる機能も果たしており、双方向のベクトルを持ったシステムとなっていた。

そうした間接支配の原則は、幕府と問屋株仲間の関係にとどまらず、町地＝町方における町人支配や農村の農民支配、商工業政策はもとより、幕藩体制の根幹だった幕府と諸大名の関係にも共通していた。むしろ、幕府の統治システム全体を通じて、江戸時代の当初から間接支配の原則が貫かれていた。『地方自治百年史　第一巻』（地方自治百年史編集委員会）によれば、町地に関しては、江戸や大坂といった都市は、全体としては自治体ではなく町奉行の官治行政区域にすぎなかったが、都市を構成している町々は、村と同じように組織を有する自治団体であり、一方の農村＝村方における名主や庄屋は現在の市町村長に当たるもので、その地位はいわば半官半民であって、幕府や大名の傘下にある行政官の手先であるのと同時に、自治体としての村の理事者としての機能も持っていた。

この間接支配における実際の行政活動では、それぞれの行政分野ごとの被治者が構成するさまざまな自治的組織が相当幅広い裁量権を幕府から保障され、その自治権の範囲内で自らの責任と判断による自治的活動を行った。自治的組織の例としては、都市や商工業の支配機構における町役人や問屋株仲間といった町人組織、農村では名主・庄屋を中核とする村役人組織などがあった。それゆえ、自治的組織の裁量の範囲内で行われる都市経営や問屋株仲間などの運営は、幕府によって尊重されるのが一般的だった。これが「公《おおやけ》による経営」にあたり、地域・業界の自治的機能を活用しながら長期的な社会の安定を効率的に実現するという役割を持っていたといえる。

前述のように、江戸の都市行政や経済政策は、きわめて限られた要員で担われていた。

約二百六十年間にわたって、これだけの組織で江戸の行政、司法を運営できた効率性の理由は、なによりも町年寄などを使った間接統治システムの成功にあった。つまり、幕府という「官」と町人や諸商人といった「民」の間に「公」があって、「公による経営」が機能する自律的な都市が成り立っていたがゆえに「小さな政府」が実現できたといえる。

江戸時代の都市や同業者の自治的組織は、それぞれの構成員が地域や組織に対して全人格的な責任を含む無限責任を負うことで成り立っており、その責任の対象だったのが、「公」あるいは公共としての地域や組織だった。江戸時代の社会システムの中では、幕府の統治機構や都市や農村の自治的組織、同業者の自治的組織といった組織の規模や性格の違いに応じた「公」が存在し、それぞれが一体的につり合って機能していた。それは、経済システムに限らず政治その他のさまざまな場合にもみられた。

そうした「公」のスケールは、その「公」の仕組みによって異なっていた。同業組合の「公」、都市や農村の自治的組織における「公」、幕府の全国統治のなかでの「公」といった具合に、巨大な「公」と、小さな「公」が同時に成り立っていた。幕府の官僚組織と江戸の町年寄や問屋株仲間といったスケールの異なる組織どうしが間接統治を基本とした相互関係を築く中で、日本特有の組織間の関係が育まれてきたのであった。

わが国の官民関係を歴史的にみた場合、個々の制度的変遷がある一方で、営業活動や同業者間の相互調整を自治的に行う業種別の同業者組織と、地域的な関係から成立する自治的組織の二つのタイプの自治的組織が同時に存在し、それらの組織が産業政策あるいは地方行政の最末端機関としての機能を果たしてきたのであった。

南町奉行根岸鎮衛と『耳嚢』

ここで「蕎麦中毒死」に話を戻そう。「蕎麦中毒死」に関連する二つの町触は、南町奉行所の同心－町年寄の樽屋与左衛門－肝煎名主－各町名主という、当時の行政システムの中でシステマチックに処理されていたことがわかる。

当時の南町奉行所の最高責任者は根岸肥前守鎮衛《やすもり》である。鎮衛は元文二年（一七三七）の生れで、宝暦八年（一七五八）根岸家（百五十俵）の養子となり家督を継ぎ、勘定所勤務を経て勘定組頭、安永五年（一七七六）勘定吟味役となり、布衣《ほい》を許された。天明四年（一七八四）三月には佐渡奉行、天明七年七月に勘定奉行となり五百石、十二月には従五位下肥前守に叙任され、寛政十年（一七九八）になると南町奉行に就任して、文化十二年（一八一五）まで在任。同年五百石が加増され、千石となり十二月に七十九歳で没した。

閣僚級で激務の町奉行を十七年間も務め、下情に通じた奉行と評判の高い人物だった。「名奉行」の一人といってもよいだろう。鎮衛は町奉行としてだけではなく、随筆『耳嚢《みみぶくろ》』の作者としても有名である。『耳嚢』は天明四年（一七八四）から文化十一年（一八一四）にかけての約三十年間に鎮衛が書き記した随筆で、蕎麦についての彼の本音も含まれている。

随筆の中身を見ると、虚実入り混じった当時の話題の中から鎮衛が興味を持ったものを取りまとめたもので、そのまま事実として扱うことは難しい。たとえば、「虫歯の痛を去る奇法の事」、「幽霊なしとも極め難き事」、「猫の人に化けし事」といった具合で、テーマにも統一性はない。

しかし、勘定所の下僚からたたき上げて、勘定吟味役、勘定奉行、佐渡奉行、南町奉行を歴任した経歴からも判るように、幕府の経済官僚の本流を上り詰めた者の感覚や本音を吐露する場面が、さまざまな箇所に残されている。田沼時代の積極的な経済政策と、その逆の寛政改革の時代に役人人生を送った人物としての社会への視点や経済観もみられるので、そうした断りを入れた上で、ここでは『耳嚢』の中から「蕎麦は冷物《ひえもの》といふ事」という記事を紹介する。

蕎麦は体を冷やす?

江戸時代は蕎麦が爆発的に普及した時代で、「蕎麦中毒死」の風聞が流れた文化期はそれが江戸の人々の日常に深く根を下ろしていた時代であったと述べた。それならば、蕎麦という食べ物に関する情報や知識が人々に行き渡っていたはずだったという印象も受けるかもしれないが、実は、そうではなかった。『耳嚢』には、「蕎麦は体を冷やすものなのか?」という鎮衛の質問に、彼の知り合いの医師が答えた体裁で「蕎麦は冷物といふ事」と書かれている。

その医師の答えは、「蕎麦の風味などからすれば、体が冷えるとは思いにくい。しかし、鶏卵を採るために養鶏業を営む業者の隣に住んでいた者が、越境してくる夥しい鶏に畑を荒らされるのに弱って、隣との境の畑に蕎麦を蒔いたところ、隣家の鶏は卵を産まなくなった。つまり、蕎麦を食べた鶏は卵を産なくなることが、「蕎麦は体を冷やす」ことの証明になるだろう」というものであった。

鎮衛自身は「蕎麦は冷物」ということについて直接的な判断を述べているわけではないが、「知り合いの医者が言うには」という形で医者のコメントを随筆に書き記していることからみると、鎮衛もまた十二分に「蕎麦は冷物」だと認識していたものと判断できる。もちろん鎮衛は「蕎麦を食べると中毒死する」とは述べていないが、少なくとも「体を冷やす」という蕎麦に対する本音=マイナスイメージは持っていたことがわかる。

また、医者という権威のある者が、そのような認識をした上で「蕎麦は体を冷やすのだ」と自信ありげに述べているところなどは、風説のリアリティを強めるものだったといえよう。

「蕎麦中毒死」に関する町触が発令されるきっかけは、鎮衛を戴くほかならぬ南町奉行所から樽屋与左衛門に対して至急扱いで出された指示であった。しかし、南町奉行所－町年寄－肝煎名主－各町名主という流れに沿った「風説」「異説」の取締りと、規制当局の最高責任者である南町奉行の認識には大きなギャップが認められる。

このことは、政府の公式見解と風評の根っこにある人々の意識＝本音との落差が大きい場合があることを示すだけではなく、そうしたギャップの存在そのものが、風聞が風聞を呼んで具体的な損害を発生させる上で一役買っていたことを物語っている。

風評と風評被害の発生パターン

以上のように、「蕎麦中毒死」の風聞やその取締りの町触には、健康を含む生老病死と深く関係する情報には人々が敏感に反応するということが示されている。「馬が物を言う」という虚説も疫病と関係していた。これは、当然といえば当然のことであるが、当時の衛生状態の下では感染症＝疫病も多く、病気と死が直結していた状況を考えれば、江戸の人々が根拠の定かでない情報に飛びついたのも無理のないことであったといえよう。しかも、規制当局の最高責任者でさえも、蕎麦に対する負のイメージを吐露しているわけで、これは蕎麦に対する情報不足を物語っているだろう。この〝情報不足〟という状況には、人々を安心させるだけの説得力が不足している場合も含まれていることは言うまでもない。

つまり、生老病死に関係する事象（対象）があり、かつ、その事象に関する情報が十分に人々に行き渡っていない場合（条件）において、人々の不安が掻き立てられた結果、「蕎麦中毒死」の風説が発生して拡散していったのであった。

註

（1）東京都公文書館史料編さん係の西木浩一によれば、「文化中町方留書」は江戸の名主の覚書（ないしはその写本）。

（2）本文中に特記する場合を除き、本書において『東京市史稿』の各篇・各巻を参考文献として用いる場合には、事項名（内容が反映されているタイトル）を掲げることにする。

（3）本書において『御触書寛保集成』等を用いる場合には、該当する触書に付された通し番号を［　］で併記する。

第２章

水道に毒が入れられた！

江戸で発生したパニック

天明六年（一七八六）九月、江戸で「上水に毒物が投入された！」という浮説（噂）が出回り、上水から水を汲む者がいなくなるなど、市中が大混乱に陥った。人間の生存に欠かせない飲み水が対象だっただけに、蕎麦の場合よりもはるかに深刻だった。古今東西を問わずもっとも悪質な部類の浮説であった。

そのため、当局は取締りと風評の打ち消しに追われることになり、噂が出るのとほとんど時を同じくして、早速、町触が出されている。それだけ、危機感に迫られていたわけである。九月十二日に町年寄三名の連名で出された町触（「浮説取締」『東京市史稿 市街篇第三十』）には次のように記されている。なお、町触では「浮説」という表現をしている。

近頃町方ニ而種々浮説を申候旨相聞、其上上水之義ニ付而も品々申触候趣相聞、先達而も相触候通、此節より別而相慎可申筈之所、甚不埒之至候。此上浮説等申候者於有之は、其者召捕、月番之番所へ可訴出候。廻り之者密々差出、浮説申者及聞次第為召捕候間、其旨急度可触知者也。（注 是ハ世上一統上水江毒入候由ニ而、一向水汲不申、御触後浮説之由に而水汲候事。）

九月

右之通従町御奉行所被仰渡候間、町中不洩様可被相触候。以上。

九月十二日

町年寄
三　人

この町触は、ざっと次のような内容である。

・最近、町方でさまざまな浮説が出回っていると聞いている。その上、上水についても、いろいろと言い触らされているらしい。

・先達ても御触を出した通り、この時期、特にそうしたことは慎しむべきところであるが、甚だ不埒の至りである。

・この上は浮説などを言う者があれば、その者を召し捕って月番の奉行所へ訴え出ること。

・廻り方の同心を隠密裏に差し向けるので、浮説を申す者は判かり次第召し捕るので、その旨、確実に触れ知らしめること。

以上は町触の本文であるが、その注には、「世上、上水に毒が入れられたとのことで、人々が一向に水を汲まなくなったが、御触を出した後は、このことは浮説であるから（安心して）水を汲むこと」と、人々の不安を解消する措置も講じている。

一方、町触だけではなく、江戸を代表する両替だった中井家の十一日付の記録にも「今夕世上怪敷風聞致候。呑水用心之事（今日の夕方、世間に怪しい噂が出ている。飲み水に用心すること）」とある。江戸中がパニックに陥っていた様子がわかる。

明暦期から天明期にかけての天変地異やそれに伴う災害を記した杉田玄白の『後見草《のちみぐさ》』ではさ

らに詳しく、「（前略）又同月十二日、いかなる者か申触けん玉川、猪の頭といふ両所の上水へ毒を流し入たりと云伝《いいつたえ》侍《はべ》りし程に、諸人一度に騒き立、只一日の其間に貴威権門の御住ひ所を初として町々小路〳〵に至る迄、此水の通する所汲貯《くみため》し其限り俄に傾け棄《すつ》るもあり。又此あたりは源へ程遠し、毒の染る間もあるへし、明日の用意になすへしと周章《あわて》ふためき汲《くむ》もあり。偏《ひとえ》に奇怪の浮説也（後略）」と記している。

江戸の上水は、井の頭池を水源とする神田上水と多摩川から導水する玉川上水の二系統からなるが、玄白によれば、毒物は両方に投入されたとの浮説があったとしている。そのため、大名諸侯から町人まで人々が一斉に恐慌を来たして、貯めておいた水を捨てたり、毒物が流れて来る前に大急ぎで水を汲んだりする者があったと述べている。玄白はこの浮説が出たのは十二日としており、中井家の十一日とは違いはあるが、江戸中が大混乱に陥ったことには変わりはない。いずれにせよ、町奉行所の取締り命令を受けた町年寄が江戸市中に御触を出したのは十二日であった。

政治的色彩の濃い風評

公式記録には一切ないが、この浮説にはさまざまな背景がある。政治的な匂いもする。

この浮説が発生した天明六年九月十一日は、十代将軍家治の薨去《こうきょ》が発表された直後であった。しかも、浅間山の大噴火の三年後、天明飢饉の最中（天明二〜七年）といった、世上が騒然とした時代背景の中で出てきた浮説であることに注目する必要がある。

それだけではなく、この時期はそれまでの田沼意次の時代から松平定信が老中首座に就任する、いわば政権交代期に当たっていた。意次に対する家治の信任は厚かった。のちほど詳しく触れるが、この政権交代劇は定信派によるクーデターに近いものだった。古今・洋の東西を問わず、そうした政治状況には謀略やデマが付き物である。そう考えると、確証はないが、田沼政権の追い落としの一環として反田沼派によって計画的・意図的にこの浮説が流されたことも否定できない。

というのは、当時の水道は将軍の仁政の象徴として扱われていた側面があり、真偽は別として上水に毒が混入されたという話が世間に出回ること自体、将軍の治世を具体的に執行する立場の老中以下の幕閣にとっては非常に好ましくないことがらであった。

「水道への毒物混入」の浮説騒ぎがあった天明六年九月から三か月後の同年十二月に普請奉行に就任した石野遠江守広通《ひろみち》は、天明八年（一七八八）に『上水記』を起稿し、寛政三年（一七九一）に全十巻彩色図入りで美術品に見まがうほどの図書を三部完成させ、一部は将軍家斉《いえなり》に献上、一部は定信に進達、一部は江戸の上水を所管する普請請負方上水役所の常備用とした。

当時の普請奉行は江戸の上水を維持管理する責任者だったが、『上水記』には玉川上水をはじめとする江戸六上水や江戸市中の樋線《ひせん》（配水管網）などの施設の一覧とともに、江戸の上水の起源や歴史などが記されている。現在でいえば「江戸水道の事業概要」に相当する。この作業を行うにあたって、広通は部下を総動員して全上水の再測量をさせるとともに末端の樋線までを含む配水管網図も完成させている。

それだけではなくて、『上水記』には、水道をマネジメントするにあたっての精神＝心構えやガバナンスの基本原則が述べられている。たとえば、「江戸のような水の得にくい場所に水道を敷設して人々が利用できるのは「上水の徳」であり、水道事務に携わる者は常に自覚して事務を処理すべきである」「上水を敷設したのは将軍の御仁政の賜物であり、その御仁政によって人々に益をもたらすのが上水である」などとある。この「将軍の御仁政」という表現は、当時としては最高レベルの公共性を表しており、その意味で『上水記』は、上水事業の高い公共性や、それを所管する幕府官僚の服務の心得を示したものともいえる。

上水が「将軍の御仁政」の賜物であるという当時の認識からすれば、上水の管理は幕府（老中）にとって最重要の任務の一つであったはずである。それほど大事な上水に毒物が投入されるということは、単に社会不安を煽るということを超えたものであった。それは時の政権の責任問題にも発展しかねないもので、政治的な影響が絶大だったといえる。結果として、田沼派が受けた政治的ダメージは大きいものだったとみられる。

家治将軍の薨去発表が九月八日、中井家の記録が十一日付、「浮説取締町触」が十二日であるが、実際の薨去は八月二十五日、意次の辞任は薨去直後の八月二十七日なので、誰かが将軍薨去を機に「浮説」を準備しておいて、意次はもとより田沼派官僚の一掃に向けて薨去発表のタイミングに合わせて流した可能性も否定できない。

蕎麦に関する風評被害は、蕎麦そのものに対する情報不足が大きな要因だったが、上水の場合は、単なる社会の不安定さだけではなく、政権交代と絡み合った政治的な意味合いにも留意する必要がある。口に入るという点では上水も蕎麦も共通するが、背景が全く異なるわけである。

当時の政治状況――田沼意次と松平定信

天明六年九月の「水道への毒物投入の浮説」には、こうした政治的背景も絡み合っていたことを否定できないが、残念ながらというべきか、当然のことというべきか、確たる史料的な裏付けはみあたらない。政治的な思惑が濃厚であるほど、証拠は残されないことは想像できるが、それらはあくまでも仮説の域を出ない。

しかし、当時の政治的状況や田沼意次と松平定信の関係をみてみると、〝状況証拠〟といえるような事象もいくつか浮かび上がってくる。そこで、この浮説から少し離れるが、二人の関係について触れておくことにしよう。

田沼意次（享保四年〈一七一九〉～天明八年〈一七八八〉）は、紀州徳川家の足軽出身で晩年に幕府の小納戸頭取となって六百石を領した田沼意行《もとゆき》の子である。享保十九年（一七三四）将軍世子家重の小姓となり、元文二年（一七三七）従五位下主殿頭《とのものかみ》に叙任、延享二年（一七四五）家重の九代将軍就任に従って西丸から本丸に移り、延享四年（一七四七）小姓組番頭格、翌年には小姓組番頭、宝暦元年（一七五一）側用申次《そばようもうしつぎ》、明和四年（一七六七）側用人となった。

安永元年（一七七二）側用人役も兼ねながら老中となった。この間、宝暦八年（一七五八）には一万石に加増、幕府最高の意思決定機関である評定所の構成員も兼務し、評定所の審議についての奏請権（将軍に取り次いでその裁可を求める権限）を掌握した。

『田沼意次の時代』（大石慎三郎）によれば、そのことは意次が絶大な権力を手中にしたことを意味していた。評定所で審議された結果は、側用人や側衆側用申次といった奏請権を持つ者が将軍に奏請し、これを将軍が決裁してはじめて幕府としての意思決定となった。それゆえ、奏請権を握った意次の地位はほとんど決定的なものとなったからである。この側用人とは、将軍の信任を背景に家柄にかかわらず有能な者を任命して政務の実務を行わせるものである。五代綱吉の下での柳沢吉保《よしやす》や六代家宣・七代家継の時代の間部《まなべ》詮房《あきふさ》もそれにあたり、老中・若年寄など幕府の正規の役職者の実権は空洞化していった。同時に、そうした役職に就ける家格の高い幕臣（譜代門閥層）の不満は高まっていったとされる。

田沼時代の経済政策

元禄期（一六八八〜一七〇四）以降になると、市場経済や商品流通の発達、貨幣経済の浸透は江戸や大坂をはじめ全国的なものとなっていた。米の先物取引、為替相場、金・銀・銭の変動相場制などが相当高度なものとなっていた。

十八世紀中頃の「享保改革」の時代、八代将軍吉宗や大岡越前守忠相が力を注いだのは新田開発などによる年貢収入の増大策、米価維持、物価対策などによって幕府財政の健全化を図るものであった。しかし、米の生産量が増えればその分だけ米価は下がり、諸物価は値上がりした。年貢収入に依存した幕府財政や武士の生活はさらに苦しくなっていった。

そのため、幕府は年貢収入に基礎を置く財政運営から、商品流通に財源を求めるようになった。この時期は、田沼意次が老中首班として権力を握り、積極的な経済政策を展開した期間で、「田沼時代」とも呼ばれる。田沼時代とは、『田沼意次の時代』（前掲）によれば、宝暦八年（一七五八）に田沼意次が幕府の最重要事項の審議立案機関である評定所の実権を掌握し、明和四年（一七六七）側用人、安永元年（一七七二）老中となり、天明六年（一七八六）に失脚するまで、意次が幕政のなかで権力を握っていた期間を指す。

この時代の代表的な政策である問屋株仲間の公認では、一定の商品の販売や仕入れを行う同業者が構成する仲間のメンバーに対して、幕府が営業の独占を保障した。その代わりに冥加金《みょうがきん》や運上を上納させることも多かった。冥加金や運上は現在の流通税＝間接税に相当し、それまでの幕府の主要財源が米の現物＝直接税である年貢だったことと比べると「税制」の直・間比率の転換といえるものであった。

また、貿易赤字の解消と外貨獲得のために俵物《たわらもの》（煎海鼠《いりなまこ》・干鮑《ほしあわび》・鱶鰭《ふかひれ》）などの輸出用海産物の生産・流通の促進や、輸出を前提にした銅の大増産も組織的に実施した。一方、余剰資金を町人に貸し付けて運用したり、第５章で述べるように、俵物や銅の輸出によって獲得した清国銀貨を原料に明和五匁銀《ごもんめぎん》や南鐐二朱判という新通貨を発行するなど、それまでみられなかった経済政策が実施された。それらは、貿易による金銀流出を食い止めるとともに、俵物や諸式の輸出を奨励して、逆に金銀輸入を進めて銀貨を鋳造し、国内での貨幣流通量を増やす政策だった。このほかにも印旛沼干拓、対ロシア貿易を念頭に置いた蝦夷地開発などにも取り組んだ。

宝暦期（一七五一～六四）になると、日本各地で特産物の生産が高まり、産地間競争も発生した。そこには換銀の必要な年貢米よりも特産物の開発・販売によって現金を獲得しようとする諸大名の事情もあったが、むしろ幕府が、長崎貿易の黒字化を狙って、俵物や銅といった輸出品の生産拡大と集荷体制の整備を全国規模で展開したことや、貨幣経済が質量ともに全国に浸透したことが大きく影響していたのである。

政策面での反発

こうした市場経済の発達に則した経済政策は、自給自足を原則とする農村を経済基盤とする、封建領主層の経済的困窮に拍車をかける面が大きかった。とりわけ、田沼の政策の中でも天明五年（一七八五）と翌六年の御用金令は、諸大名の存立さえ脅かすものだった。

『江戸と大阪』（幸田成友）によれば、天明五年の御用金令では、大坂の商業資本から徴収した御用金をそのまま大坂の町人に貸し付け、これを大坂の町人が諸大名に利付きで融資した。幕府には利息収入の一部が上納され、諸大名は借入金額に応じて領地の田畑を担保に入れた。もし、大名の返済が滞れば幕府の代官がその田畑を差し押さえて、そこから収入する年貢を大坂町人に支払うことになっていた。

これは領地支配権を将軍が大名に委任するという幕藩体制の原則にかかわることであり、実質的には借金のかたに幕府が諸大名の領地を取り上げることに通じていた。

しかも、譜代大名の多くは五万石以下、大きな者でも十万石程度だった。領地が小さいということは、特産品の生産などで財政再建策を図ろうにも、地域的規模が狭く効果をあげることは困難だった。この点では国持ち大名といわれる大きな大名の方が有利であった。

ということは、この御用金政策に対する譜代大名の懸念・反発が増幅される条件が作られたのである。そしてこれらは田沼派の没落とともにいずれも中止されている。

なお、御用金とは町人から資金を納めさせて利息を定めて償還するもので、今日の国債や地方債に相当する。御用金というと、幕府が町人から資金を強制的に徴収するものと誤解される場合が多い。しかし、御用金は本来は低利の長期国債のようなもので明治維新で幕府が倒れたため償還不能になった。天明六年の御用金令も同様の性格のものであった。

それは、いずれの御用金令も幕府に諸大名の支払利息の一部が転がり込む仕組みだった。そして、大坂の商業資本による諸大名への融資を、幕府が大名の領地支配権を担保に債務保証するということは、早晩、返済不能に陥った大名の領地支配権が幕府に移転することを意味していた。

意次の失脚

意次は、ともに権勢をふるっていた息子の若年寄田沼意知《おきとも》が天明四年（一七八四）に江戸城中で新番組番士の佐野善左衛門政言《まさこと》に切られ、それがもとで死亡したのをきっかけに急速に影響力を失った。その最中に意次の後ろ盾だった十代将軍家治が天明六年に病気になって同年八月二十五日に亡くなった。意次は家治薨去の二日後の八月二十七日に将軍に殉じる形で老中を退任している。意次は老中辞職後も強い影響力を持っていたが、天明の大飢饉に誘発された打壊しは、天明七年（一七八七）五月二十日から二十四日まで江戸を無政府状態に陥らせ、反田沼派を勢いづかせた。そして、そのリーダー格だった松平定信の老中就任、それに続いて田沼系官僚の免職が大々的に行われた。
『田沼意次の時代』（前掲）では、この過程を定信を代表とする譜代門閥層による一種の「クーデター」と位置づけている。それゆえ、政権を手中に収めた定信は、田沼時代の経済政策を全面的に覆して、年貢収入確保のための農業生産の重視に立ち戻った。彼の意図は享保改革への回帰にあったが、それは商業資本が武家階級よりも圧倒的に優位な経済的地位を占めるようになったことへの反動でもあった。

幕府の権力機構は、権力と財力を分離させるのが原則であり、特徴の一つでもあった。この家康以来の方針のため、老中に就任できたのは十万石以下の譜代大名に限られた。御三家の当主で将軍になった吉宗が例外で、御三家をはじめ御三卿やその他の徳川一門の大名が幕府官僚に就任したり幕政に参画したりする途はほとんどなかった。これは、幕府の官僚機構が整った寛永期ごろからの原則で、九代将軍家重も「将軍の近親者を老中などに就任させてはならない」としている。田沼時代までに、御三家などは将軍の血統が絶えた場合の押さえとして扱われることが定着していた。

しかし幕末の水戸徳川家に限らず、御三家は江戸時代を通じて将軍職を狙い続けたし、絶えず幕政への影響力の行使を狙っていた。田沼意次のような家柄の低い者が、幕府権力を掌握して、しかも自分たちの存亡を脅かすような経済政策を次々と打ち出すことは、とうてい受け入れられなかったといえる。

松平定信の老中主座就任

定信は宝暦八年（一七五八）御三卿筆頭の田安宗武《むねたけ》の三男として江戸で生まれた。宗武は吉宗の次男なので定信は吉宗の孫にあたる。田安家の家督は定信の兄の治察《はるあき》が継ぎ、安永三年（一七七四）、定信は白河十一万石松平定邦の継養子となった。しかし、その直後に治察が没して田安家が絶えるおそれが生じたため、定信の田安家への復帰話が持ち上がり、いずれは家治の後継に目されたという。ところが、御三卿の一橋治済《はるさだ》が長男の豊千代を将軍にしようと画策したり、意次の妨害工作などがあって、定信の復帰が実現しないまま田安家の血統は絶えてしまう。豊千代はその後、天明元年（一七八一）に十代将軍家治の世継ぎとなって家斉と改め、天明七年（一七八七）に将軍となった。

定信が二度も田沼意次を刺殺しようとするほどの憎しみを持つようになったのも、自分が将軍になり損なった原因を田沼に求めていたからだったといわれている。

定信は二十六歳になった天明三年（一七八三）、松平家の家督を継いだ。折しも、天明の大飢饉に見舞われたが、徹底した倹約や租税免除、農業生産へのてこ入れなどによって当面の危機を乗り切ることに成功して名君としての評価を得た。

御三家・御三卿はじめ名門の譜代大名たちにとって、田沼系の官僚に取って代わる存在として、定信は理想的な人物だった。家柄からすれば将軍の孫であり、白河十一万石の当主という定信の地位は、老中に就任できる者が十万石以下の小大名に限られるという幕府の不文律にほぼ沿っていた。しかも、領主の経済的基盤だった農業振興に成功したという定信の実績も評価された。

中央政界進出を狙う定信は、かつて定信の田安家相続を妨害して自分の長男を将軍の世継ぎに据えた一橋治済と結びついた。治済の五男斉匡を田安家の養子とすることで、この同盟関係が成立すると治済は御三家などへの根回し工作を盛んに行った。その結果、天明七年（一七八七）、定信は老中主座、翌年には将軍補佐となり、それに続いて田沼系官僚の一掃にも成功した。

定信の老中就任は、天明の江戸打壊しに乗じたものだったが、その中でも特徴的な点は彼がいきなり老中主座になったことにある。老中就任までの順序は、奏者番を振り出しに寺社奉行、大坂城代や西丸老中などを経るのが一般的だった。先例第一主義の幕府官僚機構の中で、このような異例中の異例の人事が行われたのは、なにより御三家などのバックアップゆえのものだった。

田沼派の一掃

定信が老中主座に就任すると、問屋・株仲間などから取っていた冥加金、諸運上の廃止、貨幣改鋳や印旛沼開拓事業の中止、鎖国政策の強化、蝦夷地進出の取り止めなど、田沼時代の経済政策をことごとく打ち消す政策を行った。

また、露骨な人事政策により田沼時代の経済政策に携わった関係者の多くが代官などの下僚まで減封、左遷の対象となった。意次自身は天明六年閏十月に隠居、二万石没収となり、翌年十月に下屋敷に蟄居謹慎、さらに二万七千石を減らされ、その結果、城地が没収された。なお田沼家の家督は孫の竜助が継いだが大名としては最低の一万石に減封された。

勘定奉行松本秀持《ひでもち》は天明六年に閑職である公事方に左遷され、閏十月になるとさらに小普請組に降格され逼塞、領地半分没収という処分が下された。そして翌年二月に逼塞は解かれたが、十二月には再び逼塞を命じられ領地百石が没収となった。田沼の右腕だった老中水野忠友《ただとも》、松平康《やす》福《とみ》も天明八年に相ついで罷免され、将軍側近の側衆側用申次だった本郷泰行《やすゆき》や横田準松《のりとし》、意次の甥の田沼意致《おきむね》も打壊しの直後に次々と解任された。

石野広通と『上水記』

水道に話を戻す前に、『上水記』を編した石野遠江守広通〔享保三年〈一七一八〉〜寛政十二年〈一八〇〇〉〕について触れておこう。広通は、故実を伊勢貞丈に、和歌を冷泉為村《れいぜいためむら》に学び、当時から国学者として著名であり、和歌では江戸の堂上派《どうじょうは》冷泉門の中心人物であった。『上水記』のほか、『上山記』『和歌感応抄』、佐渡奉行に在任した時には『佐渡事略』を編集している。『佐渡事略』も単なる行政文書の域を超えたもので地誌として優れたものである。また、『上水記』以後には、享保元年以降の膨大な行政文書類を整理して利用しやすくするために『憲法部論』を著している。

広通の経歴については、『新訂　寛政重修諸家譜　第十一』によれば、十九歳で遺跡を継ぎ〔三百俵〕幕府の大番に列した〔元文元年〈一七三六〉〕。これを振り出しに、納戸番〔延享元年〈一七四四〉〕、御納戸組頭〔寛延元年〈一七四八〉〕、膳奉行〔宝暦九年〈一七五九〉〕、家重薨去により免〔宝暦十一年〕、膳奉行復職〔宝暦十三年〕、納戸頭〔明和四年〈一七六七〉〕、布衣に昇格〔明和四年〕、佐渡奉行（天明元年〈一七八一〉）、普請奉行（天明六年）、従五位下遠江守に叙任（天明六年）されている。寛政三年〈一七九一〉には『上水記巻十』が将軍の台覧を受け、褒美として縮緬二巻を与えられている。

広通が佐渡奉行から普請奉行に就任し、従五位下遠江守に叙任されたのは天明六年十二月のことで六十八歳の時である。意次の失脚と田沼派官僚のパージの嵐が吹き荒れた最中であった。政変と浮説が入り混じった時期だったわけである。つまり、定信の老中主座就任は天明七年ではあるが、広通が普請奉行に就任したのは田沼政権の下ではなく定信の影響下での任命だったものといえる。

その後、定信政権下の寛政三年に『上水記』を将軍に献呈した功績で縮緬二巻を賜ったのである。そして、定信が老中首座を辞任する一年前の寛政四年（一七九二）、七十二歳の時に旗本の最高職である西丸留守居《にしのまるるすい》まで登りつめ、寛政十二年に八十三歳で没している。

歌人広通と定信

広通は、普請奉行や『上水記』よりも、江戸の堂上派の私撰和歌集である『霞関集《かかんしゅう》』の撰者として有名である。これは、江戸時代中期の代表的な和歌集である。江戸における和歌の系統には、当時、県門派《あがたもんは》・古学派・堂上派の三つの大きな流れがあり、広通はその堂上派冷泉門の第一人者であった。

東京都水道局の所蔵する『上水記』の本箱の箱書き(1)に、「たま川やわか手つくりのふみにかく御代のひかけをうけしかしこさ　寛政三年　従五位広通」とある。将軍から褒美をもらったこともあって、自らの手で成った『上水記』を高く評価した将軍を称える歌となっている。なお、当時の和歌の第一人者だけあって、「御代のひかけ」という表現には、将軍からの評価と、将軍治世の下での「樋《ひ》」（水道管の意）すなわち上水のあり難さを掛け合わせている。

『霞関集』には、享保から明和期までの百三十四人、約千首からなる初撰本（明和五年〈一七六八〉に成立）と、宝永以降の約二百人、約千二百首（寛政十一年〈一七九九〉に成立）からなる再撰刊本があり、広通自身による最終版は再撰刊本である。

『霞関集』（松野陽一編）によれば、江戸の堂上派は個々に京都の公家歌人を師とし、江戸でも師弟関係に組み込まれるという二重構造にあった。『霞関集』（再撰刊本）に収録された歌人も、公卿二、大名二十三、町人三、風客六、医師・連歌師二、僧尼二、ほかの大半は幕臣とその中の高家・御三家三卿諸侯の家臣とその妻女・女房となっている。

このように『霞関集』には、公卿や大名諸侯、高級旗本やそれらの家臣・家族から町人まで多彩な顔ぶれがみられるが、堂上派冷泉門の中心人物である広通の周囲は、和歌によって結びついた江戸における高位高官を頂点とする幅広い文化的サロンだったともいえるだろう。

一方、松野陽一によれば、松平定信の側近として定信の老中就任の日から『よしの冊子』を執筆した田安家の家臣の水野為長は広通を「篤実潔白」と評価している。定信の下で、「為長は裏方として情報収集し、人物考課を行った」とされている。「篤実潔白」という評価には、『佐渡事略』で優れた業績を残した能吏という面のほかに、歌人として譜代門閥層に属する御三家・御三卿や高級旗本などとの幅広い交友関係にあった点も含まれているといえる。田沼系ではないと認識されていた可能性もある。

また、広通の先祖は長篠合戦に参加した広光で、それから四代目の広次の時に家を分け、本家は広高が継ぎ（石高千石）、次男広長（三百俵）が分家を興した。広通はこの分家の三代目にあたるが、子の広温は本家の養子となり安永七年（一七七八）に養父広近の遺跡（千石）を継いでいる。つまり、三百俵という広通の家格は低いようにもみえるが、一族の旗本としての出自はむしろ高級旗本に属しているといえるだろう。

こうした業績・交友関係・家柄といった広通の置かれた条件からすれば、譜代門閥層を代表する定信の〝お眼鏡に叶った〟人物の一群に属していたとみても差し支えない。田沼派の官僚たちが相次いでパージされている最中に、広通が普請奉行に就任した裏には、そうした事情が十二分に作用していたといえるだろう。

浮説を逆手に取った広通

それでは、なぜ、広通は『上水記』を編纂したのであろうか。

広通は和歌の世界だけではなくて、佐渡奉行に在任した時の『佐渡事略』のように職務に関係する文筆活動にもとりわけ熱心であった。したがって、一つの動機としては、普請奉行に就任したのを契機に、自らの得意分野を活かして江戸上水に関する故事来歴なども含む事業概要をまとめた、と素直に解することができる。この場合、仕事と趣味が一致したわけである。

二つ目は、普請奉行就任の直前に「毒物投入」という江戸上水の著しいイメージダウンがあったので上水を適正に管理することの重要性を責任者として述べたもの、という可能性もある。

さらに三つ目は、前政権での上水の管理には問題があったが、現政権では「将軍の仁政」の象徴である水道をしっかりと管理していく、つまり「田沼政権の下では将軍の仁政の象徴である上水さえなおざりにされたが、新政権では将軍の御威光に基づく水道を大切に運営していく」という政治的色彩を帯びたものだったとも取れる。

特定は困難であるが、広通の立場や当時の政治的情勢などを踏まえれば、いずれの動機も成り立つ。定信政権になってからは徹底した田沼派の排除とともに、田沼の政策の多くも否定されたことを考慮すると、三番目の仮定もあながち的外れとは言い切れまい。

広通が『上水記』を将軍にとどまらず定信にも献呈して、褒美にあずかるという名誉に浴している点は、老中首座の定信が『上水記』を非常に高く評価していたことを物語っている。定信が『上水記』のどの部分を評価していたのかは不明であるが、少なくとも、定信にとっても好ましいと感じられる部分があったと判断しても間違いはない。

また一般論として定信と広通との身分差からすれば、私刊本を上司に当る者に献呈したり、それを上司が受容するという行為は、ほとんどあり得なかったことでもあった。『上水記』の献呈は一種の黙契だった公算も強い。

その意味で、『上水記』の成立前後の諸情勢や、わざわざ「将軍の御仁政」にからめた記述がなされていることなどをみると、広通の執筆動機には政治的な意図が見え隠れする。

こうしてみると、再測量を基に作成された配水管網図など技術的な裏付けのある部分を中心に、『上水記』が当時の江戸の上水を語る上での重要史料であることに変わりはないが、ポリティカルな動機も否定することができない。したがって、この史料を扱う上では、執筆の動機や社会的・政治的環境などへの十分な注意が欠かせないといえる。

前政権の末期に、水道への毒物投入の浮説が流れて江戸中がパニックになったことに対して、『上水記』の記述は著しいコントラストを放っており、江戸の上水が失った信用を、定信政権の下で一気に挽回するものになっている。むしろ、毒物投入の浮説騒ぎがあったからこそ、『上水記』の輝きが増したわけである。広通はさすがに当時の文筆の第一人者だけあって、浮説を糧にする形で、あるいは逆手にとって『上水記』を高い値段で売ることに成功したのであった。

註

（1）現在、『上水記』全十巻を東京都水道局が、一部を国立公文書館の「内閣文庫」が所蔵している。

第3章

大地震と風評——社会不安を煽る虚説

天変地異をめぐる浮説

虚説や風評は、天変地異に際して発生することが多い。天変地異には地震、台風、水害、日照りなどの天災や彗星の出現などがある。

江戸時代にも、天変地異の直後から流言や虚説が人々に拡がって社会不安が高まったり、経済的な損害がもたらされたりした。なかでも大地震が発生した際には、さまざまな流言や虚説が入り乱れて飛び交い、当局もその取締りに追われている。

当時の虚説などは、第1章で述べた「蕎麦中毒」や次の第4章で述べる「貨幣改鋳に関係した浮説」のように、天変地異の有無に限らず流れていた。むしろ、第2章で推論したように、幕府の人事や派閥抗争などをめぐって、時の有力者にダメージを与えるような浮説や虚説が流される例も江戸時代の初めの頃から散見される。大地震や彗星の出現をチャンスとして、「今の政治が悪いから天が警告を与えている」といった発想に基づく浮説が生まれる傾向もあった。

そこでこの章では、多数の天変地異に関係する浮説や虚説の中から、経済的な損害を生じさせたり、幕府の取締りの対象になったものを中心に紹介する。

元禄地震と諸商人の混乱

江戸が壊滅的な被害を受けた大地震としては、元禄十六年（一七〇三）十一月二十三日未明に発生した元禄地震と、安政二年（一八五五）十月二日夜十時頃に発生した安政江戸地震が挙げられる。元禄地震は相模トラフを震源域とするマグニチュード八クラスの大津波を伴う巨大地震で、四年後の宝永四年（一七〇七）には、同じく海溝型地震の宝永地震と富士山大噴火が相次いだ。「甘露叢」（『東京市史稿　変災篇第一』）によれば、元禄地震では江戸城でも櫓、城壁、石垣に大きな被害が出た。門と塀が残らず倒壊した平川門、門に付属する番所が潰れて死傷者が出た雉子橋門や和田倉門をはじめ、西丸の諸施設も大破した。江戸市中の被害も甚大で、本所、神田などの沖積地を中心に家屋の倒壊が著しく、液状化現象による吹砂や泥水の湧出もみられた。箱根山の土砂崩れによる街道の寸断、小田原城の天守閣も地震に伴う火災で焼失、川崎・神奈川・保土ヶ谷・戸塚などでも多数の家屋が倒壊するなど、被害は江戸から小田原、箱根にかけた東海道筋に集中した。伊豆半島や房総半島では大津波も発生した。

元禄地震直後から、さまざまな流言や浮説も出回った。尾張徳川家の家臣だった朝日重章の『鸚鵡籠中記』では、「廿三日の昼より、同夜九ッ比《ころ》迄之内に、天地崩るゝ程之こと可有と、神託有之と、廿二日前にことぶれ。廿二日之大地震のことを云に、果してしかり。まして神託相違まじとて、廿三日諸商人共、よくも徳も打忘れ、諸色下直に売払」と記している。十一月二十三日の昼から夜の間に天地が崩れるようなことが起こるという御神託があり、それが当たったため、大地震の夜が明けた二十三日になると、商人たちが欲も得も忘れて商品を廉価販売した、ということである。当時、重章は名古屋に在住しており、元禄地震に関する『鸚鵡籠中記』の記載も伝聞によるとはいえ、さらに大きな地震が来るという流言を前に、商人たちが恐慌に陥っている様子が江戸から伝わっていたことがわかる。

この『鸚鵡籠中記』の記述からは、商品の値段を吊り上げて「神罰」が下されることを恐れたのか、さらに大きな地震に見舞われる前に在庫を処分しておこうとしたのか、地震直後のバーゲンセールの動機までは述べられていない。いずれにせよ、地震直後の江戸の商人たちが、大地震が再来するという浮説に怯えて商品を安値で投売りしていたという情報を記録に残したことは事実である。これは風評被害の一種ともいえるだろう。

しかし、余震は連日続いたものの、世の中が少し落ち着いて来るに従って、諸商人や諸職人たちは巨大な復興需要に見合う形で、強気の価格設定を行うようになった。モノの価値は需要と供給の関係で決まるという市場経済の法則に立ち戻ったわけである。

後ほど詳しく述べるが、江戸では大震災に限らず大火が発生すると、焼け跡の復旧・復興が大きな景気刺激になった。ただし、復興需要が旺盛になるほど諸物価が高騰するので、幕府は大火や大震災後の物価高騰を抑えるためにさまざまな対策を講じている。

元禄地震の直後も同様で、幕府は諸商売物の価格、諸職人や日雇の人件費、牛車や大八車の運賃などを高騰させないように物価賃銀の騰貴禁制の触書を出している（『御触書寛保集成』［一五〇九］）。しかし、この触書で市場をコントロールすることはできなかったので、翌年の元禄十七年二月に、地震直後と同様の触書を出している（『御触書寛保集成』［一五一二］）。そこでは、「時節柄なので若干の値段の高下は止むを得ない」と一定の現状追認をした上で、「急用の品」を狙って値上げする行為を特に取り締まっており、名主や家主まで念入りに周知させている。

虚説取締りと祈禱

その後も余震が続いたともあって、「大地震が再来する」といった虚説や流言は尽きなかった。幕府にとって好ましからざる虚説も横行していた。『鸚鵡籠中記』に話を戻すと、「大樹も御あやまちに成と云。虚説なるべし」とあって、重章自身は否定しているが、大樹＝将軍綱吉の政治が悪いから地震が起きた、ということが地震直後から世間で囁かれていたことも記されている。

それゆえ、こうした浮説・虚説に対しては幕府も素早く対応した。それだけ深刻に受け止めていたといってよい。十一月二十八日には、「今度地震ニ付、色々虚説申あるき候者有之由ニ候間、向後左様之者於有之ハ、早速捕之、月番之番所江召連可来候」、つまり「今回の地震に関して、色々な虚説を言い回る者があるが、今後、そのような者があれば速やかに捕えて、月番の町奉行所に連行せよ」という内容で、地震後初めての虚説取締令が発せられた（「流言飛語取締」『東京市史稿　市街篇第十五』）。虚説の具体的な内容は書かれていないが、当局としては見たくもないようなものだったと想像できる。

「常憲院殿御実紀」には、この大地震以降に幕府が実施した祈禱などが記録されている。日付は前後するが十一月二十七日、幕府は「こたび非常の大変」により、伊勢の両大神宮、京都の二十一社、江戸の山王と神田明神、鎌倉の鶴岡八幡、箱根権現、伊豆権現、三島明神、常陸国鹿島、下総国香取明神、駿河国富士権現などに祈禱を命じた。余震が続いていたこともあって、続く十二月十日にも「ことし旱《ひでり》して久しく雨ふらず、地震、火災うちつゞけば、護持院大僧正奉り、けふより水天供を修す」と、護持院の大僧正に祈禱を命じ、十二月十六日にも「このたびの地震により、大内にて内侍所臨時の御神楽あり。其供米を進《たてまつ》らせられ、けふ御拝戴ありて、御謝詞を伝送衆（傳奏《てんそう》衆）へ伝らる」と、綱吉みずから地震を収めるべく江戸城内で儀式を行っている。

もちろん、余震を含めてさらに大きな地震が発生しないように祈願することが目的だったが、当時としては未曾有の大震災が、将軍綱吉や側用人である柳沢吉保による政権運営への批判を燃え上がらせることを防ぐことも大きな狙いだった。その意味で、この諸国大社への祈禱命令と翌日の虚説取締令は表裏セットの関係にあったとも見られる。

しかし、幕府の努力の甲斐もなく虚説は一向に収まらなかった。『鸚鵡籠中記』の元禄十六年の補遺の部分には、「十一月廿日より廿二日まで、江戸にて大白星不見。仍之《これによって》保井春海《やすいしゅんかい》言上して、古例上一人の御慎と云々。一位様凡下より御位を尊ふし給ふ事、天文にあはずと云々。今度の地震一位様御屋敷ほど人の多く死したる事なし。地震の取ざた一切仕間敷かたく御触あり」という記載がある。ここで登場する保井（安井。後に渋川と改名）春海は天文学者で貞享暦を編纂したことで知られる。また、囲碁の名人でもあった。

これは、「十一月二十日から二十二日の間、江戸では金星が見えなかったが、それは将軍の悪政のためである。将軍生母の桂昌院に従一位という破格の位を朝廷から無理に贈らせたことは天の道理に反するものである。その証拠に、桂昌院の屋敷ほど死者が多かった場所はない」という意味である。このセンテンスに続く「地震についての取り沙汰は一切してはならないという御触があった」と書かれているのは十一月二十八日の虚説取締令を指しているものとみられる。

つまり、虚説の矛先が桂昌院の従一位獲得とそれを強引に進めた綱吉や柳沢吉保に向けられており、それに強い危機感を抱いた幕府が浮説を口にすることさえ禁じた、と重章は認識していたわけである。そのことを『鸚鵡籠中記』の補遺にわざわざ書き込んでいるのは、少なくとも、この話題が重章に強い印象を与えたからだといえる。

なお、桂昌院は仏教に厚く帰依し、江戸の護国寺の建立や生類憐愍《あわれみ》令への関与など幕政への強い影響力を持っていた。元禄十五年（一七〇二）に綱吉をはじめ柳沢吉保などの働きにより朝廷から従一位を与えられたが、それに対する批判は幕府内でも根強かった。

再度の虚説取締令

ところが、年が改まっても虚説の流布は止まらなかった。大震災後の状況に人々が慣れ始めるに従って謡曲や狂言なども作られるありさまで、かえってエスカレートしている。そのため、町奉行所の記録である『撰要永久録』（「流言飛語取締」『東京市史稿　市街篇第十五』）によれば、翌年の元禄十七年三月一日（三月十三日に宝永に改元）、前年十一月二十八日の虚説取締令の内容に加えて、時事に関する風刺をこめた狂歌、謡曲、狂歌を具体的に禁止している。しかも、「若《も》し隠置《かくしおき》、外より相知候ハヽ、名主家主五人組迄、可為越度候間、此旨不可申聞候」（傍点筆者）と、名主・家主・五人組の連帯責任も盛り込んでいる。一方、「常憲院殿御実紀」でも、「此月令せらるゝは、去冬の地震により訛言宣伝せし事、さきにも市井へ令せられしに、今に猶やまず。頃日謡曲、狂歌などにつくり、流布するよし聞ゆ。いとひが事なり。今よりのち、名主、家主心を用ひ、さるものあらば、すみやかに捕へて、直月《ちょくげつ》（月番＝当直の町奉行所）の庁にうたへ出べし。かくし置て、他よりあらはれなば、町役人まで咎《とがめ》らるべしとなり」としている。

これと併せて三月五日になると、前年に祈禱を命じた大社などへの行賞も忘れてはいない。伊勢の両大神宮には米百石ずつ、京都の二十一社、山王には銀百枚、神田明神、鶴岡八幡、箱根権現、伊豆権現、三島明神、鹿島、香取、富士には銀五十枚ずつを贈っている。祈禱を行った他の寺社も同様に賞している。ここでも、寺社での祈禱と再度の虚説取締令はセットになっていた。

しかし、そこまでしても虚説を止めることはできなかった。改元後の宝永元年七月八日には「又府内日々地震やまず。夜々怪物《（アヤシキモノ）》天を飛行するよし妖言もあればとて、護持、護国、大護、其他四ヶ寺に祈禱をおこなわしめらる」（「常憲院殿御実紀」）ということで、夜な夜な怪物が空を飛んでいるという妖言が流行したとして桂昌院ゆかりの護持院・護国寺などに祈禱を命じている。いくら虚説取締りに懸命に努めても、結局は、妖言＝虚説そのものを抑えるためには「神頼み」によるほかかない状況になったわけである。

日付は前後するが、この年の四月五日には「五日進物取次上番百々平六郎防火の術ありとて、官長をこえ、無稽の妄言を建白せしにより、内藤主殿政貞にあづけらる。其子二人もおなじ」（「常憲院殿御実紀」）ということで、荒唐無稽の防火の術、現在でいえば防火・防災対策を建白した幕臣が処罰されている。世の中は浮説・虚説に満ち溢れていたのであった。

宝暦四年の浮説取締令

こうした状況はその後も続いた。元禄地震から三年も経った宝永四年（一七〇七）二月二十二日には、雑説を流布させることや、落書《らくしょ》、捨文《すてぶみ》の禁止令が出された。『御触書寛保集成』や「常憲院殿御実紀」にも載っているので後者を紹介すると、「けふ令せらるゝは、頃日娼妓の類徘徊するよし聞ゆ。城辺の地はさらなり。僻地も猥にかゝるもの置べからず。雑説流伝の事も前に禁ぜられしに、頃日粗《あらあら》其聞えあり。弥《いよいよ》雑話、落書、捨文等すべからず。牛馬に重荷負せず、飼鳥並に鳥獣うりひさぐべからずとなり」となっている。落書、捨文は現代の感覚から簡単に言えば、政権や有力者・有名人を批判したり中傷する怪文書にあたる。

この禁止令の特徴は、浮説の流布の禁止とともに、私娼が江戸城の近くまで徘徊するようになったため、城から離れた場所も含めて私娼を置くことを禁ずる規定と、牛馬に重い荷物を課してはならない、鳥獣を商ってはならないという生類憐愍令までが同じ触書に並んでいる点である。一見すると、こうした規定の仕方は何らの統一性も見られないが、当時は、直接的な復旧工事をはじめ、その後の復興に係わるさまざまな需要によって景気刺激が続いていた時期であった。私娼が江戸中を徘徊して江戸城近くまで出没するというのは、それだけ〝需要〟が盛んだっただけではなく、人々のカネ回りも良かったことを物語っている。牛馬への過積載の禁止は、建築資材をはじめとする物資の輸送が復興需要によって刺激され、牛馬の一頭あたりの負担が重くなったことを示している。鳥獣を商うことの禁止は、復興も一段落して愛玩動物を経済的にも精神的にも購入できる余裕を持つ人々が増えてきたことを背景にしている。相変わらず浮説が蔓延する世の中ではあったが、この浮説禁止令からは、江戸の着実な復興の足音が聞こえてくる。

日照り、雷も

こうした天変地異をめぐる虚説は、元禄地震や宝永地震、富士山噴火といった大規模な天災に限らず、折に触れて流されている。全部を紹介するには限りがあるので、禁止令・取締令が出されたものを取り上げてみよう。

享保十二年（一七二七）七月八日、出所不明の「日照りになる」という虚説が出回ったことを受けて、虚説は一切言い触らしてはならないこと、それに併せて、明地や広小路に人が集まり、鉦などを打つ・念仏を唱える・辻相撲を行うことも禁止する旨の申渡しが江戸市中に発令された。この町触は『撰要永久録』（「虚説又ハ人集メ禁止」『東京市史稿　産業篇第十二』）に残されており、「頃間何方より申候共無之、ひでり致候抔と虚説申候由、左様之虚説つのり候て、又々大杉大明神抔之様成事も出来候間、虚説一切不申様ニ可仕旨被申渡候」ということで、町年寄の奈良屋から市中の年番名主あてに出され、それが市中に伝達されている。この触書の伝達経路や江戸の都市行政のシステムについては第1章、第2章のとおりである。

この禁止令は、虚説のみを取り締まるのではなく、虚説を信じた人々が群集して社会不安を起こすことを防ごうとしていた点が特徴である。触書でも、虚説が増幅して「大杉大明神」の時のような問題になると記している。大杉大明神の問題とは『武江年表』の表現を借りれば、この年の「六月上旬より、本所香取太神宮境内へ、常陸国阿波《あんば》大杉大明神飛移り給ふとて貴賤群集し、万度・家台・練物を出し、美麗なる揃の衣類を着して参詣す。程なく此事を停らる」を指している。本所の香取神宮に常陸国の大杉大明神が飛来し、参詣すると御利益があるという虚説を信じた大勢の人々が連日境内に集まって屋台や練物が出るなど、お祭り騒ぎやそれに伴う混乱に発展したのであった。なお、これも斎藤月岑《げっしん》の著作である『江戸名所図会』巻之七中の香取大神宮の項には、この大杉大明神の話は全く見られない。

元文二年（一七三七）四月十五日になると、「此間風聞ニ箱根山之温泉水と成、山ノ手筋井戸泥と成、色々之星出候抔と虚説申候由不届ニ候。御組之衆御廻し被成、右体之風聞致候者は被召捕候段、松波筑後守様被仰渡候間、早々町々申通候様被申渡候」という町触が出された（「虚説取締」『東京市史稿　産業篇第十五』）。つまり今度は、「箱根山の温泉が水になった」「山の手の井戸水が泥になった」「怪しい星が出た」といった流言が発生したことに対して、南町奉行所から禁止と取締りが命じられているのであった。この虚説については、社会不安を煽るものとして老中などの幕府首脳部は深刻に受け止めていた。箱根の温泉の変調、井戸水が泥になる、怪しい星、というキーワードはすべて元禄地震や宝永地震、富士山噴火を連想させるものだったからである。

さらに、元文二年というのは、第４章で詳しく触れる元文の貨幣改鋳に伴う浮説が集中した時期であった。元文元年には貨幣改鋳や銭相場をめぐって、元文三年には町奉行の人事異動をきっかけに再度、貨幣改鋳に関する浮説が発生して市場が混乱している。そのため、幕府首脳部は南町奉行の松波筑後守正春に対して、このような虚説を言い触らす者を捕えよ、との指示を出したのであった。それを受けて、早速、南町奉行所では町年寄経由で江戸市中に周知徹底させている。

一方、延享三年（一七四六）六月一日になると、雷にまつわる虚説の取締令も出ている（「虚説取締」『東京市史稿　産業篇第十七』）。これは、「最近、雷について虚説を言い触らし、物になぞらえて書付を流布する者があって不届きなので、今後、何事によらず、雑説・虚説を言い触らしたり、根拠のないことを書き付けて流布する者があれば、捕えて月番の番所へ訴え出よ」というものである。たび重なる虚説禁止令は、当局の取締りにもかかわらず、それだけ虚説が江戸中に流れていたことを何よりも物語っている。

江戸城内にも蔓延していた虚説——捨文と落書

こうした虚説はどのような形で流布したのであろうか。口コミで伝わるだけではなく、捨文や落書によって意図的に流されることも多かった。それらが、人々の関心の的になると、虚説が虚説を生むように増幅し、前にも触れた謡曲や狂歌の形にもなって社会に広がっていくのであった。

幕府もそれを重視して、今まで述べてきたような虚説や浮説だけではなくて、捨文や落書も取り締まっている。たとえば、享保七年（一七二二）三月一日の取締令では「今よりして、邸宅のあたりに無名の文書捨置者ありとも、聞えあぐるに及ばず、其まゝ焼捨べしと令せらる。これ求言の御誠意をむかへ、事を好む市井の処士など、あらぬ事ども書しるし、顕職又は昵近の邸宅、其外行通ふ路などに捨置、僥倖をこひねがふもの多く、かへりて世の妨をなせしゆへ、かくは令せられしとぞ聞えし」（「有徳院殿御実紀」）と言っている。捨文の処理方法とともに、実行方法や捨文が行われる背景などにも触れているのであった。

つまり、「幕府は一切取り上げないので捨文は直ちに焼き捨てよ」と命じているのだが、これによると捨文とは、虚偽の事実などを書き記した無記名の文書を、幕閣などの有力者の門前や人目に付きやすい道路などに置いたものである。そうした行為の目的は、無役の幕臣や浪人などが、捨文をきっかけに役職に取り立てられる僥倖を願うからだとしている。そこには、前年の享保六年閏七月、広く民意を徴集するという将軍吉宗の意向により、江戸城辰の口の評定所門前に目安箱が設置されたことも影響していた。ただし、目安箱に意見を投入する場合には住所氏名が明記されていなければならなかった。

さらに元文元年（一七三六）八月になると、「近年落書、雑説あるよしきこゆ。さは有まどき事なり。まして殿中におゐても、しば〳〵其こと有よしなれば、人々つゝしむべき旨命し下さる」（「有徳院殿御実紀」）といった落書雑説の禁止令も改めて出されている。ここで特筆すべきは、江戸城中においてさえも、落書や雑説が頻発している点である。もちろん猟官運動だけではなく、反対派に対する誹謗中傷などの怪文書も横行していたのである。

大名留守居たちの人事情報

ところで、諸大名は各自の江戸屋敷に留守居を置くとともに、江戸城内に家臣を派遣して、将軍後継や幕閣の動向、幕政の動勢、他の大名家の動向などに絶えず注意を払い、情報収集に努めていた。収集した情報に基づいて自家に不利益が生じないように事前に立ち回ることも重要な業務であった。もちろん、他家に先駆けて幕府の要人と親しくなる、あるいは他家の留守居と気脈を通じておくことも必要で、それが〝いざ〟という時に役立つのであった。

将軍後継や幕閣の人事とともに、将軍家の婚姻相手や大名同士の婚姻などによって政治的環境が大きく変わることもあった。つまり、江戸における〝人事情報〟をめぐって留守居たちが予想や分析を加えることは、むしろ当然のことであり、経験豊富な留守居ほど〝情報通〟として同業の留守居たちからも評価されていたはずである。こうした留守居たちの活躍の舞台は高級料亭や吉原であり、彼等の交際に伴う多種多様の贈答品は、書画・骨董・工芸品をはじめ料理・服飾などのすべての分野にわたったため、それらの分野の産業が江戸で異常なまでに発達したのである。

そうしたこともあって、江戸城内での大きな出来事は外部にほとんどオンタイムで流れ出る状況にあった。幕政の動勢はもとより、全国の年貢の収納状況や天災などに関する情報のほか、幕府から思いがけない土木工事や役務などを命じられないための事前調整なども含んでいた。幕府の関係先に然るべく手をまわすことや、そのために他家の留守居たちの同意を取り付けておくといったことも事前調整に含まれる。つまり留守居は、現在でいえば全国の大名家の「外交官兼東京事務所長」にも相当し、その交際の上手下手は、大名家の運命さえも左右したのであった。

しかし、留守居のような〝情報処理のプロ〟が集まれば、そこには浮説や噂が付き物となる。幕府も規制に乗り出しているが、幕府と大名家あるいは大名家どうしのコミュニケーションを図る上で不可欠の存在となっていた留守居の活動を徹底的に制約することはできなかった。むしろ、「あまりハデにやるな」といった規制のしかたであった。

たとえば、宝永四年（一七〇七）二月には、「諸大名之留守居とも、不慥成儀書付相廻し候、向後書付之品により及御詮議候ハヽ、越度可罷成候、且又仲ケ間寄合仕候様子、其上場所不宜も有之様ニ風聞候、向後左様成儀仕間敷旨被申付尤候以上」（『御触書寛保集成』［二八四二］）という具合に、諸大名の留守居の間での浮説を禁止している。

・諸大名の留守居たちが、不確かな内容の文書を回覧しあっている。

・今後、文書の内容によっては御詮議（調査）をするので処分の対象になる。

・しかも留守居たちの寄合が、「よろしくない場所」で開かれているという風聞もあるので、今後は、そのようなことのないように申し渡す。

「不慥成儀書付」とあるだけなので文書の内容は知れないが、多くの留守居たちが興味を持つ内容だったことは確かである。人事情報の可能性もある。しかも、留守居たちの会合が吉原で開かれていたと記されている。ハデな情報収集活動を大名家の経費で繰り広げていたのであった。

しかし、そのような御触でひるむような留守居たちではなかった。ちょうどこの時期は五代将軍綱吉が宝永六年（一七〇九）一月に没する直前期であったこともあって、留守居たちのかっこうの活躍の時期でもあったからである。そのため、宝永七年（一七一〇）六月になると「諸大名留守居之者とも、公儀向之勤ニ付ては、間違無之様ニ可申合儀ニ候得共、無益之雑説を、廻状認候て申触候様ニ相聞候、向後左様之儀不仕ニ、入念堅可被申付候以上」（『御触書寛保集成』［二八四二］）というように、諸大名留守居どうし間での浮説を再度禁止している。

この触書の意味は「諸大名の留守居たちが、公儀の御用を勤める上で間違いが生じないように申し合わせることは必要だが、無益の雑説を廻状に認《したた》めて申し触れているとのことなので、今後そうしたことのないように申し付ける」というものである。しかし、幕府側も留守居たちの情報収集・交換や事前調整を否定することはできなかったので、留守居たちが会合する必要性は認めた上で、「無益之雑説を書面にして回覧するな」としているのである。幕府としても歯切れが悪い。この御触で留守居たちの間から「無益之雑説」が消え去ることはなかったろう。

はじめから評判の悪かった綱吉

しかし、吉宗の時代になって捨文や落書が盛んになったわけではない。綱吉が五代将軍に在職していた延宝・天和・貞享・元禄・宝永期（一六八〇～一七〇九）も、元禄地震の時だけに限らず浮説・虚説やその具体的な実行手段である捨文などが盛んであった。この時期は、綱吉の館林藩主時代からの側近である柳沢吉保が、側用人（元禄元年〈一六八八〉就任）として実権を握っていた時代とほぼ重なっている。

ところで、綱吉が四代家綱の薨去により江戸城に入った延宝八年（一六八〇）五月から元禄十五年（一七〇二）四月までの間の幕政の動きや諸役人の人事、世の中の出来事などを中心とする編年体の記録に、戸田茂睡《もすい》（一六二九～一七〇六）の『御当代記』がある。

茂睡は、江戸前期の和学者。三代将軍家光の弟で後に改易され自殺した徳川忠長《ただなが》の付人だった渡辺忠の子として駿府城内に生まれた。忠長乱行の責任を取らされた父とともに下野国那須黒羽二万石の大関家に預けられ、その後、江戸に出て伯父戸田政次《まさつぐ》の養子となった。しかし、幕府の役職に就くことなく三河国岡崎藩本多家への仕官をへて、浅草や本郷に隠棲し、歌人として活躍した。

平凡社刊の『御当代記』の校注者である塚本学によれば、その内容は「綱吉治世の下での大名改易や幕府役人の任免などの記事はとくにその裏面についての風説が豊富である。越後騒動の裁決と有力一門大名の処分から、安宅丸《あたけまる》廃却、服忌令《ぶっきりょう》、生類憐みの諸令、儒者の還俗と湯島聖堂での釈菜《せきさい》、不受不施派弾圧、将軍の諸大名家訪問、寛永寺中堂の建設、浅野長矩《ながのり》の殿中刃傷事件まで、綱吉将軍期当時の幕政について、その最末期を除くと、世に知られた事件はほぼ全部がここでとりあげられ、それぞれに筆者の耳にした情報が記される」というものである。将軍就任以降の綱吉やその政治に対する批判が基調となっており、当然、刊行や写本による流布は予定されていなかった。批判の主な対象は、綱吉政権になってからの奢侈禁止の厳格化や生類憐愍令、とりわけ直参の大名・旗本に対する改易・閉門・預けなどの処罰が連発されるようになったことに対するものとなっている。

茂睡がこうした立場をとった背景には、自らは幕府人事では取り立てられることなく不遇をかこったが、出自は高級旗本の家系であったことも影響している。名門旗本の多くが綱吉政権になってから人事の上で冷淡に扱われるようになっただけでなく、家格の低い柳沢吉保が側用人として重用されるなど、それまでの幕府の組織構造や権力構造が変わっていくことへの反発があったといえよう。父の忠は千五百石取りの旗本から忠長付きに出向して六千石の知行を得ており、茂睡を養子とした伯父の戸田政次の嗣子正勝は幕府大番役に列しているなど、一門は三河以来の有力旗本であった。それゆえ、茂睡としては「気分は譜代門閥」であったのかもしれない。行賞から人事異動、処分・処罰まで幕府役人の人事や、それに伴う屋敷替えに関しては異常なまでの関心を示しているのもそのためだろう。中には、出世競争や幕臣間の紛争に際して相手を陥れる浮説やデマを流すことを扱った記事も含まれる。

『御当代記』では、書き出しの直後から、倹約と風儀の取締り、諸役人に対する厳しい監察と処分、綱吉の将軍就任をめぐって、「然れども天下を治させ給ふべき御器量なし、此君天下のあるじとならせ給ハヾ諸人困窮仕《つかまつり》、悪逆の御事つもり、天下騒動の事もあるべし」といった風説に代表される反対論があったことが記されている。

天変地異に関する主なものとしても、天和二年（一六八二）七月二十六日の午前五時頃に北東の空に彗星が出現し、八月一日の午後八時頃には北西の空に彗星が現れたことを記している。この彗星は二年前に出現した彗星よりも小さかったが、「江戸童どものいはく、国のまつりごとすなをなれば天も順なり、国のまつりごとあしければ天も逆なりといへり、此ゆへに天に変ミゆるときハ、まつりごとをあらため、民のうれいをすくい、世の安穏なる事をなすといへり、去々年ほうき星出、大風吹、黄蝶数十万飛あるき、御城のうら板に人の足跡あり、去年ハ山王の石の鳥居たをれ、此春ハ三社の凶事ありといへども御政務に御慈悲もなく、万民の困窮をも御すくいなけれども、御代にかわる事もなければ、当年のほうき星も得そこないといふものなるべしといへり」と、天変地異を政権批判に結びつける世評のことばを借りる形で辛辣に述べている。

それに続いて茂睡は、綱吉の代になって多くの役人が罷免されたり、直参の大名・旗本の改易・閉門など過酷なまでに処罰が連続していることを述べている。目付が江戸中を巡回して、老中などへの面会客を調べ、諸大名の門前に馬や駕籠があれば何の目的で会合をしているのかを質しているので、幕府の職務に関する相談もままならない様子も描かれている。屋敷の中から小唄・三味線などの音が聞えれば、誰を呼び入れたのかと厳しく問われ、綱吉が嫌う茶室も多くが取り壊されていることにも言及している。なお、茶道は戦国時代末期から有力者同士の密会などの場所としても発達してきたのであった。

ここからは、綱吉の専横ぶりとともに、見方によっては、政権批判が浮説の形をとりながら蔓延することに危機感を持った綱吉が、幕臣どうしのコミュニケーションに強力な規制を加えたことも浮かんでくる。なお、天変地異に類するものに日蝕や月蝕があるが、それらは暦の計算上予測できるものである。『御当代記』にも、元禄五年（一六九二）正月元日午の刻（昼の十二時）の日蝕では、その日予定されていた江戸城中の年頭行事は日蝕の時刻よりも前に執り行っていたと記されている。

赤穂浪士討ち入りに関する風説

赤穂浪士の討ち入りは、綱吉治政下、幕府批判がうずまく中で起こった。

元禄十四年（一七〇一）三月の浅野内匠頭長矩が江戸城中で吉良上野介義央《よしひさ》に刃傷に及び、即日切腹を命じられた。その後、翌元禄十五年（一七〇二）十二月に赤穂浪士が吉良邸に討ち入って本懐を遂げ、元禄十六年（一七〇三）二月四日に切腹となっている。

この事件は「忠臣蔵」としてあまりにも有名であるが、当時の人々は、長矩と義央のアンバランスな処分に対する疑問のほか、綱吉政権への不満もあって赤穂浪士を英雄視した。当時から現在進行形の形で芝居その他に仕立てられただけでなく、討ち入りの予想日時や、討ち入り後の幕府の処分についても喧伝される状況だった。

そうなると、風説・浮説が花盛りになるのは当然である。とりわけ赤穂浪士の切腹に際しては市中が沸騰した。そうした状況を抑制するため、幕府は切腹のあった二月、時事に関係する小唄や謡曲、演劇を禁制にしている（『常憲院殿御実紀』のほか、『御触書寛保集成』〔一六六八〕）。「常憲院殿御実紀」では「当世異事ある時」や「近き異事を擬する事」、『御触書寛保集成』では「当座之替たる事」と記されているが、それらはいうまでもなく城中での刃傷に始まり、討ち入り、切腹に至るまでの「忠臣蔵」のさまざまな場面である。

困惑した幕府は、こうした禁令を出したのであったが、情報をいくら統制しようとしても、創作を含む真偽入り混じったバラエティに富んだ情報環境にあった人々の前では、効果の程は疑問であった。むしろ、浮説・風説が飛び交うほど、芝居、出版やその他の関連業種の売上は伸びた。「近き異事」で人々が盛り上がることで大きな儲けが出ただけではなく、三百年後の現在でも「忠臣蔵」は日本文化の一部にもなっているのである。

安政江戸地震

元禄地震とともに、江戸に壊滅的な被害をもたらしたのが安政二年（一八五五）十月二日（新暦では十一月十一日）の夜半に起こった安政江戸地震である。震源は江戸湾の北部（現在の荒川河口付近）、地震の規模はマグニチュード六・九と推定される都市直下型の大地震である。

江戸の町方の被害は、町会所の集計を記録した斎藤月岑の『安政乙卯　武江地動之記』によると死者四千二百九十三人、負傷者二千七百五十九人、同じく町地における倒壊・焼失家屋は一万四千三百四十六戸あまりと記録されている。武家方や寺院は不明であるが、江戸の町地面積の割合がおよそ一割五分なので、残りの武家地や寺社地の死傷者は全体で一万人程度と推定される。月岑は神田雉子町の名主を務め、同時に『東都歳事記』、『江戸名所図会』、『武江年表』などの第一級の史料を残した人物として有名である。月岑が大都市江戸の情報が集約する名主という立場にあり、しかも、優れた記録者だったこともあって、この『安政乙卯　武江地動之記』は安政江戸地震を語る上での基本的な文献の一つになっている。

『安政乙卯　武江地動之記』によれば、江戸城では本丸御殿は無事だったものの、竹橋門や辰の口の御畳蔵が倒壊、大手門や西丸などが破損、その他石垣の崩壊など大きな被害が生じた。また、家康の江戸入府時には入り江で、その後埋め立てられた江戸城の前庭ともいうべき西丸下（現・皇居外苑一帯）に隣接する大名小路（現在の日比谷・霞が関）では、大名屋敷の倒壊とそれに伴う出火による被害が甚大だった。城外では、本所、深川、築地、浅草などの沖積地あるいは埋立地で地盤の弱い地域に被害が集中したが、地盤の固い山の手ではあまり大きな被害は発生しなかったことも記されている。幸いなことに、江戸の町方の行政機構はほぼ無事で、「南北両町御奉行所無別条（北御奉行所は表長屋のみ潰れる）。町年寄三軒無事也。町会所無事也。籾蔵は何れも痛強（小菅村籾蔵尤大破のよしなり）」という状況を記録している。

『安政江戸地震――災害と政治権力』（野口武彦）によれば、その夜のうちに町奉行所に駆けつけた与力・同心たちは緊急対策を合議した。炊出し、御救小屋の設置、諸問屋総代を通じた日用品・必需品の買い集め、職人組合総代を通じて全国から諸職人を召集、売り惜しみ・買い占めの防止、物価・手間賃高騰の取締り、などであった。

つまり町奉行所は地震直後から、非常食の配布や仮設住宅の建設とともに、物価・諸職人の工賃の騰貴規制や物資供給を命じたのであった。江戸は度々大火に見舞われており、危機管理の実務が十分蓄積されていた。地震に際しても、そのシステムが機能したのである。

復興途上の浮説

しかし、そうした幕府＝奉行所の努力もあったが、地震後数日を経るとさまざまな浮説や流言が立てられた。風評被害というテーマ上、ここでは特に経済に影響したものに注目する。

早くも地震の三日後、十月五日になると、「地震後の出火や市中の治安悪化を理由に、諸商人の中には奉行所から休業を許されたり、町役人から営業を差し止められたという者があるが、それはまったくのデタラメなので、諸商人の営業は続けさせ人々が困らないように物資を販売させよ」という内容の触書（『幕末御触書集成　第四巻』〔三七五七〕）が出されている。

さらにこの触書には、「被害を受けた両替もあるが、両替業務も滞りなく行え」、「日雇などの手配が困難であっても諸職人たちは出来るだけ人を集めて業務にあたれ」という条項のほかに、「みだりに米問屋や米仲買にあって、米の売捌きが差し支えているなどと風説を流す場合には処罰するので、実直に商売に励め」となっており、食料供給への不安を煽る風説が流布されていることを前提にした項目も加わっている。

それらの規定は、震災直後でも民間の経済活動を円滑に機能させることを幕府が重視していたことを物語っているのと同時に、震災発生から間を置かずに、経済に関するものに限っても、虚説の類が次々と発生していたことを示している。地震が収まると同時に流言が発生したわけだが、それは元禄地震の時のような「ご神託」による狼狽売りにつながるものではなかった。地震を生き延びた商工業者たちは、震災を自らのビジネスと結びつける行動に出たのであった。

復興需要で物価高騰

さらに、復興が本格的になり始めると復興需要に見合う形で、材木などの建設資材をはじめ諸物価や職人の人件費が確実に高騰し始めた。

十月十四日になると当時の幕府の実質的トップであった老中の阿部伊勢守正弘《まさひろ》から大目付宛で、「材木その他の物資に関して、商人たちから地方に注文があった場合には、なるべく低廉に販売し、決して運賃などを高騰させてはならない。これに背く者は処罰の対象にする」旨の触書が出された。しかも、「天領は代官、私領は領主・地頭から漏れなく周知させよ」という但し書きも付いている（『幕末御触書集成　第五巻』〔四三二九〕）。物価高騰に直面した幕府は、通常価格で復興物資を江戸に安定的に供給させるために、全国規模での手を打つことも忘れなかったのである。

しかし、「幕府の御用材」と偽った売り惜しみや、材木の値段を吊り上げる業者も出始めた。翌十五日に町役人から材木問屋たちに出した指示では、「今回の地震、火災にあたっては諸物価を値上げしてはならないと申し渡しており、お前たちも守っているのは判っているのだが、中には「これは御用（公用）の品である」といって販売しない者もあるとのことで、もっての外である。当分の間、幕府で御用材を買い上げるときは、その都度、奉行所より通知する。したがって、万一、御用材である旨を述べたり、高値で販売する者があれば吟味の上、処罰する」となっている（『幕末御触書集成　第五巻』〔四三三〇〕）。また、先ほど触れた「奉行所から休業を許されている」といったデタラメと同様の売り惜しみの「理屈」が現れている。

同じ十五日に町奉行所の諸色掛一同から諸色掛名主に宛てた命令でも（『幕末御触書集成　第五巻』〔四三三一〕）、再度、諸物価や諸職人の手間賃の高騰防止を強調している。それだけ、幕府の命令を守る者が少なかったわけで、需要が高まれば価格も上昇するし、売り惜しみも発生するという市場メカニズムに則った状況がみられたのである。

金融機能にまで障害が

元禄地震の時と同じように、安政の江戸地震の際もさまざまな虚説や流言飛語が飛び交ったが、以上は復興時の経済に影響するという理由で公的に規制されたものの代表例である。「民間」では次から次に経済的損失に直結する虚説が発生していたことは想像に難くない。

しかし、そうした状況は収まるどころか、さらにエスカレートしていった。金融不安が発生して金・銀・銭の両替機能に影響しただけではなく、市中の金融が不融通になったのである。これを憂慮した幕府は、地震から約一月後の十一月七日に、阿部伊勢守が直々に取締りを命じている

（「浮説取締」『東京市史稿　市街篇第四十四』）。

七日

伊勢守殿御渡御書付二通

近頃兎角浮説を立、見越之事抔相唱、中ニは不容易儀抔も有之哉ニて、以之外之事ニ候。此度地震ニ付而は、猶更其虚ニ乗じ、種々之儀を申触し候者も不少。依而は衆人疑惑を生し、金銀取引迄も差響、不融通之由。猶公儀御救助筋等、厚御配慮被為仕候折柄、別而正実ニ可心掛処、都而心を狂惑為致候始末は、実ニ不埒之至ニ候。以後右様之儀聞ゆるにおゐてハ、糺之上、厳重沙汰ニ可及条、聊心得違無之様可致候。

右之趣、町奉行ぇ相達候間、為心得向々ぇ寄々可被相達候。

十一月

この触書の趣旨は、おおよそ次のとおりである。

・最近とかく浮説が立てられ（今後の予想などを語っているが）、中には「容易ならざる儀」（幕政批判など）もあって、もっての外である。
・この度の地震については、それを機にさまざまな事を言い触らす者も少なくない。
・そのため人々が疑心暗鬼になって金銀の取引にも差し響いており、金融が滞っている。
・幕府では非常の救援措置など厚い配慮をしているので、人々は特に正直に心がけるべきであるが、人々を狂い惑わせる行為（浮説を唱えること）は実に不埒の至りである。
・以後、そのような事実があれば糾明の上、厳重に処罰する。
・この趣旨を町奉行に指示するので、関係者に周知せよ。

安政の江戸地震の前年はペリーが再び来航して、三月には日米和親条約（神奈川条約）の締結、下田・箱館が開港されたのを皮切りに、列強各国に開国を行った年であった。また、下田で密航を企てた吉田松陰が捕えられ、佐久間象山の投獄、前水戸徳川家当主の徳川斉昭が条約締結への不満から幕政参与を辞任するといった騒然とした政治状況の中にあった。一方、上野・越中・常陸・越後・美濃で打壊しや強訴が発生するなど、武家支配の限界が見えてきた時代だった。

そうした時代に発生したのが安政江戸地震であった。この触書の特徴は、①幕政批判を含む浮説が横行しているところに大地震が起こったこと、②地震をきっかけにさまざまな浮説が言い触らされて人々が疑心暗鬼になっていること、③そのため、金銀取引といった金融の円滑性が損なわれていること、④浮説の厳重な取締等、にある。

つまり、地震をきっかけに発生した浮説によって金融取引に悪影響が及んでいることを幕府自らが認めた上で、その取締りを命じている。江戸の金融機能が不全を起こせば、震災復興どころか大坂を始めとする全国の経済に深刻な影響を与えかねない。いい方を変えれば、浮説・虚説が嵩じて、経済危機が招かれるほどの事態に立ち至っていたのであった。

地震と鯰絵

爛熟した風俗や消費文化が花盛りだった江戸では、直下型地震の直撃を受けて火が消えたようになった。『安政乙卯　武江地動之記』の十月十四日の記述には「江戸中地震（直後）の絃哥《げんか》鼓吹の声更にこれなし」とあるが、その後に付けられた注釈では、十一月下旬になると、そろそろ歓楽街の活動も復活してきたと述べられている。

しかし、人々が災害情報を求めていたため、「地震潰屋焼失場所付絵図等七日頃より街に鬻《ひさ》き絵草紙屋にて商ふもの数百種、狂画狂文小哥等にも作りて商ふ」とあって、地震後の十月七日頃から、夥しい種類の被災場所が記された絵図（被災現場の一覧地図など）が絵草子屋などで販売され始め、中には狂画・狂文・小唄等などが加えられたものも発行されている。これに月岑自身が付けた注釈によれば、震災後二、三日後にはこうした「地震速報」の印刷物が販売され始め、それが幾百種類にも増えて十一月には新版が連日発行され、十二月には禁止された、とある。

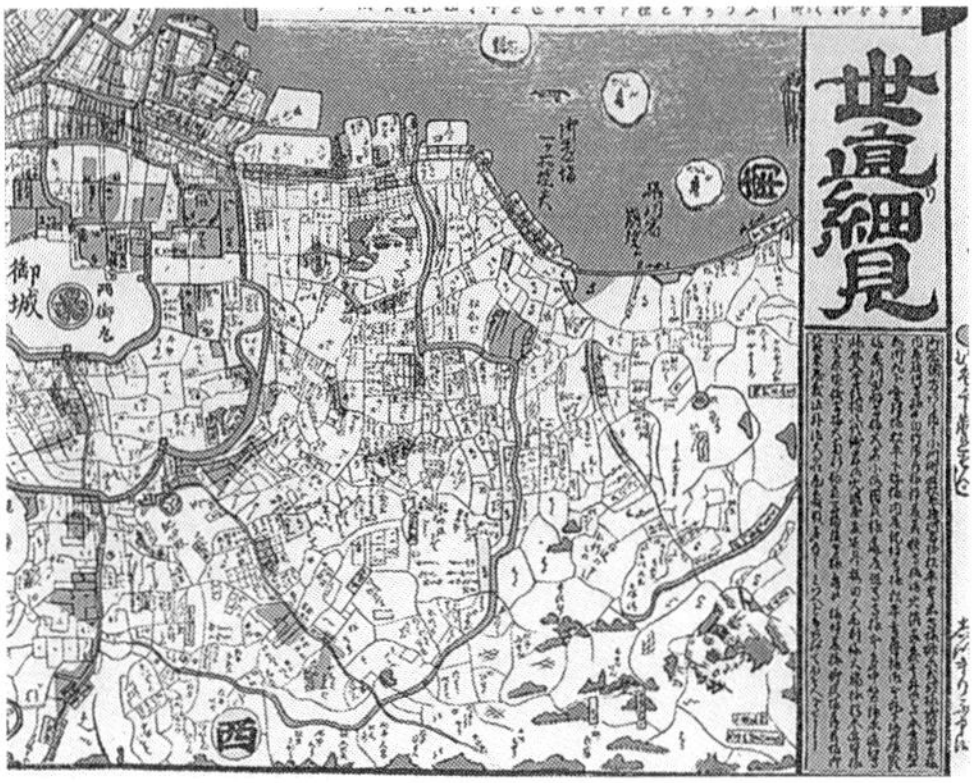

図２　「世直り細見」絵図（日本地図調製業協会）

このように災害直後に人々が求めるのは直接的な被害状況についての情報であった。その一つに「世直り細見」（傍点筆者）と題し「江戸大地震大火方角付」という見出しの入った絵図（図２）がある。少し間が

図３　「鯰大尽の遊び（鯰絵）」（国立国会図書館デジタル化資料）

空くと、そこに狂画や狂文、小唄などが交えたものに需要が移っていき、元禄地震の時と同じような経過をたどっている。

中でも特に爆発的な人気を博したのが鯰絵《なまずえ》で、月岑の言う「狂画狂文小哥等」の代表的なものでもあった。現在も鯰には地震予知能力があるとする見解もあるが、当時は、地下の大鯰が地震を起こすと考えられており、常陸国の鹿島神宮にある大きな石＝要石が地下の大鯰を押さえているから地震が起きないと伝えられていた。そこに大地震が発生したこともあって、大鯰が絶好の錦絵の題材となったのであった。『安政江戸地震』（前掲）によれば、十月五日には約三百八十、十日には四百種もの鯰絵が発行され、二百点以上が現存する。

地震発生直後は、大惨禍をもたらした鯰を懲らしめたり、役目を怠った鹿島神宮の要石が反省する内容である。地震を起した鯰を仲間の鯰が攻め立てる図や、要石が鯰を押さえ込む絵もある。しかし、復興が進んで世の中の景気を刺激するようになると、鯰はむしろヒーローになっていく。大工・左官・鳶の者など復興需要で潤った職人たちが芸者を揚げて鯰を接待する様子なども描かれるようになる（図３）。なかには切腹した鯰の腹から小判がザクザクと出てくる絵まである。

火事は景気刺激策――「世直し」と「世直り」

鯰絵の中には「世直し」という言葉も現れる。『安政江戸地震』（前掲）によれば、これは世の中を転覆させようといった意味ではなく、元々は地震の時の厄払いの言葉で、雷が鳴った時の「桑原桑原」と同じような呪《まじな》いだった、とする。しかし地震とそれに伴う大火によって、日雇いや棒手振《ぼてふり》などの下層階層の人々の賃銀が上がって思わぬ増収になった。

ところで、江戸では火災が多く、「火事と喧嘩は江戸の華」といわれていた。現在の千代田区、中央区のあたりは江戸時代を通じて平均三年に一回くらいの割合で焼失している。そして、その大部分は、実は放火だったのである。

江戸の最初の大火事は、明暦三年（一六五七）一月十八日から二昼夜にわたった明暦の大火である。江戸城天守閣をはじめとする建物群の被害は甚大で、二条城のような桃山様式の絢爛豪華な建築物で彩られていた江戸市街の姿は一変した。それ以後、江戸の建築物は火事で焼けることを織り込んでコストをかけない造りに変わっていった。明暦の大火は、幕府によって改易された大名の家臣による反幕行動としての放火だった。慶安四年（一六五一）の由井正雪事件やその翌年の承応元年（一六五二）の戸次《へつぎ》庄左衛門事件も、このような浪人によるテロ未遂事件である。

明暦の大火の直後に老中から大名、旗本に直接出された命令でも「火付候族」や「計策悪事相頼之輩」を見つけたら「訴え出ろ」といっており、その御褒美＝懸賞金は金（慶長小判）二十枚という破格の扱いだった（『御触書寛保集成』［一四三二］）。つまり幕府は当初より明暦の大火は放火であるという前提に立っている。明暦の大火について記した『玉露叢』でも、「大火の三日前の一月十五日、由井正雪事件の首謀者の一人だった丸橋忠弥《まるばしちゅうや》の残党たちが放火を予告する「火札《ひふだ》」を江戸市街のあちこちに立てていたという風説があり、その残党たちが強風をチャンスとばかりに火を放ったようだ」（原文では「兵火の疑」）と述べている（「明暦三年火災」『東京市史稿 変災篇第四』）。この『玉露叢』は慶長三年（一五九八）～天和元年（一六八一）までの編年史で、『甘露叢』『文露叢』とともに『三露叢』といわれている。

しかし、こうした反幕テロや愉快犯による放火は少数派で、実は不景気で世の中に閉塞感が漂うようになると、どこからともなく火が出ることが多かった。当時の幕府には、不景気になっても現在のように公共投資で景気をテコ入れする発想はなかった。

ところが確実に景気を刺激したのが火災であった。日本橋あたりの大店の旦那方は「火事になったら綺麗に燃やせ！」と喧しく言っている。中途半端な焼け方では町が潤わないからで、出入りの職人の末端までカネを行き渡らせるには「綺麗に燃える」ことが必要だったからである。

そのため江戸の人々は火事を喜んだ。とりわけ「宵越しの銭」を持てないような下層階級の人々は火事で潤ったので、火事は「世直し」と呼ばれた。これは江戸に限ったことではない。大塩平八郎の乱の後に、大坂の庶民は大塩を「世直し大明神」といって称えたが、それは天保改革の超デフレのなかで不景気に沈んでいた大坂の市街が「乱」で焼失し、にわかに好景気になったためである。

放火を裏付ける証拠は少ないが、火災の記録から出火地点、飛び火、類焼の方向、その日の風向きなどを調べると、放火の疑いの強い火事が非常に多いのが実態である。ほとんど鎮火して「やれやれ」と思っていた時刻に、無関係な場所に飛び火するような例もみられる。日本の都市はどれも木造建築物の集まりだが、江戸ほど火災が頻発した都市はなく、幕府の直轄都市だった大坂や京都と比べても江戸の火事の多さは際立っている。

江戸の消防組織には幕府直営の定火消《じょうびけし》、大名に組織させた大名火消、公営消防の町火消があった。それらは互いに競合・競争しながら破壊消防を行ったが、組織が違っていても消防要員の実態はたいして変わらなかった。最初の火消しは戦国時代の火付け＝放火のプロを組織したとされる。江戸の消防組織は自在に火事をコントロールする能力を備えていた。

そうした実態は、ほとんど江戸時代を通じて共通する。たとえば安政江戸地震の三年前の嘉永五年（一八五二）、奉行所の御白洲に呼び出した町火消の幹部たちに北町奉行（井戸対馬守覚弘《さとひろ》）が、消防夫の管理と不良消防夫の取締りの徹底を命じている。町奉行所の記録である『撰要永久録』によれは、「最近、強風でもないのに大火になる原因は、その町内の者がせっかく消火した場所に他所の消防夫が入り込んで、みだりに屋根瓦などをめくり落として町内の人々に迷惑をかけたり、呼火《よびひ》（他から火種を持ってくること）や継火《つぐひ》（消えた場所の火を再び起こす行為）をして新しく火流を発生させるためだという風聞があるが、もっての外だ」とある（「町火消消防取締諭達」『東京市史稿　市街篇第四十三』）。

町奉行じきじきに、消防隊長たちに「放火を禁じる」ような命令を出しているわけであった。この命令によれば、この人為的火災を発生させた後に「消口之働《けしくちのはたらき》」を他に見せて手柄にするために大火が頻発していたからである。ただし、記録に残さないのは当然のこととして、ドサクサに紛れた火付けも横行していたのはいうまでもない。この命令は、幕末の動乱期だったから出されたわけではなく、文政二年（一八一八）には、すでに同様の触書が老中から町奉行に出されている（『御触書天保集成　下』〔五六七六〕）。嘉永の時とほぼ同じ内容だが、幕府の最高権力者たちが「呼火」「継火」がありがちなことを公式に認めている点が特色である。

つまり、定火消、町火消を問わず、当時の破壊消防技術は高度に発達していて、火事の延焼速度、延焼方向、その範囲などは相当自在にコントロールできた。その技術の上に「呼火」や「継火」といった火勢制御が可能で、実際にも行われていたわけである。

『千代田区の歴史』（鈴木理生）によれば、そうした意味で、先ほど紹介した災害情報である江戸大地震大火方角付の「世直り細見」は、放火ではない自然災害由来の火災によって景気が良くなったという意味で、「世直り」と自動詞を用いているところがミソなのである。鯰絵と同様、江戸での大火の際には「世直し」という言葉が多く用いられたが、そこには他動詞によって放火を暗示する側面もあったといえる。前にも紹介した『鸚鵡籠中記』には元禄地震直後の際に、「吉方よりさるとし男地震来て万々歳といはふ世なをし」という狂歌が出たとあるが、この「世なをし」という言葉は一見すると他動詞であるが、「世なをし」をした男を基準にすれば他動詞でも文法上は正しいわけである。江戸は、大火や震災、浮説や虚説、「世直り」と「世直し」などが複雑に組み合わさりながら百万都市に発展していったのであった。

第4章

貨幣改鋳と浮説・虚説——お金をめぐる風評被害

多発していた経済関係の浮説・虚説

これまでは、江戸時代の公的記録に残されている食品や水、大地震などにまつわる浮説・虚説や、それによって生じた被害について述べてきた。しかし、そうした虚説を規制する幕府の御触はむしろ少数派である。

浮説や虚説の禁止や取締りを命じる法令の多くは、実は、経済分野をめぐるものが中心であった。第3章では、元禄地震や安政江戸地震の直後に金融危機につながる風説が流れたと述べたが、それよりも頻繁に、金銀改鋳、相対済《あいたいすま》し令、棄捐令《きえんれい》などをめぐる浮説や風説が、「ここぞ」という場面で発生していたのであった。そして浮説や虚説が、金融や米はもちろん諸々の取引の現場＝市場の中から発生した点が特徴的であった。その結果、通貨市場や米市場の機能が損なわれて金融が滞ったり、諸商品の正常な取引が大きく阻害されることが起こっていた。それだけに止まらず、幕府の経済政策が浮説・虚説によって思うように運ばない場面も多かった。とりわけ政策の転換期に浮説・虚説が集中する傾向もあった。幕府の政策に対する市場の疑問や反対が、浮説・虚説の形をとって示されることもあった。それゆえ浮説・虚説の取締令の中でも、この分野を対象にした御触が突出している観がある。

その意味で、経済分野の浮説・虚説によって生じる損害は、江戸時代を象徴する風評被害であったといえるだろう。というのは、通貨や米などの市場のなかで生まれた浮説は、それぞれの相場に影響を与えて、直接的には取引市場への参加者＝町人が被害を受けたのであるが、金・銀・

銭の貨幣相場や米相場が乱高下すれば、その影響は年貢収入を貨幣に替えなくてはならなかった幕府自身や幕臣、諸大名などにも及んだからである。

この章では、それらの中でも特に目立っていた貨幣改鋳に関連したものを取り上げる。金銀改鋳＝金銀吹き替えとは、通用中の小判（金貨）や丁銀《ちょうぎん》（銀貨）の金銀の純度や含有量を変更して、新たな金銀貨幣を鋳造して通用させることをいう。貨幣改鋳にまつわる浮説・虚説とそれらの取締令は、江戸時代中期、十八世紀の半ば頃を中心に平均すると四、五年に一度の割合で発せられているほどであった。なお、金銀改鋳の「金銀」とは金貨と銀貨のことで、「慶長金」や「元文金」といった場合の「金」も金貨を意味する。銀や銭も同様である。

貨幣改鋳に関する浮説の内容については、後ほどさらに詳しく述べるが、正徳四年（一七一四）から始まった正徳・享保の金銀改鋳や、元文元年（一七三六）に実施された改鋳の際には、「古い金銀貨と新金銀との交換比率が変わる」といった新旧貨幣の交換方法や引替率に関してさまざまな浮説が次々と発生している。それが元文三年（一七三八）以降になると、「近々、改鋳があるらしいぞ」といった貨幣改鋳の有無そのものが浮説の内容になっていった。浮説・虚説は、現在の経済ジャーナリズムの解説にも相通じた側面を持っていたのであった。

そうした浮説・虚説が当時の経済界を中心に出回ると、金銀貨幣の通用や金融そのものを滞らせ、あるいは金銀と銭の相場の乱高下を招いて諸物価に影響が及んだ。それゆえ幕府が浮説やその流布を取り締まるといった図式が共通していた。また、第5章で述べるように、朝鮮通信使の来朝や琉球使節の参府の日程が定まってくると、金銀改鋳の浮説が流れないように予防措置を幕府が講じるようにもなっていった。それらの浮説の背後には、改鋳によって利益を得られる者、つまり改鋳を望む者と、そうでない者の複雑な利害関係が横たわっていたのであった。現代の株式市場などでの「風説の流布」と基本的には変わらないものでもあった。

複雑だった江戸時代の通貨——金・銀・銭の三貨制

改鋳と浮説・風評被害を述べる前に、当時の通貨制度や貨幣改鋳、その中で重要な機能を果たしていた両替について、若干長くなるが触れておきたい。

徳川家康は慶長五年（一六〇〇）に関ヶ原の戦いに勝利し、慶長八年（一六〇三）には征夷大将軍に任じられて江戸幕府を開いて、強力な武家政権を打ち立てた。この天下統一のプロセスを経て通貨発行権を握った家康は、新たに「徳川の通貨」を作って流通させた。このとき造られたのが慶長金（慶長大判、慶長小判、慶長一分金）と慶長銀（慶長丁銀や慶長豆板銀《まめいたぎん》）である。

ただし、幕府を開く二年前の慶長六年（一六〇一）の段階で、家康は通貨発行権を実質的に握っており、その前触れとして文禄二年（一五九三）には「自領限りの通用」の金貨として武蔵墨書小判の鋳造許可を豊臣秀吉に求め、三年後に実現させている。

家康が通貨発行権を握ったことが、日本で本格的な貨幣経済が発達するきっかけとなった。ということは、現物である年貢を収入の拠り処にする武家の米本位経済は、最初から貨幣経済に呑み込まれていく運命であったともいえる。なお、家康が、このことを最初から意識していたかどうかについては興味が尽きない。

貨幣経済の発達の背景には天下普請や参勤交代もあった。天下人となった家康によって、江戸や大坂、名古屋といった幕府の直轄都市を中心に、土木工事が次々と大名たちに命じられたため、江戸時代の初期は建設ラッシュの時代となった。大名統制の見地からつくられた参勤交代も、大名たちに大きな財政負担を負わせた。大名は、領地からの年貢を換銀・換金して得た貨幣をそうした消費に充てる身の上になっていったのである。

しかし、消費が大規模になるほど経済は刺激された。「有効需要」が次々と生まれたため、全国から大坂に集まる物資を江戸に送り出す体制が確立し、列島規模の水運・物流網が発達した。その結果、全国の富はさらに江戸に集中するようになり、将軍お膝元の江戸は、巨大な消費都市になっていった。それにつれて経済活動も全国的に活発になり、カネがカネを呼んで市場メカニズムがはたらく世の中になっていった。金・銀・銭の三種類の貨幣が変動相場で取引され、両替たちがそこで大きな差益を獲得する世の中になった。市場を通じた金利の決定、後述する大坂堂島の米市場での米の先物取引など、現代と同じような市場経済の機能が至るところでみられたのである。米などの農産物にとどまらず、手工業製品の製造・流通・販売それぞれの段階で、多くの商工業者が競争を繰り広げていたのが江戸時代の姿であった。

一方、家康による統一通貨の発行は、日本の経済が大陸からの影響を陰に陽に受けていた構造を改め、経済面での日本の独立性を高めた。戦国時代までは宋銭や明銭が広く流通していたのである。歴史的な観点からすれば、貨幣経済の発達と、日本の経済的な独立性の強化は、資本主義的な経済システムを定着させるだけではなくて、二百六十年間の安定した成長の時代が続いた理

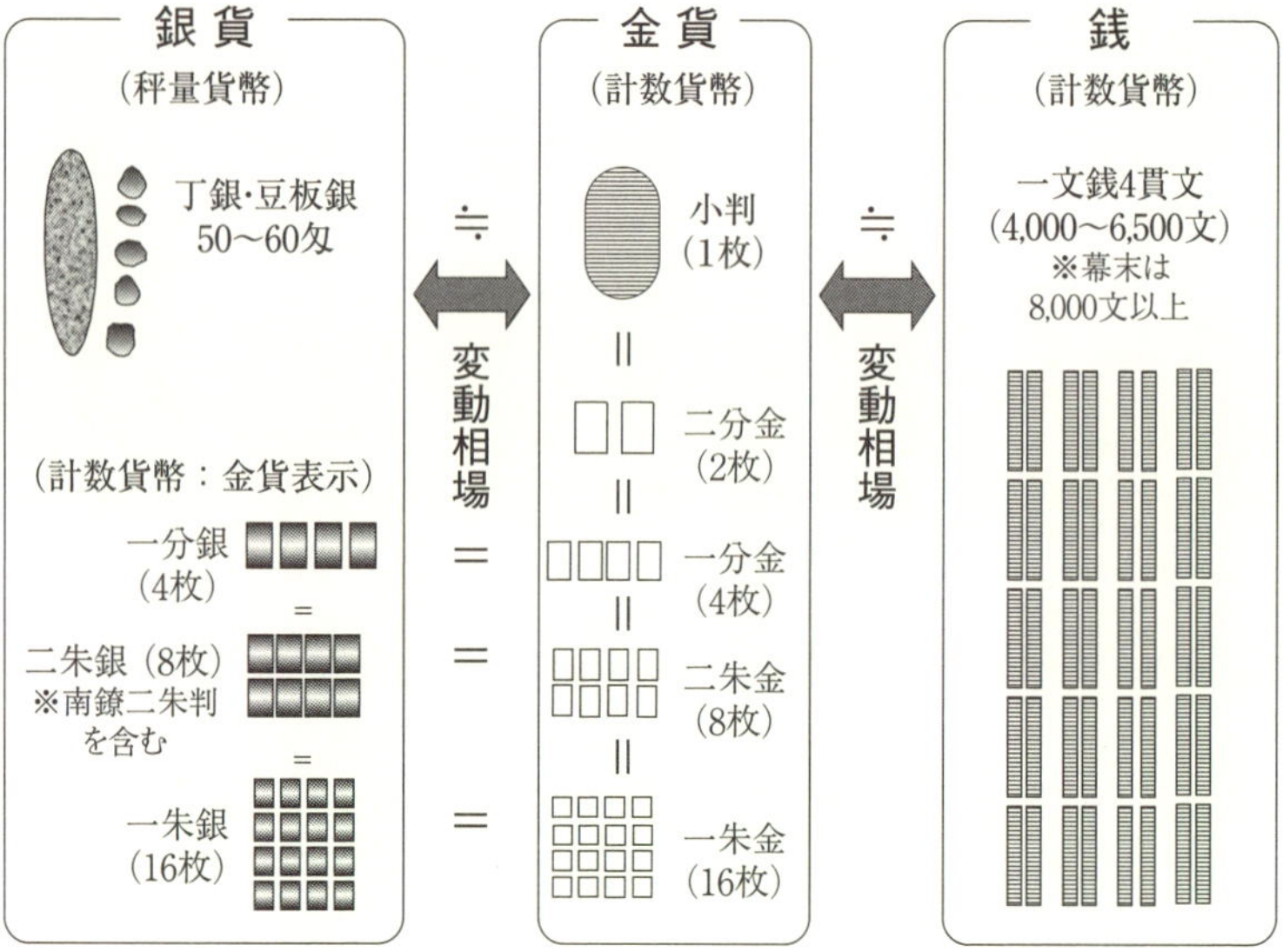

（参考）日本銀行貨幣博物館HP

図4　金・銀・銭（三貨制）の関係

由の一つであったといえる。

地域で異なる金遣いと銀遣い――金と銀の変動相場の出現

江戸時代のお金の使われ方は複雑であった。金貨は小判や一分判、銀貨は丁銀や豆板銀、銭は銅銭や鉄銭のことである。しかも金・銀・銭の三貨の純度や重さは、貨幣改鋳によって江戸時代を通じてそれぞれ何度も改められたので、たとえ額面が同じ「一両」であっても、価値＝購買力には差が生じていた。

金貨と銭は、一枚の額面が一両あるいは一文と定められた計数貨幣、定額貨幣であった。一方の銀貨は、丁銀が海鼠型、豆板銀は厚ぼったい「おはじき」のような形をしていたが、いずれも額面や重さは決まっておらず、取引のたびに秤で計量する秤量貨幣であった。

さらに当時から「東の金遣い・西の銀遣い」といわれていたように、地域によって通貨が違っていた。大坂・京都などの上方はもちろん、日本海沿岸や中国・九州地方では主に銀が通用していたが、江戸をはじめとする関東や東国は金の通貨圏となっていた。日本列島は、金遣いと銀遣いの経済圏に二分されていたわけである。ただし、同じ場所でも、取引される商品やサービスなどの違いによって使われる貨幣の種類が違うこともあった。東西の貨幣圏が重なる東海道や、さまざまな階層の人々が集まる場所では、金・銀・銭のいずれもが通用していた。東海道の宿場の女郎代には、金・銀・銭別建ての料金表まであった。銭は全国共通で通用していた。

現在の感覚からすれば、金・銀・銭の順で価値が高いと思われがちだが、当時はそれぞれが対等な本位貨幣として使われていた。そこには、金・銀・銭が、それぞれ別個の経済的な価値を表していたという事情もあった。このような貨幣制度を三貨制といい、世界でも非常に珍しいものである。

金と銀の流通圏の違いを調整するのが金銀相場で、日々の金・銀・銭の交換比率は変動した。機能的には現在の円・ドルの変動相場制と同じである。そのため、江戸では銀相場が安い時（金高銀安）に上方から商品を買うのが有利で、逆に大坂では金相場が安い時（金安銀高）に江戸方面に売ると得になった。したがって、大きな商人ほど金銀相場や銭相場の動向に敏感であった。

後ほど詳しく述べるが、相場を取り仕切っていたのが大坂と江戸の大両替で、当時の金融機関にあたる。彼らは為替や預金、資金貸付などの金融機能を担っていた。

幕府はたびたび金銀銭の交換比率を公定した。『新版　貨幣博物館』（日本銀行金融研究所）によれば、公定相場は慶長六年（一六〇一）度では金一両＝銀五十匁＝銭四千文、元禄十三年（一七〇〇）度からは金一両＝銀六十匁＝銭四千文、天保十三年（一八四二）度からは金一両＝銀六十匁＝銭六千五百文とされたが、幕末になると八千文以上になっている（図4）。

しかし、実際の交換レートはそのときどきの経済状況によって変動した。実質的には両替たちの取引の場である金銀の市場で交換比率が決まり、そのこともあって両替は江戸時代を代表するビジネスになった。こうした三貨の変動相場制は、両替の発達に限らず、市場メカニズムの機能を発展させ、江戸時代の日本で資本主義的な経済システムが育っていく条件になったといえる。

金銀改鋳

江戸時代の金貨の改鋳とは、それまで出回っていた小判や一分判に含まれる金と銀の割合を変えて、新たな金貨を製造して流通させることである。銀貨の改鋳では丁銀や豆板銀に含まれる銀と銅の割合を調整した。小判の場合、種類が違えば量目《りょうめ》＝重さも金の含有率も異なるので、同じ「一両」でも価値＝購買力に差が出るのは当然のことであった。

江戸時代、約二百六十年の間に発行された金貨（小判、一分判など）と銀貨（丁銀、豆板銀など）の種類は表のとおりである（表1、2）。ここでは、浮説との関係が深い元文の改鋳までの大まかな状況を示すことにする。

江戸時代最初の元禄八年（一六九五）の貨幣改鋳では、それまでの慶長金（金純度八四パーセン

表1　江戸時代の金貨

		金純度（%）	重量（g／匁）	鋳造期間	鋳造高（両）
慶長金	小判	84	17.9／4.76	慶長6年（1601）～元禄8年（1695）	14,727,055
	一分判		4.5／1.19		
元禄金	元禄小判	57	17.9／4.75	元禄8年（1695）～宝永7年（1710）	13,936,220
	一分判		4.5／1.19		
	二朱金		2.2／0.60	元禄10年（1697）～宝永7年（1710）	
宝永金（乾字金）	宝永小判	83	9.4／2.5	宝永7年（1710）～正徳4年（1714）	11,515,500
	一分判		2.3／0.63		
正徳金	正徳小判（武蔵小判）	84	17.9／4.76	正徳4年（1714）	213,500
	一分判		4.5／1.19		
享保金	享保小判	86	17.9／4.76	享保元年（1716）～元文元年（1736）	8,280,000
	一分判		4.5／1.19		
元文金（文字金）	元文小判	66	13.1／3.5	元文元年（1736）～文政元年（1818）	17,435,711
	真文一分判		3.3／0.88		
文政金	草文小判	56	13.1／3.5	文政2年（1819）～文政11年（1828）	11,043,360
	草文一分判		3.3／0.88		
	真文二分判		6.6／1.75	文政元年（1818）～文政11年（1828）	2,986,022
	一朱金	12	1.4／0.38	文政7年（1824）～天保3年（1832）	2,920,192
	草文二分判	49	6.6／1.75	文政11年（1828）～天保3年（1832）	2,033,061
天保金	二朱金	29	1.6／0.4	天保3年（1832）～安政5年（1858）	12,883,700
	五両判	84	33.8／9.0	天保8年（1837）～天保14年（1843）	172,275
	保字小判	57	11.3／3.0	天保8年（1837）～安政5年（1858）	8,120,450
	保字一分判		2.8／0.8		
安政金	正字小判	57	9.0／2.4	安政6年（1859）	351,000
	正字一分判		2.3／0.6		
	二分判	20	5.6／1.5	安政3年（1856）～万延元年（1860）	3,551,600
万延金	小判	57	3.3／0.88	万延元年（1860）～慶応3年（1867）	625,050
	一分判		0.8／0.22	万延元年（1860）～元治元年（1864）	
	二分判	22	3.0／0.80	万延元年（1860）～明治2年（1869）	50,100,576
	一朱金		0.8／0.20	万延元年（1860）～文久3年（1863）	3,140,000

資料：大蔵省『大日本貨幣史　第八巻』

表２　江戸時代の銀貨

	銀純度（％）	重量（g／匁）	鋳造期間	鋳造高
慶長銀	80	—	慶長６年（1601）～元禄８年（1695）	1,200,000 貫
元禄銀	64	—	元禄８年（1695）～宝永３年（1706）	405,850 貫
宝永二ツ宝銀	50	—	宝永３年（1706）～宝永７年（1710）	278,130 貫
宝永永字銀	40	—	宝永７年（1710）	5,836 貫
宝永三ツ宝銀	32	—	宝永７年（1710）～正徳元年（1711）	370,487 貫
宝永四ツ宝銀	20	—	正徳元年（1711）～正徳２年（1712）	401,240 貫
享保銀	80	—	正徳４年（1714）～享保 21 年（1736）	331,420 貫
元文銀（文字銀）	46	—	元文元年（1736）～文政元年（1818）	525,466 貫
明和五匁銀	46	18.75 ／ 5.0	明和２年（1765）～安永元年（1772）	1,806 貫
南鐐二朱判	99	10.13 ／ 2.75	明和９年（1772）～文政７年（1824）	5,933,000 両
文政銀	36	—	文政３年（1820）～天保８年（1837）	224,982 貫
文政南鐐二朱銀	99	7.50 ／ 2.0	文政７年（1824）～天保元年（1830）	7,587,000 両
文政一朱銀	99	2.63 ／ 0.7	文政 12 年（1829）～天保８年（1837）	8,744,500 両
天保銀	26	—	天保８年（1837）～安政５年（1858）	182,108 貫
天保一分銀	99	8.63 ／ 2.3	天保８年（1837）～安政元年（1854）	19,729,100 両
嘉永一朱銀	99	18.75 ／ 0.5	嘉永７年（1854）～慶応元年（1866）	9,952,800 両
安政二朱銀	85	13.50 ／ 3.6	安政６年（1859）５月～８月	88,300 両
安政一分銀	87	8.63 ／ 2.3	安政６年（1859）～明治元年（1868）	28,480,900 両
安政銀	13	—	安政６年（1859）～慶応元年（1865）	102,907 貫
メキシコ銀	87	27.0 ／ 7.2	通用：万延元年（1860）～慶応４年（1868）	—

資料：西川裕一「江戸期秤量銀貨の使用状況」（『ISEM』日本銀行金融研究所、2000 年９月）、大蔵省『大日本貨幣史　第八巻』

ト）と慶長銀（銀純度八〇パーセント）を、元禄金（金純度五七パーセント）と元禄銀（銀純度六四パーセント）にそれぞれ品位を低下させている。

そこには長崎貿易などを通じて海外に金銀が流出していたこと、とりわけ銀の流出が深刻だったことが反映されている。しかし、元禄の改鋳では銀貨よりも金貨の品位低下の方が大きかったので、金貨が嫌われたため銀貨の使用が増えたともいえる。しかも、質の良い慶長金銀は退蔵されて、市場から姿を消した。幕府は慶長金銀の回収と元禄金銀の通用促進に努め、そのための法令も出したが、市場は幕府の思うようには動かず、世の中の銀貨不足は解決されなかった。

そこで元禄改鋳の補正として、宝永三年（一七〇六）から宝永七年（一七一〇）にかけて造られた宝永二ツ宝銀（銀純度五〇パーセント）から、宝永七年の宝永永字銀（銀純度四〇パーセント）、宝永七年から正徳元年（一七一一）の宝永三ツ宝銀（同三二パーセント）、正徳元年から正徳二年の宝永四ツ宝銀（同二〇パーセント）というように、質を落とした銀貨が次々と発行された。

徳川家康が作った貨幣制度において、最初に鋳造された慶長銀が銀純度八〇パーセントだったことに比べると、銀貨の品位の低下が著しかった。しかも宝永七年の宝永永字銀からは、将軍の許可もないまま勘定奉行荻原重秀《おぎわらしげひで》の独断で銀貨が改鋳・発行された。そこで幕府の得た改鋳益金は、推定で銀二十一万三千五百九十一貫、銀座の収益は銀十万九千二百六十一貫に上った。

宝永七年（一七一〇）四月になると、元禄金に代えて乾字金《けんじきん》と呼ばれた宝永金の鋳造が布告された（そのほか、小形金とも呼ばれた）。その理由は、この時の触書（『御触書寛保集成』［一七八五］）によれば、「元禄金の品位が悪いため、折損などが生じて通用に不自由なので古金（慶長金）と同じ品位に鋳造し直すが、貨幣の数量を減らさないために小判、一分判とも大きさは小さく吹き直す」というものである。そして、当時通用していた元禄金と新金は大小の区別なく取り混ぜて使用し、慶長金との交換では新金一両について銀十匁の増歩《ましぶ》をつけることとなった。しかし、一両あたりの金の含有量では慶長金の約一五・〇グラムに対して、元禄金が一〇・二グラム、宝永金は七・八グラムと大きく減らされていたので、古金との引替えは進まなかった。

しかし、さまざまな通貨が混在していたために、江戸と上方の為替の滞り、両替手数料の増加、銀相場と銭相場の急騰などを招いた。

こうした状況が、新井白石が主導し、八代将軍徳川吉宗に引き継がれた貨幣改鋳の背景となった。この改鋳では、正徳四年（一七一四）から元文元年（一七三六）にかけて正徳・享保金（金純度八四パーセントで後に八六パーセント）が造られた。銀貨も、正徳四年から享保二十一年（一七三六）の間に正徳銀・享保銀（銀純度八〇パーセント）が鋳造されるようになった。つまり、正徳・享保金銀の発行によって、通用貨幣は慶長金銀の品位・量目に戻されたことになる。

風評が出るまで――正徳の金銀改鋳

正徳四年五月十五日に正徳・享保の貨幣改鋳を布告する触書（『御触書寛保集成』［一八〇〇］）が出された。この改鋳の最大の特徴は、元禄から宝永にかけて作られた品位・量目ともに劣った金銀を、慶長金銀の品位に戻す形で実施された点とともに、新古金銀の引替え、通用にあたっての割合を定め、慶長金と新金の割増通用を命じた点にある。

すなわち慶長金及びこれと同品位の新金は、当時の通用金である宝永金（乾字金）に対して十割増で（慶長金一両に対して乾字金二両）、これまでの通用金と元禄金とは品位は違うが大小の差があるので同等に通用させた。ただし、通用金を元禄金に引き替える場合、元禄金百両につき通用金二両二分の増歩を加算した。一方、慶長銀及びこれと同質の新銀は、当時の通用銀（中銀・三ツ宝銀、四ツ宝銀）の十割増となって慶長銀・新銀一貫目に対して通用銀二貫目、元禄銀は通用銀の六割増、宝字銀は通用銀の三割増となった。

さらに、この五月十五日の触書では、両替たちに対して「割増の措置までするのだから、世の金銀通用を妨げる者は厳科に処す」と強調している。前回の宝永の改鋳の際に、幕府の意図に反して金融市場の中で起こった新古金銀の引替の不徹底、新金銀の通用の停滞、銀・銭相場の高騰が生じた背後には、両替たちの暗躍があったと当局が睨んでいたからであった。

しかし、当時の通用銀であった中銀・三ツ宝銀、四ツ宝銀の三種類は、それぞれ品位は異なっていたが、新銀に対して二分の一の割合とされた。その背景については、「当時最も通用していた四ツ宝銀を実質以上に優遇して、銀遣いの国々の損失をさけ、代わりに幕府で損失を引き受けるという当局の苦衷の現われ」とともに、「造幣材料の不足から、古金銀を回収してはその地金をもって新金銀を作り、その新金銀をさらに古金銀と引替える循環作業を気長に繰返しながら、漸次目的を達成していく方針」があったとされる（『近世銀座の研究』〈田谷博吉〉）。

しかし、最も質の劣った四ツ宝銀に実質以上の価値を認めていたため引替は進まず、しかも金銀の原料自体が不足していたため、通用金銀を回収して新金銀に改鋳する量も限られていた。

風評の発生──新金引替が中止になる?

しかし、十月になると「新金引替の割増率が変更になる、あるいは引替そのものが中止になる」という浮説が出回った。そのため、新金に引き替える者がいなくなってしまった。それに対して幕府は、浮説を言う者があれば速やかに捕らえると述べ、「引替えの方法が変更されることは決してないので、滞りなく新古金銀の交換を進めよ」と命じている(「有章院殿御実紀」のほか「新金引替中止浮説禁絶」『東京市史稿　産業篇第十』)。なお原文では、「此ほど新金引かへのさまあらたまりしよし浮説ありて、新金引かふるものなしと聞ゆ。さる説となふるものは、すみやかにめしとらふべし。引かへのさまあらたまりし事は、かつてなき事なれば、猶引かへとゞこふるべからずとなり。」(傍点筆者)とあって、ここでは浮説と表現している。

こうした浮説が発生すること自体、新金銀に対する市場の評価が芳しくなかったことを示している。新金の不人気、引替の停滞、浮説の発生は同根であるだけでなく、相互にスパイラルな関係になっていたと見ることも可能である。

そうした状況に対して、十一月になると新たな触書(『御触書寛保集成』[一八〇五])が出された。両替のみならず、「商人たちがみだりに新金銀の品位を評論して両替の際の増歩を望んだり、武家さえも新金を避けているなど、世の中の通用を滞らせている」とのことだが、違反者は重罪に処するとともに、両替の増歩を求めたり、ゆえなく物価を高騰させた者のほか金銀通用を妨げる者を訴え出た者には褒美を出すとまで命じている。

進化する風評

このように幕府は、「新金引かへのさまが改まる」という浮説の取締りと否定、新金銀の通用促進に力を入れたが、前にも述べた正徳・享保の改鋳の構造的な問題が解消されたわけではなかったので、引替えや通用は進まなかった。

それどころか、翌正徳五年（一七一五）十二月になると、江戸と上方間の為替取引において、両替が上方から金銀為替を組む場合に、新金と宝永金（御触では「小形金」と呼称している）とを区別することなどを取り締まる触書（『御触書寛保集成』［一八〇八］）が出されている。

その一部を紹介すると、「両替之者共上方其外より金銀為替取組候ニも、新金小形金と差別有之、たとへは上方より取組候為替にも、江戸にてハ新金を以渡し候筈、或ハ小形金を以て渡し候筈と、其定を仕候よし風説有之候」というように、上方発の為替について、江戸では新金あるいは小形金で支払われると規定しているとの風説があったことを幕府が認めている。

また、「新金を以て借り候ものハ、返済之節も新金のつもり、小形金を以て借り候ものハ、小形金を以返済候筈と品を立候よし、是又風聞候」というように、新金で借金した者は返済時には新金で、小形金で借りた者は小形金で返済するといった取扱いが実態であった。

このように、発生する動機や背景は同じであっても、時間や状況の経過とともに、浮説・風説は姿を変え、より具体的でリアリティの高いものに進化した。むしろ、「浮説」と同じような取引実態があったからこそ、このような具体的な規定の仕方になった可能性もある。そうなると、

「浮説」は〝ノンフィクション〟であった可能性もある。

そして同じ正徳五年十二月、元禄金は享保二年（一七一七）まで通用を許し、それ以後は通用を停止する旨が公示された（『御触書寛保集成』［一八〇七］）。享保二年八月になると、乾字金（宝永金）は享保四年の年末まで通用、それ以後は通用禁止が令せられた（『御触書寛保集成』［一八〇九］）。これは、八月二十日の町触によって江戸市中に周知され、町中連判の上、二十三日になってこの月の月番町年寄の樽屋に周知徹底が完了した旨が報告されたことになっている（「乾字金通用期限布告」『東京市史稿　産業篇第十一』）。

さらに十二月、「元禄金の通用は享保二年まで」という正徳五年の令を再確認するための御触（『御触書寛保集成』［一八一〇］）が発せられ、『撰要永久録』によれば十六日に月番の町年寄喜多村から各町名主に町触の写しが示され、八月と同様の手続きで、翌十七日に周知の完了が報告されている（「元禄金通用明春停止」『東京市史稿　産業篇第十一』）。

進まない新古金銀の引替、止まらない銀相場の高騰

しかし、新古金銀の引替えは進まなかった。その状況は、年が明けて宝永金（乾字金）の最終通用の年である享保三年になっても変わらなかった。その背後には、両替たちの根強い反対があり、幕府との間で激しい攻防が繰り広げられていたからである。

そうした当局と町年寄、両替たちのやりとりについて、以下、江戸の本両替仲間（主に金銀を扱った）の記録集で仲間内だけで秘用されていた『両替年代記』（「新金銀貨通用令布告」『東京市史

稿　産業篇第十一』）によって追っていくことにする。

享保三年二月四日、勘定奉行の水野因幡守忠順《ただより》から「元禄金などは今春になっても一向に引替えが進まないが、いったいどうしたわけだ？」と町年寄の喜多村が問い詰められ、喜多村はそれを「両町」の有力な両替たちに聞き質している。

なお、両町とは本両替町（現・中央区日本橋本石町一、二丁目、日本銀行本店の所在地）と駿河町（現・中央区日本橋室町一、二丁目）のことで、そこに本両替仲間を構成する両替たちが集中していたため、このように言われたのである。当時の金融街の呼称であった（図5）。

図５　両町（本両替町・駿河町）と金座（『中央区沿革図集［日本橋篇］』東京都中央区立京橋図書館編などをもとに作成）

さらに五月には銀相場が俄かに急騰して、一日は新金一両に対して新銀五十八匁余になった。その後、二十一日には若干下落して五十三匁余、二十六日夕方には五十六匁余に上昇した。取引時間内の銀相場の乱高下もみられた。そうした中、銀高に悩む十組問屋から「何とかしてほしい」との訴えがあった。十組問屋は、銀遣いの上方から江戸に送られてくる物資の荷受けをして江戸や関東方面で販売しており、銀高の局面では不利になっていたのである。これは現在の円安・ドル高の時に輸入品の価格が上昇するのと同じ構造である。

しかし両替たちは、「相場の高低は両町の両替たちの意思によるものではございません」と申し開きをするのは見合わせた。奉行所から「お前たちがウラで示し合わせて相場を吊り上げているのだろう」と責められるのは間違いないと考えていたからであった。

幕府の公定相場は、この時代にはほとんど有名無実化してはいたが、建前上は金一両に対して銀六十匁であった。つまり、引替えの停滞だけではなくて銀の高騰が問題になり、当局は両替たちへの干渉と圧力を強めている。その背景には、銀の材料不足などの事情もあって元文銀の供給が進まないという構造的な問題が横たわっていた。

これに関して南町奉行大岡越前守忠相《ただすけ》の詮議を受けた両替たちは、「上方でも銀高なので、幕府への上納や大名屋敷に納める銀も金為替にして江戸に送り、江戸で銀を調達するようになっているので、江戸が銀高になっています」と説明した。しかし、大岡は「そのようなことは時々みられることで、今回はそのような理由ではないだろう」と納得せず、書面で説明せよと命じた。

六月十六日、両替たちは北町奉行の中山出雲守時春《ときはる》に「遠国などでは未だに元禄金や乾字金が主に通用していますので、どうか江戸に廻すようにお命じ下さい」と願い出た。しかし、これが聞き届けられないばかりか、中山出雲守からは逆に「お前たちは、世の中の難儀にお構いなしに銀相場を高下させているではないか」と叱責される始末であった。

その直後の十八日の段階では、両替たちは「新金の発行が進んだので、上方から元禄の改鋳以来退蔵されていた慶長金が出回り始めました」、「上方では銀の先物取引が行われていますが、江戸では決してそのようなこと（銀の価格を高騰させること）は致しておりません」、「江戸で両替が増えているので、私どもの努力だけでは徹底に限度がございます」といった言い訳に終始している。

浮説の震源は両替か？

さらに八月六日には、中山出雲守の寄合に両町の両替たちが召喚され、三奉行立会いの下で、「銀相場の高騰を抑えるように申し付けているのに次第に相場が高くなり、「相場を高値に致します」と言わぬばかりに（相対相場の解禁を）何度か訴え、そのことを御奉行所様も了解しているなどとあちらこちらで触れ歩く者が（両替の中に）いるのはどういうことだ」と厳しく叱責された。つまり、「当局は、公定相場に代って相対取引による銀相場の自由化を容認している」かのような浮説を両替たちが流布していると、当局側は睨んでいたのであった。

これを受ける形で、九月十八日、町年寄の奈良屋で三町年寄立会いの下で、主だった両替が尋問された。そこで両替側が書面で提出した言い訳では、「慶長金が出回り始め、新金千両につき二百～三百両程度にのぼるようになっていますが、慶長銀は出回っていません」、「乾字金の引替期限は来年ですが、銀については引替期限が明示されていないので、「後日、銀は新金一両と引き替えるという布告が出されるのではないか」と世間の者が思っております」と記している。

併せて、その時点の銀相場は乾字金一両が四ツ宝銀四十七匁、新金一両に換算すると九十四匁ほどであると報告している。新旧銀貨の引替えをめぐっても風説が流れていたわけであった。

この文書は六月十八日に中町奉行の坪内能登守定鑑《さだかね》に、八月八日には中山出雲守宛にすでに提出していたものであった。なお、元禄十五年から町奉行の定員は三名で坪内能登守の辞職後は後任の任命はなく、二名体制に戻っている。

九月二十九日になると、坪内能登守は両替たちを呼び出して、「銀相場の高下の理由はどうなっているのか」、「両町の者たちが過分の利潤を取っているとお上の耳には入っているぞ。もし、町奉行所の詮議があれば両町のうち主立った者五、六名は処罰されるだろう」、「外の町奉行衆はいざ知らず、私なら詮議を命じるぞ」と処罰までちらつかせて迫っている。しかも、「それとも、相場を引き下げよと命ずるかもしれないぞ」と、暗に強権発動までちらつかせるなど、その圧力は相当なものであった。

十月二十九日、またもや両町の者たちは町年寄三人立会いの下で樽屋に呼び出された。そこでは、「銀相場に対するお上のご不審について先日よりたびたび書類を提出して申し開きをしたが、御奉行様には聞き入れてもらえず、このままでは処罰されそうなので、相談の上、閏十月五日に書類を再度提出しよう」ということになった。

この閏十月五日に提出された書類では、「世間の両替屋、商人が多数なので、私どもの力では銀高相場を防ぎきれない」とした上で、「このままだと町奉行所の処罰を受けるので、銀両替の営業を当分休止する」ことが記されていた。これは処罰を恐れてという側面もさることながら、それを口実に、同盟して金融をストップさせて当局に対抗するものでもあった。

そして二日後の閏十月七日、両替たちは町年寄の樽屋から呼び出され、前日に行われた町奉行と町年寄の会議の様子を聞かされた。町年寄たちが口頭で「両町の者たちの休業の件」と「もし銀相場を高下＝操作させる者が発見されれば処罰されても構わない」旨を述べたところ、町奉行たちは無言であったと伝えられた。さらに「急な御詮議もないだろう」とのことであった。つまり、町奉行所は両替の休業を半ば黙認したのであった。

また、同じ月の二十五日には、両替屋の株数を六百株に限っている。そこには銀高抑制を図る必要に迫られていたことと、両替が増えて統制が取れなくなっていた状況への対策という側面があった。この措置は、同業者間の調整と相互監視による物価抑制を狙って諸商人に問屋株仲間の結成を命じたこととの一環でもある。このような経過を経て、その後、安永九年（一七八〇）六百三十五株、天明四年（一七八四）六百四十三株と株数は増加している。

新金銀の通用令の布告

このように新古金銀の引替えが進まず、銀高傾向となっていたが、両替屋の人数を限った直後、幕府は「新金銀を以、当戌十一月より通用可仕覚」を発令し（『御触書寛保集成』［一八一一］）、新金銀への切替えを強制する措置をとった。『撰要永久録』によれば、享保三年（一七一八）閏十月二十八日に町触があり、町年寄樽屋から江戸の各町の名主に周知されている（「新金銀貨通用令布告」『東京市史稿　産業篇第十二』）。

この布告では、それまで通用していた銀の通用率をそれぞれ定めた。通用率の割増は、元禄銀は二割五分、宝永銀は六割、中銀は十割、三ツ宝銀は十五割、四ツ宝銀は三十割であった。また、年貢や諸運上、債権債務の扱いなども規定し、元禄九年（一六九六）以前から納入していた年貢・運上の額は新金銀でも同額とした。新金銀は元禄改鋳の前の慶長金銀と同じ品位・量目だったためである。それに対して、元禄九年以降から納めていた分については半減とされた。一方、献上金銀や被下《くだされ》金銀については、従前からの格式があるので新金銀でも差はつけないとされている。借金銀については、元禄九年以前の債務の返済残は新金銀でも同額であるが、元禄九年以降の債務の返済は金百両なら新金五十両（半額）、銀十貫目なら新銀二貫五百目（二割五分）とされた。

そうした規定をした上で、正徳四年（一七一四）に定めた通用割合のうち、「今回変更するのは宝永以降の銀に限るので、これを堅く守り、新金銀銭の両替や売買では紛らわしい行為をしてはならない」と厳命している。なお、この新金銀の通用令を記した享保三年閏十月二十一日の『有徳院殿御実紀』には、「（前略）今度割合の法を改められしは、宝永以後の銀にかぎる事なれば、新金銀銭互換するとて、紛らはしき事するものあらば、糺察《きゅうさつ》して咎らるべしとなり」とある。

さらに抵抗する両替たち

閏十月二十八日に新金銀貨の通用令が布告されたが、その直後の閏十月晦日の銀相場は、乾字金一両が四ツ宝銀八十六匁、新金一両が四ツ宝銀百七十二匁、新金一両が新銀四十三匁となった。つまり新金と新銀（銀純度八〇パーセント）の交換比率は、一両が四十三匁となって、幕府の公定相場（金一両＝銀六十匁）と比べると著しい銀高となった。翌十一月朔日になると、新金一両は品位の低い四ツ宝銀（銀純度二〇パーセント）では百七十二匁八分（公定の四倍以上）となっていた。

そうなると、当時最も通用していた四ツ宝銀を保有する者にとっては財産が額面の四分の一になり損失は大きかった。ただし、この通用布告令によって銀高が生じたのではなく、前にも述べたように、正徳四年（一七一四）に金銀改鋳を布告して以来のことであり、とりわけ享保二、三年（一七一七、一八）は激しい銀高傾向となっていた。それに対して、当局は前述のように銀相場や両替への干渉を続けたが、銀の供給が追い付かないため、銀の高騰は解消されなかった。

両替たちの休業は、前述の閏十月五日に提出した文書のとおり、十一月中旬から翌享保四年の相対相場の解禁まで続いた。十一月十四日になると、幕府は「通用銀、新銀を隠匿する者があり、売買が滞っている」として銀の囲い置きを厳禁したが、この町触（「銀貨囲置厳禁」『東京市史稿産業篇第十二』）は、銀を貯め込んで市場に出さない両替たちを特に念頭に置いていた。

当局と両替たちのせめぎ合いはさらに続く。十二月二十五日、奉行所は両替を呼び出し、六十目替えを命じた。しかし、両替の反対で五十五、五十六匁で売買せよということになった。しかし、そのような安値では銀は市場に出回らなかった。ただし、呉服商などの十組問屋は相対相場よりも法定相場の方が、商取引が安定して好ましいとの意見書を奉行所に提出している。

金銀相場の自由化

そして遂に享保四年（一七一九）三月二十日、幕府は金銀相場の取引に対して、相対相場すなわち自由取引を認めた、というよりは認めざるを得なくなった。『両替年代記』（「金銀両替相対相場願」『東京市史稿　産業篇第十一』）によれば、北町奉行中山出雲守から両町の者がすべて呼び出され、南町奉行大岡越前守の立会いのもと、「銀相場が御定相場（公定相場）では世上の差し支えになるとのことなので、願出の通り「勝手次第相対相庭」すなわち自由取引で金銀を売買しよろしい」と言い渡された。この言い渡しでは、さらに「又仮令《たとえ》新金一両ニ三十匁仕候共、八十匁仕候共、御公儀は小判六十匁銭四貫文、古来より之御定目ニ付、左様思召被為在候」と述べられている。これは、「たとえ新金一両が新銀三十匁になろうと八十匁になろうと、御公儀は小判一枚六十匁という従来からの公定交換率だ」と言っているに等しい。金融市場をコントロールしようとして果たせなかった幕府の「捨て台詞」だったのかも知れない。

ところが、この言い渡しを受けるために町奉行所に出向いたのは、両替屋の主人ではなく代理人ばかりだった。本人は他国出張中や病気を理由に一人も出席していなかった。そのため、奉行所からは「御用で呼び出されながら不届きである。御詮議になるところだが、御奉行様の御意により今回は捨て置くことにする」と咎められた。翌二十一日、江戸在住の両替屋の主人たちが、あわてて町奉行所までお礼に出向いている。

お金の流れを支えていた両替――江戸時代の金融機関

このように、正徳・享保金銀への切替えに際しては、幕府と両替の間で激しいせめぎあいが繰り広げられた。それは享保初期に限らず、それ以後も同様で、むしろ金融市場側の優位性が次第に高まっていった。それゆえ、これ以後に発生した貨幣改鋳に関係する浮説・虚説をめぐっても、幕府と両替との力関係が見え隠れする。

ところで当時の経済をお金の流れを支えていた両替について詳しく触れると、前にも述べたように、両替は金・銀・銭貨の交換＝両替のほか、融資、預金、為替、手形発行など今日の銀行にあたる業務を行っており、江戸と大坂を含む全国的な資金や物資の流れの基盤となっていた。金銀銭の交換を通じて三貨制を機能させるとともに、三貨の変動相場制を通じて多額の為替差益を手にしていた。江戸、大坂、大名領どうしで流通する商品の売買代金の決済は、現代の国際貿易の決済方法と本質は同じである。

そして、同じ商品でも、売り込み先の地方、売却時期、その土地の商品市況といった条件が千差万別だったので、価格も一定ではなかった。そのため両替に限らず大きな商人ほど商品の発注時期や決済の潮時などを決めるために常に金銀相場を注視していた。

江戸初期の江戸、大坂、京都の両替の大部分は、金座、銀座の出入商人を兼ねていた。当時の両替には、戦国大名の私鋳貨幣をすべて回収して、徳川政権の貨幣を全国に流通させる役割が期待されていた。これらの両替は室町時代以来の金融業者や金屋・銀屋であったといわれており、江戸時代になると旧貨と新貨の交換手数料、つまり三貨の両替手数料が収入になった。

有力な両替は大名貸《だいみょうがし》や商人貸を手広く営んで利息を得ていた。大名貸とは町人が大名にお金を貸すことである。彼らの収入は金・銀・銭の両替手数料や利子だったが、金遣い経済圏と銀遣い経済圏がそれぞれ成長し、取引が盛んになるに従って金銀相場を通じた為替差益の比重が増していったのである。

為替相場の決まり方――市場が支配した金銀交換比率

江戸の両替には本両替と脇両替があり、脇両替には三組両替と番組両替があった。本両替は主に金銀を扱い、為替、貸付、新古金銀の引き換えのほか、公務として上納金銀の鑑定・包立《つつみだて》、金銀相場や銭相場の幕府への報告業務などを行っていた。本両替は、日々、相場を見ながら金と銀の両替や金銀の売買を行っていたが、その様子は現在の為替ディーラーが、外国為替の取引を行う構造とその風景はほとんど変わらない。

三組両替は銭両替だったが、金銀も扱い、ほとんどが酒屋、質屋、油屋などを兼業していた。江戸では日本橋の本両替町、駿河町などの往来（公道の路上）に三組両替と番組両替が集まって銀相場が建てられたが、後に相場立会仲間を結成して取引所が設立されている。銭相場は日本橋青物町、日本橋四日市（ともに現・中央区日本橋通一丁目）と移転した後、本両替町で建てられた。

銀・銭相場は銭両替行事（銭両替の仲間の役員）から毎夜、本両替行事（本両替仲間の役員）に報告され、それが駿河町の名主を経て町年寄の樽屋と幕府勘定所に通知された。公金の為替送金をはじめ、米価安の諸色高のなかで幕府は銀・銭相場にも常に関心を払っていたからである。

江戸での銀・銭相場は、金一両につき銀〇〇匁〇〇分〇〇厘、金一両につき銭〇貫〇〇〇文というように建てた。対する大坂は、金・銭相場は金一両、銭一貫目に対して銀目《め》で行われ、金一両につき銀〇〇匁〇〇分〇〇厘、銭一貫目につき〇〇匁〇〇分〇〇厘というように建てた。

大坂の両替には、本両替、南両替、三郷銭屋仲間《さんごうぜにやなかま》があり、さらに本両替の上に江戸の本両替に相当する十人両替が置かれていた。江戸の三組両替に相当するものが南両替、番組両替にあたるのが三郷銭屋仲間となる。

しかし、大名の財政難が深刻になると、大名貸の焦げ付きが増加した。そのため、江戸初期に活躍した室町時代以来の大両替の多くが、天和から元禄期にかけて倒産している。それに取って代ったのが鴻池や三井といった商品流通と結びついた新興両替であった。

一方、宝暦期以後になると、江戸周辺を含む東国全体の経済が発達した。これが「江戸地廻り経済」である。江戸で消費される物資の中では「下りもの」の割合が高かったが、江戸市中には上方以外の産地・ルートからもさまざまな消費物資が供給されるようになった。「下りもの」は廻船で上方から江戸に送られ、その代金決済・送金は本両替が行っていたが、江戸地廻り経済という新規分野に参入したのは江戸の三組両替であった。三組両替は、江戸の問屋商人への信用供与や商業金融に乗り出してビジネスを拡大した。以前は本両替の独占場だった大名貸にも参入した。

その結果、それまで、モノ、カネの流通を独占していた上方系の本両替は、三組両替にシェアを奪われていった。地廻り経済の成長のなかで金融市場のスキ間を突いて生まれてきたのが三組両替だったわけである。それに対抗する形で、大坂の本両替は本両替為替仲間、京都の本両替は為替本両替仲間をそれぞれ結成したが、江戸では三組両替の主だった者が相場立会仲間を結成した。

幕府では紙幣を導入か？

前にも触れたように、正徳四年（一七一四）十月の「新金引替が中止になる」、「引替方法が変更になる」といった浮説は貨幣改鋳に伴うものだった。それは翌年十二月になると「新金で借金した者は返済時には新金で、小形金で借りた者は小形金で返済する取扱いになる」という具合に、より具体的になっている。そうした浮説の〝進化〟の背後には、新金と小形金の交換・引替という人々の関心が最も高かった部分に、さまざまな〝リアリティ〟が加わることによって、浮説が〝拡大再生産〟していった状況をみることができる。このケースは、人々の利害得失が交錯する部分で浮説・虚説が先鋭化し、膨らんでいくことの好例といえるだろう。

ところが貨幣・通貨に関する浮説は改鋳だけに限ったものではなかった。正徳・享保金銀の通用がやっと落ち着いてくると、今度は「幕府でも札＝紙幣を導入する」という浮説が発生し、幕府はその否定に追われることになった。

これに関係する幕府の触書（『御触書寛保集成』［二八四六］）は、享保七年（一七二二）四月に発令され、最初に「最近、町方において金銀の通用が札遣い（紙幣）になると取り沙汰する者があるが、幕府では紙幣の導入などは決して実施しない」と浮説を強く否定した上で、「これを町奉行所から名主たちに周知徹底させ、末々まで行き渡らせよ」と記している。

小判や一分判、丁銀や豆板銀は幕府が発行した通貨であるが、そのほかに大名が発行した紙幣である金札、銀札、銭札などがあり、幕府発行の通貨（正貨）が領内で不足するのを補ったり、財源対策のために発行されていた。それが札（藩札）で、この触書の札はさしずめ「幕札」といったところであろう。なお、江戸時代には大名家のことは「諸家」といい、「藩」は明治四年（一八七一）の「廃藩置県」以降の呼称なので、ここでは藩札を札と呼ぶことにする。

金札は幕府鋳造の小判や一分判との兌換が前提で、銀札、銭札も同様であった。しかし、正貨との引き換えはその大名家の領外、通用は領内に限るといった制約があった。大名家発行の最初の札は家康の子、結城秀康を祖とする越前松平家が寛文元年（一六六一）に発行した銀札だといわれている。

経済発展と貨幣経済が浸透するに従い、幕府の直轄地のみならず諸大名の領国でも商取引が活発になっていたために、幕府の通貨は慢性的に不足していた。そこで、正貨を代用する札によって流動性を確保したのであった。そのこともあって、経済先進地だった西日本などの銀遣い経済圏の諸国を中心に、札が多く発行されている。

享保七年の時点で幕府による札導入の浮説が出回った背景には、正徳・享保の貨幣改鋳が作用していたとみられる。

幕府は、幕府通貨の流通を促進するため、宝永四年（一七〇七）に諸大名が札を発行することを禁止したが、当時は元禄・宝永期の貨幣政策の中にあって低品位の金銀であっても一定の通貨供給があった。しかし、正徳・享保の金銀改鋳によって品位の高い金銀を供給することになり、貨幣材料が不足し、通貨供給が需要に追いつかなくなった。そのため、もともと正貨が不足しがちであった大名領で札復活が望まれ、幕府直轄都市や天領でも金銀貨幣不足の解消策として紙幣導入が求められた。それが浮説につながったとみて間違いない。

そうした状況もあって、幕府は八年後の享保十五年（一七三〇）、諸大名の札遣《つかい》を解禁（『御触書寛保集成』「一八三〇」）して幕末に至っている。浮説に対して、幕府では一度は「紙幣の導入はあり得ない」と否定したのであったが、実際には、大名領における紙幣は復活したのであった。天領と大名領の違いはあると断った上でいえば、虚説が実態になったのである。

改鋳浮説の実際——元文の虚説取締り

次に、元文元年（一七三六）に発生した虚説とその取締り状況を紹介する。

元文元年五月、幕府が「元文の貨幣改鋳」を布告したのをきっかけに、江戸市中に雑説・虚説が飛び交った。その結果、当時の通貨である金・銀・銭を人々が退蔵することになり、両替の休業や米価の低落も起こった。そのため、幕府が虚説の取締りに乗り出したというものである。

この町触（「虚説取締」『東京市史稿　産業篇第十四』）は八月六日付で、町年寄の樽屋から江戸の各名主宛に出された。原文の一部を紹介すると、「近き頃雑説虚説申ふらし、物になそらへ作り物楽書等流布致し、其上今度金銀吹替ニ付、雑説申無筋儀を書付申ふらし候者有之不届至極ニ候。

自今雑説虚説等を申ふらし候歟、無筋儀を書付、流布致者有之は、早速捕之、月番之番所え可訴出候、吟味之上急度可申付候」というものである。各町の名主たちは「町中連判」という形でこれを受け、江戸中に周知徹底が図られている。大意は次のようになる。

・最近、雑説や虚説を言い触らし、物になぞらえて作り物や落書などを流布させている。

・その上、今回の金銀改鋳に関して雑説を言ったり、根拠のないことを文書にて言い触らす者があって不届き至極である。

・今後、そのような者があれば、速やかにその者を捕えて月番の町奉行所に訴え出ること。その者には吟味の上、罪科を申し付ける。

・もし、そうした者を隠し置いたものが他から露見した場合には、当人は言うに及ばす、家主・五人組や名主まで越度となるので、この旨を町中に触れ知らしめる。

この町触には虚説・雑説の具体的な内容は記されていないが、パロディー仕立てにして当局を皮肉る形で、狂歌や謡、書き物などが世の中に充満していた。たとえば狂歌では、「吹替の人の心のしほるれは細田まかせをあしくも云らん（文治安全）」というように、改鋳（吹替）の評判の悪さと景気の落ち込みについて、勘定奉行の細田丹波守時以《ときより》を責めるものがあった。金銀の品位が下がって小判の色が薄くなったというので、「色をみてうろたへるのは世の中の人の心は金にそ有りけり」という狂歌が流布する始末であった。なお、実際に元文の貨幣改鋳を主導したのは勘定奉行でなく、南町奉行の大岡越前守で、主な狙いは物価対策であった。

元文の貨幣改鋳の狙い

享保改革の時代、米将軍と呼ばれた吉宗が苦労したのも、米価維持と物価抑制を通じた幕府財政の立て直しであった。武士の経済は年貢収入に依存する米本位経済といえるものである。しかし享保の頃になると、米の増産とその延長としての物価・米価対策は限界に達していた。米を作れば作るほど米価は低迷し、武家の貨幣収入には結びつかなくなっていたからである。

そこで考えたのが金銀の貨幣改鋳による米価のアップと諸物価を低めに誘導することであった。当時、市場に流通していた慶長金銀と同じ品位の正徳・享保金銀では、金貨である小判と一分判の金純度は八四から八六パーセント、銀貨である丁銀と豆板銀の銀純度は八〇パーセントであった。こうした正徳・享保金銀の品位を切り下げること、すなわち通貨の価値を引き下げて、それに対する米価を相対的に上昇させることを期待したのである。

これが元文の改鋳前夜の通貨事情であるが、元文の金銀改鋳によって、金の金純度は六六パーセント、元文銀（文字銀）の銀純度は四六パーセントと低下した。金と銀に着目すると、慶長金・銀含有量をおのおの一〇〇とすると、元禄の改鋳では金が六八、銀が八〇だったものが、元文の改鋳では、金を五八、銀を五八にしたことになる。その狙いは、金に対して銀の品位低下の程度を高くして、銀安・金高を作り出すことにあった。

大名は銀遣い経済圏の中心である大坂で米を換銀しており、銀が安くなれば米価の上昇が期待できた。金・銀・銭は変動相場で交換されたので、金貨の質の低下は銀高を誘導し、銀貨の質の低下は金貨（小判）相場を引き上げた。それを物価対策に活かしたのであった。

当時の物流では、主に上方から江戸に商品が送られ、その代金決済は為替で江戸から上方に送られていた。江戸時代を通じて、物資の大消費地である江戸は上方に対して入超傾向で、現在流にいえば貿易赤字の体質だった。そこで元文の金銀改鋳では、金と銀の比率を調整して銀安・金高に誘導することによって、銀に対しては米価を上昇させて武士の収入を割り増すとともに、銀建てで決済する消費物資の価格引き下げを狙ったのである。円高・ドル安にして、輸入物資の代表である原油価格を引き下げれば、電気料金その他の物価が下がるのと同じパターンである。

想定外の銀高相場――大岡越前守と両替の攻防

ところが改鋳直後の元文元年（一七三六）六月、幕府の思惑とは反対に銀相場が高騰した。それまでの正徳・享保金銀であれば金一両が五十七から六十匁程度であったものが、元文金一両では元文銀四十九匁以上にもなってしまったのである。これをきっかけに、大岡越前守を始めとする幕府と両替たちの間で大紛争が勃発している。『両替年代記』（「銀切賃ニ付両替店員処罰」『東京市史稿　産業篇第十四』）をもとにその一端を紹介しよう。

六月二十五日夜になると、幕府の為替を取り扱っていた本両替の泉屋三右衛門は勘定奉行細田丹波守から呼び出されて銀相場と両替手数料の高騰の理由を問いただされた。そこで、本両替仲間に理由書を作らせ自分も奥書して、翌二十六日の朝に提出した。

提出した書面には「諸大名家で銀の需要が多い上に、上方への支払いを元文銀で行うため、銀を必要とする者が多く、払底して高値になった」、「元文金銀になってからは、私たち両替のところにも元文一分判が廻って来ないうえに、両替を希望する諸大名が手数料を余計に出すようになっている」などと回答している。

ところがその日のうちに、この回答に納得しない大岡越前守から本両替町と駿河町の両替たちに至急全員出頭せよとの命令が下った。大岡は、両替たちによる銀の囲い込み、占め売りが銀高騰の原因だと睨んでいたのであった。ところが出頭してきたのは代理人ばかりで両替の当主は、病気・外出・他国に居るといった理由を立てて一人も出てこなかった。怒り心頭に発した大岡は、出頭してきた代理人の全員を捕えてしまった。「銀相場高騰の理由を調べているのに、説明も納得できるものではないうえにけしからん」というわけであった。

これを知って慌てた両替側は貰い下げに人を遣わしたが、拘束された代理人たちが伝馬町の牢に連行されるところに行き合って目的を果たせなかった。そのため、両替たちは暖簾を下ろして臨時休業し、翌日、「手代が牢に入れられてしまったのでやむなく休業しています。家業に差し支えますので、どうか釈放して下さい」と嘆願した。前にも述べたように、享保三年（一七一八）の正徳・享保金銀への切替えの際にも、大岡に対してこれと同様の対抗手段を講じて一定の効果を挙げていた両替たちとしては、伝家の宝刀を抜いたつもりだったのかも知れない。

しかし、大岡もそうした対抗手段は織り込み済みだったとみえて、「手代どもの吟味を行っているところなのに、休業して金融をストップさせているのは不届きだ」と強気に出た。町年寄の奈良屋から大岡の反応を知らされた両替たちは、あわててその日のうちに店を開けている。

その後、入牢者への差し入れ、釈放の嘆願を繰り返したが大岡は聞き入れなかった。結局、大岡の寺社奉行への転任後、ようやく八月十九日に全員の出牢が許された。手代たちの入牢は五十三日に及んだのである。その間、両替たちと大岡の攻防は水面下でも続いていた。『田沼意次の時代』（前掲）によれば、「当時の日本の経済の実権を握っていた金融資本との苛烈な闘いのあげく、町奉行より格は上だが実務権限のほとんどない、寺社奉行に敬遠」というのが、その結末であった。

市場メカニズムを活用した対応

そうした強権的な対応の一方で、元文の金銀改鋳では新金銀の通用促進の工夫もされていた。五月の改鋳布告（『御触書寛保集成』［一八三四］）のなかで、まず、「慶長金新金ハ百両之替り百両、乾字金ハ貳百両代ニ百両、慶長銀新銀ハ拾貫目之代り拾貫目引替、可相渡候間、右引替之格を以書面之金銀無差別取交、請取方渡方両替共無滞通用可致候」と規定している。つまり金純度八四パーセントの慶長小判、八六パーセントの享保小判、六六パーセントの元文小判ともに一両は一両の額面どおり、銀純度八〇パーセントの慶長銀と享保銀も四六パーセントの元文銀も十貫目は十貫目として通用させるものである。しかし、これだけでは品位の高い慶長金銀や享保金銀が退蔵されるおそれがあった。

そこで、「吹改候金銀、金座銀座より増歩差出、可引替候、員数之儀は引替金百両ニ付増歩金六拾五両ツヽ、引替銀拾貫目ニ付増歩銀五貫目ツヽ、可相渡候事」という取り扱いを定めた。これは、予め引替金銀（慶長金銀や享保金銀）を金座・銀座に持ち込んで新金銀と交換する場合については、享保小判百両を元文小判百六十五両、享保銀十貫目を元文銀十五貫目と割り増して交換するということである。これを増歩《ましぶ》といった。そうなると、先に新旧貨幣の引替をして増歩を手にしてから、決済行為に充てた方が有利になるため、元文金銀の浸透が早まる計算であった。

『新版　貨幣博物館』（前掲）によれば、金銀貨の品位を落とす改鋳によって貨幣の供給量を増やしたことに伴い、米価の回復（高め誘導）や経済情勢の好転がもたらされた。つまり、深刻なデフレ下にあった日本経済は金融緩和で一息ついたのである。『吉宗と享保改革』（大石慎三郎）によれば、その後、元文金銀が市場に浸透していくとともに、金銀相場も幕府の希望するレートである金一両が銀六十匁に収斂していった。

享保改革の「改革」は、貨幣経済が進む中で幕府や武家の経済的優位をいかに保つか、という目的で行われた。したがって、経済の流れからすれば「改革」というには無理がある。しかし、金銀の変動相場と上方・江戸間の商品の流れを踏まえた上での改鋳＝通貨政策がそれなりの成功を収めたということは、当時の幕府の経済政策がすでに市場メカニズムに支配されていたことを象徴する。加えて、それを上手く活かした政策も可能であったことを示している。

風説で混乱した銭相場

元文元年（一七三六）五月の雑説・虚説の禁止令は、金銀改鋳に伴うものだったが、六月になると新たに銭の鋳造が始まった。もっとも、銭高の是正のために鋳銭が決定され、江戸町中に

「銭高直ニ付、鋳銭被仰付候間、可存其旨事」、「右之通被仰渡候間、町中不残入念可被相触候」という町触（「鋳銭布告」『東京市史稿　産業篇第十四』）が出されたのは五月八日のことであった。当時の銭高是正とともに、改鋳によって金も銀も安くなることが見込まれるので、金銀に対する銭の価格の高騰を抑える必要が生じたからである。

日用品などは銭で購入することが多かった当時、金銀の切り下げだけを行えば、金銀に対する米価を高めるという目的は達成される反面、銭の価値が高まって銭高になり、物価が高騰することが予想された。それゆえ金銀改鋳とセットにする形で、幕府は銭の大量供給に踏み出した。この方針の下に、江戸の亀戸、小梅、及び埋め立て地である深川十万坪に新たに銭座を作るとともに（図6）、石巻・鳥羽・伏見・加島（摂津）・秋田・和歌山などにも銭座を新設した。なお、この銭座とは銅貨の製造所を意味する。さらに元文四年（一七三九）に鉄銭が初めて作られ、新銭座では銅銭のほか鉄銭も盛んに鋳造された。銭の品位も落とされたのである。金・銀・銭の三貨に共通して、今度は、デフレ政策からインフレ政策に変わったのであった。

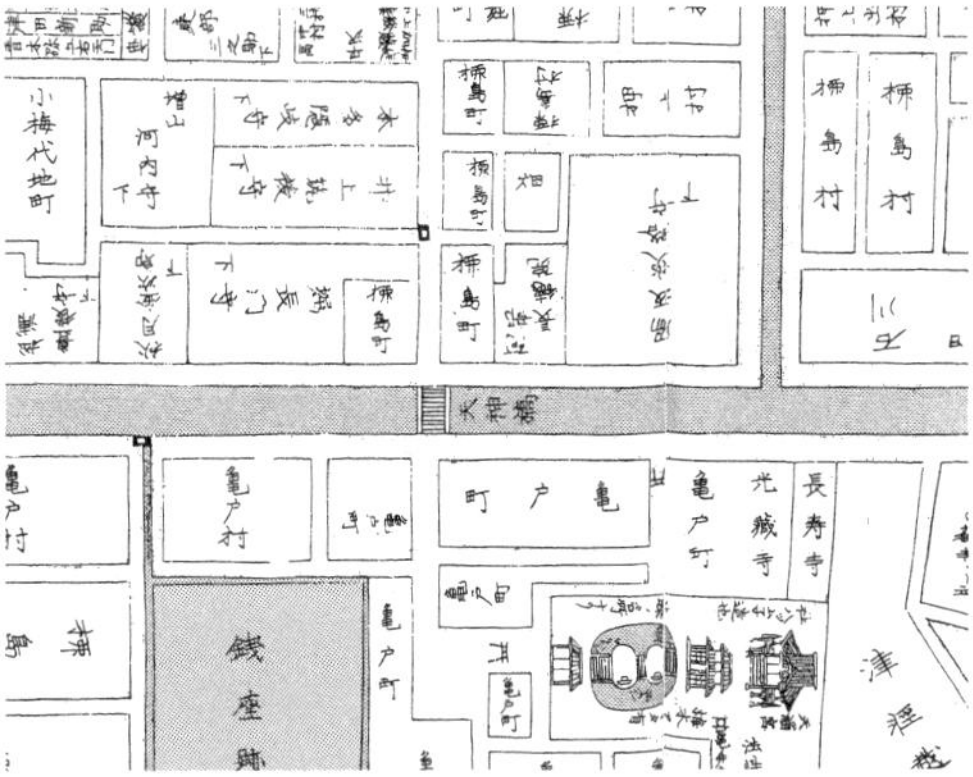

図6　亀戸銭座（『江戸切絵図集 新訂 江戸名所図会 別巻1』）

ところが、元文元年九月になると、市場では銭不足が喧伝されるようになった。当時の触書（『御触書寛保集成』〔一八七六〕）では、江戸で銭が払底して銭相場の高騰が起こっていたことや、「国々え例年より多銭差越、国々よりは江戸え入銭無之由風説有之候」、すなわち「江戸から地方へは銭が出超で、江戸には銭は入ってこない」という風説が流れていたことが記されている。こうした風説が、さらに銭相場の高騰に拍車をかけることになっていたのは想像に難くない。

これに対して幕府は、江戸以外の地方でも銭を供給するので、銭の囲い込みや退蔵をしないようにと、同じ触書の中で述べている。風説の流布を禁止するという手段ではなく、銭が潤沢に供給されるという情報を市中に流して、市場の安心感を高める途に出たのであった。

貨幣改鋳があるらしいぞ！

元文の貨幣改鋳の後、約八十年後の文政二年（一八一九）までは金銀改鋳はなく、通貨制度は落ち着いていたようにもみえる。しかし、元文期から宝暦・安永期（一七三六〜八一）頃にかけては、貨幣改鋳にまつわる浮説・虚説が頻発して、金融市場などに影響を与え続けていた。

しかも、明和九年（一七七二）には南鐐二朱判（銀）という、銀製ながら金貨と同じ計数表示をした貨幣の製造を始めた。これは銀で造った〝金貨〟であり、それまでの計数貨幣である金と、秤量貨幣である銀との統合の始まりともいえるものであった。第5章で詳しく述べるが、当初、南鐐二朱判（銀）は両替らの市場の反対を受け、改鋳浮説が流れるきっかけになっている。

つまり、少なくとも改鋳浮説の出方からみると、この時代は通貨制度の転換期ないしは試行錯誤の時代であったとみることも可能である。それゆえ、金融市場の中からマッチポンプ的に浮説が沸き起こって、それが通貨政策に影響を及ぼす場合も十二分にあったと想定できる。

たとえば、元文改鋳のわずか二年後の元文三年（一七三八）には、「改鋳があるぞ」という浮説が出回った。元文元年の雑説・虚説はむしろ改鋳に伴う市場の混乱や、銭相場への影響を喧伝するものだったが、今度は、貨幣改鋳そのものの有無が人々の関心の的になっていた。それに対して幕府は、二月十八日に「吹替浮説者厳科令」を町触として発令しているが（「吹替浮説者厳科令」『東京市史稿　産業篇第十五』）、改鋳の有無を話題とする浮説は、これ以後、寛政期までたびたび流れている。

この町触は、大岡越前守の後任であった南町奉行の松浪筑後守正春《まさはる》から招集された江戸の名主たちに申し渡されたものである。当局者の人事動向が浮説・風説の発生の元になっている点を紹介したい。

元文三午年二月十八日、松浪筑後守様御番所え町々名主被召出被仰渡候趣

一、金銀御用之儀、稲生下野守様御懸りニ有之候所、御役替ニ付、松浪筑後守様え被為仰付候。

然所一昨日より金銀御吹替被仰付候旨を申、町中さわかせ候段不届ニ被思召候。依之右之訳申出シ候者、名主共吟味仕、召連御訴可申上旨被為仰付候。以上。（傍点筆者）

元文三午年二月十八日

これによれば、改鋳やそれに伴う通貨政策を担当する町奉行が人事異動になったことと、この変更に伴って発生した「貨幣改鋳が命じられた」という風説を取り締まることが述べられている。もう少し詳しくみると、だいたい次のような意味になる。

・「金銀御用」を所管していた北町奉行の稲生《いのう》下野守正武《まさたけ》が大目付に転任したので、「金銀御用」の担当が松浪筑後守に命じられた。

・ところが、この担当替えがきっかけとなって、一昨日（二月十六日）から「新任の町奉行が貨幣改鋳の実施を命じられた」と言って、町中を騒がす者が出てきたのは不届きなので、そうした不届き者は、名主たちが調査して連行・訴え出よ。

この町触をみると、通貨政策の責任者が変更になっただけで噂が発生するほど、町人たちは貨幣改鋳に敏感であったこと、浮説の発生からその打消しと関係者の取締りを開始するまでに当局は時間を無駄にしていないことがわかる。改鋳の浮説が蔓延すると、市場はもちろん社会全体に大きく影響することを、元文はもとよりそれ以前の改鋳のたびごとに幕府は思い知らされていたからであった。なお、元文の改鋳は、大岡越前守が寺社奉行に転任した後も勘定奉行ではなく町奉行が引き続き担当していたこともわかる。

しかし、同じ触書についての町方側の記録である『正宝事録』（「吹替浮説者厳科令」『東京市史稿　産業篇第十五』）をみると、南町奉行所で年番名主たちが申し渡された内容からは、さらに深刻な事態が生じていたことが浮かんでくる。それによれば、「またもや〝金銀の吹替がある〟など取り沙汰して銭などを高騰させ、その上、問屋たちの中には（取引先の）国々にそうした話を伝える者もあるとのことで不届きである」と述べているのであった。そして、「今後、このようなことは言わないように申し渡す。特に、両替屋や諸問屋に対して徹底させること。もし、このような取り沙汰をする者があれば、召し捕って訴え出ること。以上の趣旨を急いで町々に徹底させよ」とある。

つまり、改鋳までして苦労して抑制していた銭高が、「改鋳があるぞ」という浮説によって再現したことと、そうした情報が諸問屋の取引を経由しながら全国に伝わって影響を及ぼしたことがわかる。それゆえ両替と諸問屋を名指しする形で、浮説の禁止を命じたのであった。

この浮説は、元文改鋳とそれに伴う浮説の取締りが行われた二年後に発生している。なぜ、これほど短い間に、今度は改鋳そのものの有無に関する浮説が生じたのであろうか。まずいえることは、当時の人々も市場も、金銀改鋳の経験を蓄積していた点である。元禄の改鋳では金銀純度を引き下げ、正徳・享保では純度を引き上げて、幕初の慶長金銀の品位に回帰させる、元文には再度品位を引き下げるというように、過去の貨幣改鋳に伴う経済の混乱をそれぞれ経験していた。

それと同時に、金銀改鋳が品位の引き上げに振れるか引き下げに振れるかによって、損失を蒙ることもあれば機会的な利益を得ることもできることを、人々は学んでいた、あるいは刷り込まれていたといえる。たとえば、元文改鋳の目的は米本位経済に生きる武士の救済の側面が強く、米の現物を持っている者は、品位の高くない金銀や銭の大量供給があるほど有利になった。反対に、金銀通貨を豊富に所有する者にとっては、品位の高い貨幣への改鋳があって単位あたりの通貨の購買力が増えれば得をする。つまり、インフレ政策とデフレ政策いずれかによって、有利になる者と不利になる者が生じるが、それと似たイメージとしてとらえることができる。

そうなると、〝インフレ待望論vsデフレ待望論〟ではないが、改鋳待望論が世の中に出て来ることも不思議ではなかった。一方、貨幣改鋳が幕府の経済政策に組み込まれて定着したのが元文改鋳であるとすれば、「何かあれば御公儀は金銀改鋳を行うのではないか」といった想像が人々の間に共有されるようになったとしても無理はない。

しかも、金・銀・銭それぞれが変動相場で取引＝交換されていたので、改鋳の有無だけが相場を左右するという単純なものではなかった。たとえば金銀ともに品位を低下させるとしても、低下させる割合がそれぞれ異なれば金銀の比価は相対的に違ってくるからであった。

改鋳が実際に断行されれば、損か得かの別はあっても、誰もが区別なく大きな影響を受けるはずであった。そのため、改鋳の有無そのものが当時の経済界だけではなく、広く一般の関心事にもなっていたのであった。

しかも元文改鋳では、これを主導した大岡忠相と両替＝金融資本とが激しくぶつかり合ったことも影響していよう。大岡の睨んだように、両替たちは改鋳に伴う新旧貨幣の引替えを通じて、一儲けも二儲けもしようと考えていたことは想像がつく。

また、正徳・享保金銀の品位が高く、増歩があっても元文金銀が増えて通貨供給量が増えればインフレになるので金銀通貨を保有する者は不利となることも背景にあったのかも知れない。つまり、市場の思惑・意思との関係から、元文改鋳が格好の浮説の的になったともいえる。

改元も改鋳浮説のきっかけに

元文三年（一七三八）に「吹替浮説者厳科令」は出されたが、その三年後の寛保元年（一七四一）にも同様の浮説が飛び交った。この浮説には、もっともらしい理由が付いていた。

この年は二月二十七日に「元文」から「寛保」に改元されたが、町方で作成した『正宝事録』や町奉行所の記録である『享保撰要類集』によれば、この改元がきっかけとなって「改鋳が実施される」という浮説が流れたのであった。そのため、当局は改鋳を否定する申し渡しを行ったことが記されている。（「改鋳否定申渡」『東京市史稿　産業篇第十五』）。

この触は『正宝事録』によれば、「年号改元有之ニ付、金吹御吹替も有之様ニ風聞申候由、曾て左様之儀ニては無之候間、諸事直段等高直ニ仕間敷旨申渡候様、組合可相達段被申渡候。」（傍点筆者）というもので、町年寄の奈良屋から年番名主に流された。日付は三月八日であった。

つまり、改元の布告から間髪を入れずに浮説が流れたのであった。幕府側も「改元があっても、それは改鋳とは無関係である」旨を触書に書いて、市場の想像ならぬ妄想を打ち消す努力もしている。取締りだけでは十分ではないことを認識していたわけであった。「元号が変わったので貨幣改鋳が実施されるとの風聞があるが、決してそのようなことはないので、諸物価を高騰させないよう商工業者の組合に周知徹底せよ」というのが、その内容である。

二月二十七日に改元、三月八日に改鋳否定の申渡しと続いたが、十九日になると、北町奉行の石河土佐守政朝《まさもと》が、それまでの経過を当時の幕政の最高実力者であった勝手掛老中の松平左近《さこんの》将監乗邑《しょうげんのりさと》に報告している。なお、乗邑は勘定奉行の神尾春英と組んで、享保末期から吉宗が将軍を引退して大御所になるまでの間、相当強権的に諸政策を行った人物として知られている。吉宗の将軍引退に伴って、延享二年（一七四五）十月に乗邑は罷免され、翌年には春英の権限も大幅に縮小されている。

この報告書（「改鋳否定申渡」『東京市史稿　産業篇第十五』）では、「市中では金銀改鋳を取り沙汰しており、金銀の貸し借り、銭の値段などに悪影響を及ぼしているが、元号変更に伴う改鋳は決してない」旨を、「町年寄たちに申し聞かせ、江戸町中の年番名主や両替たちにも徹底させました」と報告している。前半までは『正宝事録』とほぼ同じことを言っているが、後半をみると、この触書の江戸市中での伝達経路が、町年寄を経由する形で年番名主と両替屋の仲間（業界団体）に伝えられたことがわかる。これは第1章で述べた江戸の都市行政機構（図1）のルートのとおりであった。なお、この報告書にはないが、年番名主からは各町々の名主たちへ、そして両替仲間からはそれに加入する個々の両替たちに伝えられたはずである。

江戸時代に何度か行われた貨幣改鋳では、小判に含まれる金の含有量を調整して貨幣の品位を上下させたので、小判の種類が違えば量目＝重さも金の含有率も異なり、同じ「一両」でも価値に差が出るのは当然であった。

それを反映して、この改鋳浮説が出た三年後の寛保四年（一七四四）に作成された『寛保沽券図』（中央区京橋図書館蔵・全一六葉）に付けられた注意書をみると、「それぞれの土地の沽券証文額は、慶長金にはじまり元禄金、乾字金、享保金、文字金までいろいろな小判による金額表示が入り交じって記載されている」と記されている。（『中央区沿革図集　日本橋篇』）これを文字通りに取ると、「実際の土地の取引価格は売主と買主の相対で決まるから、沽券図記載の金額とは少々異なる」となる。しかし、実態は「小判の種類が多いから沽券図の金額はアテにならない」、「実勢価格は売主と買主の自己責任だ」と言っているのに等しいわけである。

延享元年の金銀改鋳浮説

改元を口実にした改鋳浮説が出回った寛保元年（一七四一）のわずか三年後、延享元年（一七四四）の六月に、古金銀と新金銀（元文金銀）の引替えと、増歩による引替率を徹底させるとともに、当時出回っていた金銀改鋳の浮説を否定する触書が流されている（『御触書宝暦集成』［一二九九］）。その大意は次の通りである。

・元文の金銀吹替があったが、まだ古金銀が流通している。元文元年の定めの通り、古金は六割半、古銀は五割増で、古金銀を取り交ぜて通用させること（ただし、古金銀とは、慶長金銀と正徳・享保金銀を指す）。

・年貢や諸運上、幕府に納める金銀、奉公人の給金、諸商売物の代金銀、その他金銀による取引については、これまでの通り元文金銀で通用させ、古金銀は右の割合で通用させよ。

・古金銀の引替えを希望する者は、金座・銀座に提出して自由に引き替えること（古金は六割半、古銀は五割増）。

・元文の改鋳以来、またまた金銀吹替があるなどと取り沙汰する者があるとのことであるが、そのようなことは決してない（傍点筆者）。
・このお触れは世間で金銀が手広に通用するための措置なので、末々の者たちが心得違いをしないように、よくよく申し聞かせよ。
この触書のなかで「辰年吹替以来又候金銀吹替可有之抔と取沙汰有之候由相聞候」とあるように、御触を発令する側も改鋳浮説が度重なっていることを〝正直〟に書き記しているのが特徴である。また、「世間金銀手広通用之ためニ候条、末々之者心得違無之様ニ、能々可申聞候」にある「末々之者」とは、農工商の一般人というよりは、金と銀、金銀と銭との交換を主要な業務の一つとしていた両替を特に念頭に入れた規定であったといえよう。

全国の金銀通用にも響いた改鋳浮説

その後も、相変わらず改鋳浮説が出回っている。次に紹介するのは宝暦十年（一七六〇）八月に出された浮説の否定と取締りの触書（『御触書天明集成』〔二八三四〕）である。内容はこれまでみてきたものと大差はないが、浮説が流れていた期間が前年の冬から少なくとも十か月という長期であり、かつ、地域的にも江戸、京都、大坂で飛び交っていたと書かれている。特に大坂では「天下の台所」だけあって「種々浮説申触候趣相聞」とあるように、姿形を変えながら浮説が人から人に伝わっていた様子が目に浮かぶようである。そして「金銀通用ニも差障候段」と、三都の金融機能に重大な障害を発生させていたのであった。

三都の金融機能の障害は、当時の日本全体の経済に大きく影響していたのは間違いなく、そうした深刻な状況が一年近くにわたって継続していたという点で、改鋳浮説のバリエーションの多様化と地域的かつ時間的な規模の大型化、それによる影響の深刻化が特徴だったといえる。それだからこそ、この触書は全国を対象としていた。そして浮説を唱える者は逮捕して、幕府直轄都市はそれを管轄する奉行所、天領は代官、大名諸侯の領地はその領主に申し出よと命じている。

江戸市中には、これを受けて八月二十七日付で町年寄の喜多村を経由して町触が出されているほか、『浚明院殿御実紀』にもこの記事が掲載されている（「改鋳浮説取締」『東京市史稿　産業篇第二十』）。それによれば、「廿六日　去冬の頃より金銀吹替のことありと浮言する由ありて、世上の通用これが為にさゝはれり。大坂にては別けて此浮言をとなへ、愚民を迷はす聞えあり。この節金銀吹替は絶てなき事もしなれば、此浮言をとなふるものあらば、すみやかに其地の奉行所に訴へ出べし。かくしをくべからずという事を令し下さる」（傍点筆者）とある。

銭の場合——寛永通宝の大量生産

これまでは、主に、小判や丁銀・豆板銀などの吹き替え＝金銀改鋳に伴う浮説や、それによる経済への影響について語ってきた。元文の改鋳に伴って発生した浮説のために銭相場が混乱したと述べたとおり、銭に関する浮説もあったのは当然である。そこで、銭の鋳造・発行とそれに伴う浮説との関係に焦点を当てることにする。

銭も、その時々の金銀貨幣の動きや幕府の通貨政策との関係で、複雑な動きをしていた。銭の発行高はもとより鋳造者や材質、額面などの違いは、その時代の経済環境を反映していた。

最初の寛永通宝を鋳造したのは、幕府から銭の鋳造と発行の特許をもらった請負商人の仲間が結成した銭座であった。銭座の始まりは寛永十三年（一六三六）で、幕府が銀座の役人だった秋田宗古に命じて江戸では芝、上方では近江の坂本で寛永通宝を鋳造させた時に遡る。翌年になると、寛永通宝を全国に普及させるために、水戸・仙台・吉田（三河）・松本・高田・萩・岡山・竹田（豊後）にも銭座を設立した。幕府は見本の銭を与えて鋳造させた。その結果、寛永通宝の大量供給が実現した。

全国の銭座では、鋳造した銭を公定相場ないしは時価で売却して、売上高の五〜二〇パーセントを運上として幕府に納入していた。運上と原料費や加工費を売上高から差し引いたものが銭座の収入だったので、経営さえ上手く運べば、銭座の請負は大きな利益になった。請負方式では幕府が銭を必要とする都度、公募で請負者を決めて、銭の鋳造特権を与えた。公募とはいえ、幕府の呉服師や金座・銀座の役人など幕府との結びつきの強い有力な町人による請負が中心だったが、契約で定められた鋳造期間か、鋳造予定額のどちらかを満たすと閉鎖されたのが特徴で、そこが、常設の金座や銀座と異なる点であった（『江戸期銭貨概要』日本銀行調査局）。

その後、寛文八年（一六六八）から天和三年（一六八三）の間、幕府の御用達町人である後藤縫殿助《ぬいのすけ》ら六人の呉服師の請負で、良質な寛永通宝が大量に作られた。新井白石の『折りたく柴の記』によれば、この十六年の間に百九十七万貫文が鋳造されたとされている。そして、寛文十年（一六七〇）年には、寛永通宝に永楽銭などの大陸から輸入された古銭を取り混ぜて使うことが禁止された。これは、銭が寛永通宝によってやっと統一されたことを意味していた。

銭と金銀をめぐる通貨政策――元禄から元文まで

元禄の金銀改鋳（元禄八年〈一六九五〉）以降、金貨や銀貨の品位がそれぞれ変えられるようになると、それに連動して銭相場や諸物価も変動するようになり、とりわけ元禄から元文までの改鋳では、その関係が象徴的に現れている（『江戸期銭貨概要』日本銀行調査局）。

元禄八年（一六九五）から宝永期（一七〇四～一一）までの金銀改鋳では、同じ一両の額面でも金の含有量を減らした小判や、銀の割合を減らした丁銀を作ったので、金貨・銀貨に対する銭の相場が高騰して銭不足が起こった。それを口実に、勘定奉行の荻原重秀たちの主導で品位の劣った銭が大量に発行された。宝永五年（一七〇八）には、宝永通宝という十銭通用の大量の劣悪銭を作った。特にこの場合は、取り立てた銭座から銭の鋳造高の半額を上納させていることからみても、幕府の財政再建を図る目的もあった。

ところが、質の劣った三貨が出回ったためインフレが起こった。荻原重秀の失脚と新井白石の登場によって、正徳四年（一七一四）、幕府は金銀の品位を慶長金銀に復活させ、次の享保期にもそれが引き継がれている。この時の金銀は正徳・享保金銀と呼ばれた。銭もそれに伴って、大型化・良質化した。つまり、インフレ政策からデフレ政策に転換したのであった。ところが、貨幣の価値が上がれば物価は下がる。とりわけ、米価の下落は年貢収入に依存していた武家の経済を苦しめた。逆に銭が全国に行き渡り、銭が市場でダブつきはじめて銭相場が安くなると、幕府は銭座の取り立てに消極的になった。つまり、金・銀・銭が同時に流通する市場の中で、三貨のバランス調整とともに物価対策を行うために通貨供給量のコントロールを行うようになっていたのである。その実施機関が金座や銀座、銭座であったことはいうまでもない。

銭座のシステムの変更

明和二年（一七六五）になると、幕府の「銭政策」がまた変更され、銭座の統制が始まった。明和九年（一七七二）には請負方式＝民間委託方式が廃止され、鋳銭定座《じょうざ》方式に切り替えられ、金座・銀座の管轄下に置かれた銭座＝定座による銭の鋳造以外は不許可となった。諸大名に銭座設置を認める場合も、定座の監督で行うようになった。その狙いは「民活」の結果、銭が供給過剰になり価値が下ったことの是正であった。銭の供給量の調整が物価対策の有力な手段になっていた当時、貨幣政策の実効性を高めるために銭の製造を金座・銀座に集約したのである。

しかしそこには、民間に認められていた銭の「発行差金」を幕府が独占する意図があったと見ることもできる。というのは、同じ明和二年から安永三年（一七七四）までに、約二百二十六万貫文の鉄銭を盛んに鋳造して銅銭と同じ価値で通用させているからである（「鋳銭吹立町触」『東京市史稿　産業篇第二十一』）。それがきっかけになって、鉄銭が銭の中心となっていったが、鉄銭は銅貨よりも製造原価が低く、幕府には有利であった。それだけではなく、鉄銭には金銀貨に対する銭の高騰を抑えて三貨の交換比率を安定させる効果もあった。

さらに明和四年（一七六七）になると、表側は「寛永通宝」の表示、裏側には波の模様の入った真鍮製の四文銭が銀座によって製造され始めた。波模様が特徴だったので「波銭」とも呼ばれた。銭の高額化が進んだのであった。
ただし、幕府の真意や思惑はともかく、第5章で触れる南鐐二朱判や鉄銭、真鍮銭にせよ、経済規模の拡大局面での通貨供給の増大は、世の中の流通円滑化に役立ったのは事実であった。

銭の鋳造・発行と浮説

このような銭をめぐる通貨政策の変更期に次のような浮説（原文では「風聞」）が発生した。先ほど述べた元文元年（一七三六）九月の新銭鋳造に伴うケースのように、そうした浮説はいくつかあるが、特に象徴的なものとして明和九年（一七七二）十月の触書（『御触書天明集成』〔二九六七〕）を紹介する。

〔二九六七〕　明和九辰年十月
水戸并仙台之鋳銭、去ル子年より　御免有之、尤江戸廻無之筈ニ候処、田舎銭等相廻候風聞有之由ニて、銭相場次第ニ引下ケ、夫ニ付、商人共諸色直段を引上、末々難儀相成候趣相聞候ニ付、右水戸、仙台之鋳銭年季中ニは候得共、此度相止候間、其故を以此節銭相場追日《ママ（而）》引上候趣相聞候、左候得は諸色直段も相応に引下可申儀ニ候間、是迄之通諸品高値ニ売買不致様勘弁いたし、町中え可被申渡候、
　十月
右之通、町奉行え申渡候間、可被得其意候

この浮説は、明和九年に銭鋳造の請負方式が廃止され、鋳銭定座方式に切り替えられた直後に発生したもので、内容はだいたい次のとおりである。

・明和五年(一七六八)から水戸や仙台での鋳銭が許可されていたが、それらは地方で通用させるためのもので江戸には廻ってこないことになっていた。

・ところが、「田舎銭等相廻候風聞有之由ニて」すなわち、地方で鋳造された銭が江戸に出廻っているとの浮説が立ったため、江戸の銭相場が下落してしまった。

・そのため、銭に対する諸物価が高騰して人々が難儀している。

・そこで幕府は、水戸や仙台での鋳銭の期限には満たないが、それを差し止めて銭相場を引き上げることにした。

・そうすれば諸物価が下がるので、諸品を高値で売買してはならない。

元文の時には、江戸における銭の払底・銭相場の高騰や「地方から江戸に銭が入って来ない」という浮説の蔓延に対して、幕府は地方でも銭の供給に努める措置を講じたことがあった。一方、この明和九年の「地方で鋳造された銭が江戸に流入している」という浮説は、元文元年のもの(一四〇ページ)とは正反対のものであった。また、風聞とは言っているが「田舎銭等相廻候風聞有之由ニて」というような具体的な規定の仕方からみると、実際には地方の銭が廻船やその他の手段を使って、江戸に入っていたとみる方が自然であろう。

この触書の特徴は、元文元年九月の触書と同様、浮説によって下落した銭相場に対して、「通貨供給量を絞ることによって引き上げを図るので、諸物価を高騰させないように」と、銭の需給関係という市場メカニズムに即した説明を行っている点である。「浮説を言い触らす者は怪しからんので処罰する」といった強権的な対応は取っていない。

ここからは、それまでの浮説と取締りのイタチごっこの関係ではなく、市場経済システムに則った対応をすれば問題の解決につながる、という幕府のスタンスが浮かび上がってくる。むしろ通貨市場の機能をうまく活用することによって政策目的＝物価抑制を達成しようというノウハウが、この時期になると幕府に相当蓄積されるようになったことを物語っているともいえよう。

浮説・虚説と通貨の市場メカニズム

これまで述べてきたように元禄・宝永の改鋳では、通貨供給量が増えて、成長著しい当時の経済にとってプラスに働いた側面や、海外流出をストップさせた効果があった。しかし、通貨の品位低下とともに、さまざまな種類の金銀貨が立て続けに発行されたことによる混乱も大きかった。

そうした時代に、改鋳と連動する形で、人々の通貨に対する不満や疑念、通貨制度そのものの安定性への不安が、浮説が生まれてくる下地を作ったといえる。

一方、元文の改鋳によって通貨の安定期が訪れたとされるが（『新版　貨幣博物館』前掲）、貨幣改鋳をめぐる浮説を見る限り、そうした表面上の安定とは裏腹に、貨幣制度に対する市場や人々の不満や欲望が、きっかけさえあれば、たちまちにして浮説・虚説という形で表面化して、金融をはじめとする市場の動揺に結びついたことも事実であった。

つまり、浮説や虚説が人々＝市場関係者の中から湧き出してくるという点からすれば、それらは金融や米を含む諸物の市場の思惑や意思でもあった。そして、市場の思惑や意思に沿った形で発生した浮説が、新たな浮説を再生産させながら拡大する場面も見られた。その意味で、浮説や虚説は、市場機能の発露の一つの形態であったともいえるのである。

それゆえ、浮説を取り締まっても新たな浮説が出てくるといったように、強制的な取締りの効果は薄かった。むしろ、明和九年の銭安対策のように、市場メカニズムに即した説明によって人々や市場の疑念や願望に応えること、すなわち、浮説の元になる要因に遡った解消を図ることの方が一定の効果が期待できるのだと、当局が認識するようになっていた可能性もある。

第5章

改鋳浮説の予防と金銀通貨統合をめぐる浮説

朝鮮通信使・琉球使節と改鋳浮説予防令

第4章では、貨幣改鋳の実施に伴って発生した浮説や貨幣改鋳の有無をめぐる虚説と、それによる市場の混乱、幕府の取締りなどに焦点をあてた。通貨制度に関係する浮説・虚説が頻発していた状況は、それだけ人々＝市場が金・銀・銭の通貨動向に敏感だったことを物語っている。現在《いま》も昔も、〝損得〟や〝欲得〟への人々の関心は深く大きいだけではなく飽くなきものなのである。

しかし、そのことは経済政策を運営する幕府にとっては頭の痛い問題であった。それゆえ、改鋳浮説が発生する可能性が高い社会的局面が訪れると、幕府の側でも予め改鋳浮説を防止するために、いわば〝改鋳浮説予防令〟ともいえる御触の発令という手を打っている。それは当時としては精一杯の危機管理でもあった。

延享五年（一七四八、七月十二日に寛延と改元）に朝鮮通信使の来朝と琉球使節の参府が重なった時から寛政八年（一七九六）の琉球使節参府まで、幕府はそれぞれの来朝・参府とセットになる形でたびたび金銀改鋳の浮説の否定と取締りの御触を発令している。

朝鮮通信使は、朝鮮国王が国書と進物をもって足利・徳川の将軍に遣わした使節団である。江戸時代には、第一回の慶長十二年（一六〇七）から文化八年（一八一一）までの間に十二回にわたって来朝し、将軍や大御所（将軍を引退した大御所が存命ならば）に拝謁した。帰国に際しては、将軍から朝鮮国王への国書と、金屛風や蒔絵などを施した豪華な答礼品が与えられた。

慶長十二年における幕府側の目的は「和好」であり、徳川幕府世襲制を内外に宣言することであった。一方、北方から後金の圧力を受けていた朝鮮側は、南側の日本との和平を保つことや、豊臣秀吉の朝鮮出兵によって連れ去られた朝鮮人捕虜を連れ帰る目的を持っていた。

その後、寛永二十年（一六四三）の第五回は家綱誕生と日光東照宮落成を祝賀するためのもの、明暦元年（一六五五）の第六回は家綱襲職祝賀、天和二年（一六八二）の第七回は綱吉襲職祝賀という具合に、将軍代替りに際する祝賀のための来朝が定着していったが、両国の財政悪化などにより、文化八年（一八一一）の対馬での聘礼交換が最後になった。

一方、琉球使節には琉球国王（中山王）の即位を感謝するために江戸に派遣される恩謝使と、将軍の襲職のお祝いに派遣される慶賀使があったが、同時に行われることもあり、寛永十一年（一六三四）から嘉永三年（一八五〇）の間に十八回を数えた。琉球使節では、琉球国王は一代に一回、自ら江戸に上った。これを「江戸上り」といった。

いずれも薩摩島津家の命令・監督のもと江戸に派遣され、将軍に拝謁する際には島津家の当主が使節を引率する形で登城している。琉球国王が薩摩島津家の支配下にあり、島津家の支配権を将軍が認めるという琉球の法的な位置付けの反映である。慶長九年（一六〇四）に薩摩国の島津氏によって琉球が征服され、島津家当主であった家久はその戦功により家康から琉球を与えられており、薩摩藩は琉球国王に知行目録と「唐への誂物停止」などを内容とする『掟十五条』を与えて属国としている。その一方で琉球は明国との進貢貿易をはじめ清国から冊封を受けてはいたが、まったく形式的なもので、琉球には島津家を通じて江戸幕府の主権＝実効支配が及んでいたのであった。

被下銀

朝鮮通信使や琉球使節には儀礼として銀貨（丁銀）を与える習わしになっていた。朝鮮通信使に対しては、慶長十二年（一六〇七）の第一回の来朝以来、三使（正使・副使・従使）及び随行者ほかに与えていた。琉球使節に対しても寛永十一年（一六三四）の第一回目から使節団に銀を与えていた。これらを被下銀《くだされぎん》といい、通用貨幣である丁銀と同様の形状であった。

〝改鋳浮説予防令〟が出されるようになった延享五年（一七四八）以降、来朝・参府が決まると、勘定奉行から銀座に被下銀の鋳造が命じられた。そのため、「銀座で贈答用の銀貨を鋳造する」なら、「一般に通用する銀貨も同時に造られるのだろう」という浮説の発生が予想された。

ところで、朝鮮通信使への被下銀は寛永十三年（一六三六）以降、使節の役職ごとに与える銀の枚数も一定の「相場」に定まっている。この時は、三使に銀五百枚ずつ、上々官には銀二百枚ずつ、判事官は銀五十枚ずつ、上官・次官・小官等五十名にはまとめて銀五百枚、中官・下官（三、四百名前後）にも銀千百枚となっており、これが以後の前例となった。

琉球使節への被下銀も同様で、寛永二十一年・正保元年（一六四四）に中山王に銀五百枚、金武王子に銀三百枚、国頭王子に銀二百枚、従者たちに銀三百枚となっているが、以後、中山王には五百枚、王子には二百枚、従者には三百枚の銀が与えられるようになった。

将軍が銀貨を下賜するというのは、臣下に対する行為であった。そのため、朝鮮国王の臣下である使節団には銀が与えられている一方で、朝鮮国王には屛風などの贈答はあるが銀は贈られていない。それに対して、中山王には銀五百枚という朝鮮通信使の三使並みの格式で銀が与えられている。これは、琉球国王が将軍の臣下として扱われていたことを象徴している。また、当時の触書では朝鮮通信使に対しては「来朝」「来聘」、琉球使節に対しては「参府」というように外交使節と、実効支配下にある臣下との使い分けを徹底している。

二つの〝改鋳浮説予防令〟

それでは、延享五年（一七四八）二月に老中から町奉行宛に発せられた〝改鋳浮説予防令〟（『御触書宝暦集成』〔一四八八〕）を紹介しよう。この御触は、「朝鮮人来朝ニ付、御用之儀銀座え申渡候趣、御勘定奉行え申渡候、就夫、浮説可申触哉、金銀吹替之義は曾て無之事ニ候条、決て右体之風説無之様可被取計候、是迄も浮説申触、諸物之直段狂せ候之義有之趣相聞候条、前以申達置候」（傍点筆者）となっており、「朝鮮通信使が来朝するので、銀座に御用を申し渡すよう勘定奉行に申し渡したので、それについての浮説が言い触らされる恐れがある。金銀改鋳は決して無いので、そのような改鋳があるという風説が生じないように取り計らうこと。これまでも、浮説を言い触らして諸物価を狂わせることがあったので、前もって通達しておく」というものである。なお、この触書が指す朝鮮通信使の来朝は、実際には同年の六月であった。

　ところで、前章で紹介した浮説・虚説の禁止令では、浮説を具体的に述べた上で、そうした行為を禁ずる形式がとられている。例えば、延享元年（一七四四）の六月に出された金銀改鋳浮説を否定する御触でも、「元文の改鋳以来、またまた金銀吹替があるなどと取り沙汰する者があるとのことだが、そのようなことは決してない。このお触れは世間で金銀が広く通用するための措置なので、末々の者たちが心得違いをしないよう申し聞かせよ」（傍点筆者）となっている。

一方、延享五年の触書の特徴は、実際に浮説が発生する前から、当局の方で手回しよく予防的に浮説の発生を否定している点である。元文の改鋳に伴って発生した予期せぬ浮説・虚説に始まり、その後およそ三年に一度の割合で発生した改鋳浮説に悩まされた幕府は、銀座に贈答用の被下銀の鋳造を命じることが改鋳浮説の誘因になりかねないと学習していたのであった。

ところで、幕末の開港の時代、幕府は過去に遡って外国とのやり取りを記録する文書を収集・編集して『通航一覧』にまとめた。差し迫った諸外国との交渉に活用するためで、単なる旧記・旧令の再掲ではなく、編者の解説や疑問なども記されている点で、現在でも主要な史料として扱われている。その中にはオランダや明・清のほか朝鮮や琉球との関係を記録する文書も含まれており、この延享五年二月の〝改鋳浮説予防令〟も採録されている。

そこには、「按するに、この御触のうち、（中略）下二月の御書付の事、はじめてみえたり」という編者の注釈（『通航一覧』）が加えられており、この中の「下二月の御書付」という部分が、二月に出された〝改鋳浮説予防令〟を指している。つまりこれが、朝鮮通信使の来朝に伴って改鋳浮説の予防令を出した最初であったことがわかる。

一方、同じ年の寛延元年（一七四八）八月、今度は琉球使節の参府が決まったということで、二月とほとんど同じ御触（『御触書宝暦集成』［一四八九］）が出されている。なお、延享は七月十二日に寛延と改元されており、該当する琉球使節は同年十二月に参府している。

これをみると、二月に出された御触の「朝鮮人来朝」が「琉球人参府」に置き換えられているほか、「諸事朝鮮人之節之通ニ可被心得候」つまり、朝鮮人来朝の扱いに準じて取り扱う旨が指示されている。『通航一覧　巻之十四』では、この御触についての注釈では、「此町触はじめて見ゆ」とあり、琉球使節の参府に伴う金銀改鋳に関しては初めてだとしている。一方、「御用之儀」とは「按するに、宝暦度の御書付のように、御用とあるは、かの賜銀吹替の事なり」とあって、次に紹介する宝暦二年六月の町奉行あての次の文書（『御触書宝暦集成』［一四九〇］）にあるとおり、勘定奉行から銀座に被下銀の鋳造が命じられたことを指している。

たび重なる〝改鋳浮説予防令〟

その後も、〝改鋳浮説予防令〟は朝鮮通信使の来朝、琉球使節の参府のたびに発令されている。宝暦二年（一七五二）十一月の琉球使節の参府を控えた六月にも、被下銀の鋳造を銀座に命じるのと同時に、前回とほぼ同じ文面の町奉行あての御触（『御触書宝暦集成』［一四九〇］）が出されている。「琉球人参府ニ付、御用之儀銀座え申渡候趣、御勘定奉行え申渡候、就夫、浮説可申触哉、金銀吹替之儀は曾て無之事ニ候条、決て右体之風説無之様可被取計候、諸事去ル辰年之通ニ可被心得候」というものである。この中で、「御用之儀銀座え申渡候趣」というのは、『通航一覧』でいうように被下銀の鋳造を銀座に命じたことを指し、「諸事去ル辰年之通ニ可被心得候」とは、この予防令に伴う諸手続は寛延元年（辰年）八月の方法と同じにせよ、という意味である。

さらに、明和元年（一七六四）三月に来朝した十一回目の朝鮮通信使についても、同様の措置がとられている。その前段として、宝暦十二年（一七六二）一月に受け入れ準備のための御触（『御触書天明集成』〔三二一七〕）が出されている。それによれば、「来年の九月から十月（この時点では来朝は宝暦十三年の予定）に朝鮮通信使が来朝することを朝鮮国との窓口であった宗対馬守に達したが、諸事は延享度の来朝の例によるように心得るように」、「享保の来朝の時には天和度の格式・待遇に復し、延享の時にも享保の例によって取り計らったが、（今回も）天和の格に準じるように」という方針が示された。

そして、翌宝暦十三（一七六三）年四月十日、勘定奉行は勝手掛老中で朝鮮人御用掛を兼ねていた松平右近将監《うこんのしょうげん》武元《たけちか》から「銀座に被下銀の鋳造を申し付けるよう」命じられ、同時に、前回の延享五年の時とほとんど同じ文面の〝改鋳浮説予防令〟が町奉行に宛てて発せられている（『御触書天明集成』〔三二二〇〕）。この御触の江戸町中への周知は、これまでに述べた浮説・虚説の取締令と同様、町年寄経由の町触として同月十日に発せられている（「銀貨改鋳浮説否定」『東京市史稿　産業篇第二十一』）。ただし、ところどころに江戸の町人たちの理解を助けるための文言が入って、よりわかりやすくなっている。

それによれば、「今回、朝鮮通信使への被下銀の鋳造の御用が銀座に命じられた。これを知って、もし心得違いによって（改鋳があるなどといった）浮説を言いふらし、諸物価を狂わせてはならない。金銀改鋳は決して実施しないので、そのように心得ること。もし浮説を言いふらす者があれば、吟味の上、処罰する」、「以上のように町奉行から言い渡されたので、江戸町中残らず念入りに申し付ける。少しも油断してはならない」というものであった。

被下銀の品位

宝暦十三年（一七六三）四月、勘定奉行は老中松平右近将監から、被下銀の鋳造を銀座に申し付けるよう命じられたと述べたが、具体的にはどのような手順を踏んだのだろうか。

右近将監の指令に従って、勘定奉行の一色安芸守正流《まさなが》は銀座の代表者である大黒常是《だいこくじょうぜ》に対して、朝鮮通信使に与える「被下候銀子」を享保銀の品位（銀純度八〇パーセント）で鋳造するよう命じた。この場合、被下銀の原料となるのは通用銀である元文銀（四六パーセント）であった。

この一連の流れをさらに詳しくみると、『金銀吹替次第　吹方之部』（「朝鮮使節賜銀吹直」『東京市史稿　産業篇第二十一』）によれば、大黒常是はすでに四月八日の時点で、勘定組頭の山崎岡右衛門から十日の朝に勘定所に呼び出されている。

勘定所に行くと、「朝鮮通信使の三使その他に下賜する銀貨については、延享の時のとおり、今回も享保の時と同じ銀の位に吹き直して与える」、「諸大名から贈る銀についても同様なので、三使その他へ贈物のある者たちからの申し出があり次第、相談に応じるように銀座に申し渡すこと」と命じられた。そして、勝手掛老中の松平右近将監による指令に基づき、延享の例に従って被下銀を鋳造するよう、勘定組頭から念を入れられている。

つまり、明和元年（一七六四）三月の朝鮮通信使への被下銀は、延享五年（一七四八）の来朝の際と同じ品位であり、延享時の品位は享保四年（一七一九）に与えた銀と同じだったことがわかる。また、諸大名からの贈銀も銀座が被下銀と同様に製造していたのであった。
九月二十日、大黒長左衛門は朝鮮通信使に下賜する銀の包立《つつみたて》を命ぜられ、「朝鮮通信使に下される古銀（享保銀）の吹き立て（鋳造）につきましては、当二十二日に当方の吹所で朝の六半時より開始しますので、その旨、お届けいたします」という書面を提出している（「朝鮮使へ下賜銀包立」『東京市史稿　産業篇第二十二』）。その後、十月三十日には鋳造の終わった享保銀と同位の被下銀全ての納入が終了し、十一月二日からは諸大名から預かった贈銀を包立てたものの納入も始まっている。

ところで第4章では、丁銀と豆板銀は秤量貨幣で取引のたびに天秤で計量されたと述べた。ただし、天秤で計量されたのは小額の豆板銀だけで、丁銀は豆板銀を加えて四十三匁（五百目）にそろえたものを一定の形式に包んで封をして使った。これが包銀《つつみぎん》で、「白銀〇枚」といった額面の表記と、包んで封をした者＝包封者の署名と封印を行ったもので、包銀を作ることを包立といった。丁銀は剝き出しでは使わないのが原則だった。取引のたびに、いちいち天秤で計る不便を避ける理由もあった（『近世銀座の研究』前掲）。小判を包んだ金包もあった。

銀座は銀貨の製造だけが任務ではなく、鋳造に必要な一連の工程管理とともに、幕府とのやりとりや、包銀の包封《ほうふう》といった銀貨の流通に関する業務も広く行っていた。銀貨の製造や極印打ち、上納銀の包立てを担当した大黒常是役所と、鋳造の管理をした狭義の銀座役所からなっていた。

公式の包封は、金貨は金座、銀貨は銀座が担当していた。民間で用いるものは有力な両替でも包封した。つまり、包んで封をした者の信用力が貨幣の信用力を担保していたわけで、一種の信用貨幣となっていた。取引では開封しないでそのまま通用し、裸の金銀よりも信用力があった。取引が活発になるほど金銀包が決済に便利だったという理由だけでなく、包封が通貨当局はもとより民間の両替たちが支える通貨制度全体に対する市場の信任を象徴していたともいえる。

銀包には、常是包、銀座包、仲間包があったが、幕府への上納すなわち公金として使えるのは常是包だけで、五百目包を二十個まとめて十貫目箱に封入させた。これは幕府の支払いを通じて民間にも出回った。朝鮮通信使や琉球使節への被下銀も、通用銀貨と同じように包銀として準備されたのであった。

被下銀に話を戻すと、宝暦十四年（一七六四）三月の朝鮮通信使に対する扱いは、明和元年（六月二日に宝暦から明和に改元）十一月に参府した十二回目の琉球使節でも同様であった。同年五月、被下銀の鋳造を銀座に命ずるとともに、諸大名で銀を贈る者については銀座と相談するようにとの指令が出ている（『御触書天明集成』［三二四〇］）。一方、勘定奉行宛に「琉球使節への被下銀は、今年の春に朝鮮通信使に与えた銀の品位に吹き直す（改鋳する）」、「（大名諸侯から）贈る銀についても、それと同じ品位のはずなので、贈物がある者たちから申し出があり次第、相談に応じるよう銀座に申し渡すこと」という指示も出された（『御触書天明集成』［三二四一］）。

それと同時に、宝暦十四年の参府にあたっても〝改鋳浮説予防令〟が発令されている（「天草運上請負者入札幷改鋳浮説取締」『東京市史稿　産業篇第二十一』）。文面は前回、前々回とほとんど同じだが、改鋳浮説に対して幕府は相当神経を使っている様子がわかる。その後、寛政二年（一七九〇）十二月の琉球使節（十三回）の際には、六月に被下銀の品位を定めた上で製造を銀座に命じている（『御触書天保集成　下』〔六六〇六〕）。そこには、前回の明和元年の時に与えた銀と同様の「銀之位」とし、諸大名からの贈銀も同様で銀座が製造する、といったことが書かれている。寛政八年（一七九六）十二月の琉球使節（十四回）でも、同年五月に被下銀の製造を銀座に命ずるとともに（『御触書天保集成　下』〔五九四〇〕）、老中安藤対馬守信成《のぶなり》から町奉行あてに〝改鋳浮説予防令〟を発している（「琉球人参府金銀吹替風説取締」『東京市史稿　産業篇第四十』）。

このように、被下銀の鋳造の手続きにせよ、〝改鋳浮説予防令〟にせよ、ほとんど前回の来朝・参府の例をそのまま使っているのが特徴である。最後になった文化八年（一八一一）の朝鮮通信使への被下銀準備のために文化三年（一八〇六）に出された触書（『御触書天保集成　下』〔六六〇〇〕）や天保三年（一八三二）の琉球使節の際の触書（『御触書天保集成　下』〔六六三三〕）でも、被下銀や贈銀の鋳造は前回と同様の扱いとされている。

朝鮮通信使や琉球使節に対する待遇が頻繁に変わるのは好ましくないといった判断もあっただろうが、浮説が出ようが出まいが〝改鋳浮説予防令〟は念のために発令しておくという〝マニュアル化〟や定型化が幕府の官僚機構の中で進んだ観がある。

なぜ幕府はたびたび予防令を出したのか

ところで、これ以前の朝鮮通信使の来朝を遡り、その時点における通用銀をみると、九回目は享保四年（一七一九）十月で正徳・享保銀、八回目は正徳元年（一七一一）十一月で元禄銀、宝永二ツ宝銀、宝永永字銀、宝永三ツ宝銀、宝永四ツ宝銀、七回目は天和二年（一六八二）九月で慶長銀となる。

琉球使節では、九回目が享保三年（一七一八）十一月で正徳・享保銀、八回目は正徳四年（一七一四）十二月で正徳・享保銀、七回目は宝永七年（一七一〇）十一月で元禄銀、宝永二ツ宝銀、宝永永字銀、宝永三ツ宝銀、六回目は天和二年（一六八二）四月で慶長銀となる。

つまり、それぞれ九回目である享保四年の朝鮮通信使と享保三年の琉球使節には、当時の通用銀である正徳・享保銀と同じ品位の被下銀が与えられたとしても、それは慶長銀と同じく銀の純度は八〇パーセントのものであったはずである。

ところが十回目にあたる延享五年（一七四八）の来朝と、寛延元年（一七四八）の参府の際の通用銀は元文銀（純度四六パーセント）であり、前回に比べると品位は六割に満たないものとなっている。そのため、この時の被下銀は通用銀ではなく、改めて銀座に鋳造を命じた特製の丁銀になったわけである。

前にも述べたように、寛延元年の琉球使節についての『通航一覧　巻之十四』で記された注釈では、宝暦二年（一七五二）六月の町奉行あての文書（『御触書宝暦集成』［一四九〇］）と同様、寛延元年にも勘定奉行が銀座に被下銀鋳造を命じたとしている。このような措置を講じたのは、与える丁銀の品質が下がることは、儀礼における先例・格式からはずれることになったからといえる。当然、相手側からも不満が出るであろうことは予想がついたはずである。

それだけではなく、通用銀よりも高品位の被下銀の鋳造を銀座に命じれば、元文銀そのものも改鋳の対象になるのではないかという新たな改鋳浮説が出回ることも十二分に想定できたのであった。元文元年（一七三六）の改鋳以来、度重なる改鋳浮説によって幕府の経済政策はもとより、世の中の経済機能が大きな影響を蒙っていた経験を踏まえた措置だったともいえる。それゆえ、幕府は浮説の芽を予め摘み取るため、いわば「危機管理」の一環として朝鮮通信使や琉球使節の来朝・参府とセットにする形で〝改鋳浮説予防令〟を発するに至ったといえよう。

なお、朝鮮通信使への被下銀とは別に、宝永七年（一七一〇）に朝鮮人参代銀支払用として往古銀が鋳造されている。これは対馬の宗氏を窓口にした朝鮮貿易の中で、最も重要な輸入品であった朝鮮人参の支払いのために特に鋳造された銀である。純度八〇パーセントの慶長銀が輸入代銀だったのだが、元禄から宝永の金銀改鋳により、元禄八年（一六九五）に鋳造の始まった元禄銀（純度六四パーセント）、宝永三年（一七〇六）の二ツ宝銀（純度五〇パーセント）、宝永七年（一七〇九）の三ツ宝銀（純度三二パーセント）と次々に品位の低い銀貨への改鋳が行われ、それが貿易決済にも用いられるようになっていた。しかし、これでは貿易の成立は困難であることから、古銀すなわち慶長銀と同じ品位の人参代往古銀が造られた。

これは、宝永七年から約五年間にわたって鋳造されたが、正徳四年（一七一四）の金銀改鋳によって通用銀として正徳銀（純度八〇パーセント）が造られたため鋳造停止となった。その後、元文元年の改鋳で通用銀の品位が引き下げられたことから再び鋳造されたが、八代将軍吉宗の殖産興業政策により朝鮮人参など主要輸入物資の国内自給体制が確立したこともあって、朝鮮貿易が衰退、人参代往古銀はその役割を終えた（『近世銀座の研究』前掲）。

ただし、正徳銀の鋳造の始まる直前である正徳元年（一七一一）の朝鮮通信使への被下銀の扱いについては議論の余地がある。正徳元年にはさらに品位の低い宝永四ツ宝銀（純度二〇パーセント）の鋳造が始まっており、人参代往古銀と同様の扱いが取られたと見ることもできる。しかし、『通航一覧』には、正徳元年七月に出された触書では「朝鮮人え音物之銀、京大坂駿府音物在之方々え、当時通用之銀遣候筈之段、不残可被相達之候」（『通航一覧　巻三十七』）、つまり、「朝鮮人へ贈る銀については、京・大坂、駿府で贈呈物のある方々に対しては、現在通用の銀を遣わすはずであるので、残らず周知されるように」とある。つまり、古銀及びそれと同位の人参代往古銀ではなく、通用銀である旨を知らせているのである。

将軍からの被下銀には、人参代往古銀や古銀（慶長銀）と同位の銀貨を新たに鋳造して充てるが、その他の諸大名からの贈銀は通用銀（元禄銀や宝永三ツ宝銀など）で充てるために特に指令を出したとみることもできる。しかし、被下銀についても通用銀だったと解することも可能である。

延享五年の来朝を前に、延享三年（一七四六）九月に発せられた準備令（『御触書宝暦集成』［一六〇九］）でも「享保之度之通」と心得るようにと達している。被下銀だけに限らず、使節団に対する待遇も同様で、享保三年の時の例によるものとされているのであった。

いずれにせよ、延享五年の朝鮮通信使と寛延元年の琉球使節の参府以後は、来朝・参府のたびに享保銀と同品位の被下銀を銀座に鋳造させている。そして、それと連動させる形で〝改鋳浮説予防令〟が少なくとも寛政八年（一七九六）の朝鮮通信使までは発令されていた。

諸問屋再興における浮説の防止

浮説の発生を予防するノウハウは、その後、幕府の内部に引き継がれていった。時代は下るが、天保十二年暮れ（一八四二年）、物価騰貴は問屋株仲間の流通独占のためだとして、幕府は商工業者がつくるすべての株仲間や諸組合を解散させた。参入自由化による物価引下げを狙った老中水野忠邦の天保改革の一環であった。

ところがその結果、株を担保にした金融が停止し、問屋を通じた零細業者への運転資金の供給も止まったので、江戸・大坂をはじめとする全国の経済は大混乱に陥った。しかも、両替などの業種は、資本力や信用が必要なので新規参入は難しく、自由競争による物価引下げは実現しなかった。簡単に参入できる業種では過当競争や取引秩序の破壊で、かえって流通は混乱した。

忠邦失脚の二年後の弘化二年（一八四五）、元北町奉行で南町奉行に復帰した遠山左衛門尉景《かげ》元《もと》（「遠山の金さん」）が諸問屋の復活を建議したが、その時は時期尚早とされた。しかし翌弘化三年、関東一帯の洪水に江戸の大火が重なり、幕府は物価高騰や江戸の貧民層の生活難とそれに誘発される打壊などの予防＝危機管理に迫られた。そうした中で、元南町奉行で寄合詰めの筒井紀伊守政憲《まさのり》が、老中阿部伊勢守正弘に遠山と同様の提案をした（なお、寄合とは原則として三千石以上の無役の旗本の役職。三千石以下の無役の幕臣は小普請）。それがきっかけで、嘉永四年（一八五一）三月、幕府は問屋株仲間を復活させた。これが諸問屋《しょとんや》再興《さいこう》と呼ばれる政策である。

筒井の提案では、「御救米《おすくいまい》や銭を給付しても受給者が商売を始めるわけではなく、その場限りに終わるので、諸問屋や仲買等を復活させるべきだ」としている。なぜなら「零細業者も、復活した問屋から借りた商品を販売して、その売上で債務を返済しながら儲け分を生活資金に充てられる」からだと述べている。その上で「商品の信用取引が復活されれば流通促進につながる」、「株式を復活させて金融の円滑化を図れ」、「幕府と業界団体との関係を復活させて物価対策などで町奉行所が指示・監督を行いやすくせよ」と提案した。遠山の意見書でも「問屋株仲間を復活させれば民間活力が強化され、零細業者の営業も改善されるので民心も治まる」と述べている。

資金を持たない低所得層が商売を行う条件を整えて、自助努力で生活を成り立たせるのが得策だというわけである。株式を復活させて流通・金融を再生すれば経済全体が上向くとも言っている。諸問屋再興によって当時の経済はやっと人心地ついたのであった。

「バラマキ」よりも社会全体の「成長政策」を高める方が効果的で、コスト面でも有利だという当時の政策立案者の感覚は、現在でも十分に通用する。遠山や筒井、彼らの意見を容れた阿部のようにマーケットに敏感な幕府官僚もいたのであった。

諸問屋再興の準備作業の実質的な司令塔は遠山だった。勘定奉行などの関係機関との調整や折衝を繰り返した。多数の問屋の沿革、関係法令やその解釈などを調査し、再興の手続きや法令解釈を問い合わせてくる大坂や京都などの直轄都市の各奉行にも、北町奉行と調整して回答している。もちろん下準備や原案作成は南北町奉行所の与力・同心らのスタッフが行った。

この準備作業で、遠山が腐心したのは情報管理の徹底であった。嘉永二年（一八四九）五月に遠山から勘定奉行に宛てた書類には「これまで再興があるとの風説が絶えない状況下で、万一、準備作業の様子が外部に漏れてしまうと世間の関心が沸騰する」、「この政策は、経済的な影響や、商家の興廃に係わるので想定外の浮説などが生じて大混乱に陥るおそれもある」、「そのため、奉行所の記録類の調査は公式には指示しておらず、私の手元で全体計画の概要を作成して、老中の内慮を伺う」としている。

マーケットの中から浮説が発生して、それが進化（バージョンアップ）しながら世間に大混乱をもたらすから、情報管理に万全を期して計画のアウトラインは少人数で秘密裏に作成する、という遠山の姿勢は、市場メカニズムとともに風評の発生パターンや被害の拡大に対する高い認識を物語っている。

安永二年の改鋳浮説取締令——貨幣制度の変革に伴って

次に取り上げる安永二年（一七七三）十月の改鋳浮説の取締令（「金銀吹替浮説取締」『東京市史稿　産業篇第二十四』）は、「金銀吹替可有之段浮説申ふらす間敷儀ニ付御触」という町触である。内容は「金銀吹替可有之哉之由浮説申ふらし、諸色之直段狂ハせ候旨相聞不届至極候。金銀吹替之儀は曾て無之事ニ候条、左様可相心得候。惣て浮説申ふらし候儀致間敷旨、前々も相触候事に候処、浮説申ふらし候ものも於有之ハ、其者召捕吟味之上急度可申付候。此旨町中可触知候」というものである。

つまり、「金銀改鋳がありそうだ」という浮説が諸物価に影響を及ぼしているのは不届き至極だとした上で、「金銀改鋳は決して行わない」と浮説を否定している。そして、浮説を言い触らすことは以前から禁じており、違反者は捕えて吟味の上、処罰することを江戸町中に周知している。

この規定の仕方も前述の朝鮮通信使や琉球使節に伴う〝改鋳浮説取締令〟と同様、定型化が進んでいる。

この取締令が発せられた前年の明和九年（一七七二）九月（十一月十六日に明和から安永に改元）、金貨と銀貨が対等の本位貨幣として通用していた江戸時代の通貨制度を大きく転換したとされる南鐐二朱判の鋳造が開始された。南鐐二朱判の導入については、後ほど詳しく述べるが、実質的には銀貨を金貨の補助貨幣にしていくものであった。取締令の内容は前例を踏襲しているが、少なくとも発生の時期からすれば、浮説発生の呼び水となったのは南鐐二朱判の新造であったと見ることが可能であろう。ここでは、その点について話を進めていくことにする。

明和五匁銀と南鐐二朱判

南鐐二朱判は、明和二年（一七六五）に貨幣流通の円滑化のために幕府が発行した明和五匁銀に替わって発行された銀貨のことである。なお、これを明和南鐐二朱判と呼ぶこともあった。明和五匁銀や南鐐二朱判の鋳造は、俵物《たわらもの》（煎海鼠《いりなまこ》、干鮑《ほしあわび》、鱶鰭《ふかひれ》）といった清国向けの輸出用海産物や銅の組織的な大増産とともに、田沼時代の積極的な経済政策の一環である。

俵物の増産の目的の一つは、海外から銀貨を国内に流入させることで、輸入された清国銀貨は明和五匁銀などの原料になっている。宝暦十三年（一七六三）から天明二年（一七八二）までの長崎貿易で輸入した清・オランダの金銀貨は、『大日本貨幣史　第三巻』（大蔵省）によれば、当時の通用銀である元文銀換算で二万七千百九十五貫に相当する。さらに、江戸の町年寄を使った幕府資金の利殖など、それまでにはなかった積極策が次々に実施された。

明和五匁銀とは、江戸時代最初の定額の計数銀貨幣で、量目《りょうめ》は五匁（一八・七五グラム）、品位は元文元年（一七三六）に鋳造された元文銀と同じで銀純度四六パーセントであった。明和五匁銀の導入には、変動相場制を固定相場制に変更して金と銀の「通貨統合」を図るとともに、金銀の変動相場から最も利益を受けていた両替などの商業資本への資金の流れを把握する狙いがあったとみられる。しかし、従来の金・銀・銭の変動相場制のなかで大いに儲けていた両替などが死活問題だとして猛烈に反発した。その結果、幕府の再三にわたる通用促進令や交換比率の公定はほとんど実効がなく、従来の秤量貨幣である丁銀・豆板銀と同じように相場が建てられるような状態で、安永元年（一七七二）までに約千八百貫の鋳造で終わっている。

明和九年（一七七二）九月になると、幕府は明和五匁銀に代えて銀純度九八パーセントの南鐐二朱判（明和南鐐）を発行し、南鐐二朱判八枚が小判一枚に相当すると定めた（『御触書天明集成』［一八五八］）。裏面には「以南鐐八片換小判一両」と打刻し、小判と同じ扱いで元文銀や銭と変動相場で両替せよと命じている。なお、この時の触書では「南鐐二朱銀」と記されているが、その後の触書では「二朱判」と金貨の表示で書かれている場合もある。つまり南鐐二朱判は、銀製の通貨でありながら金で作られた二朱金と同等の価値があると定められたのであった。そして、秤量貨幣の単位である匁が使われた明和五匁銀よりも定額性が高められた。

このように、それまでの銀貨はすべて秤量貨幣だったが、銀で金貨の計数表示をした貨幣を作ったのが新たな試みであった。これは銀製の「金貨」を作ることによって、秤量貨幣の銀貨を計数貨幣の金貨の体系に再編するもので、一種の通貨統合のような側面を持っていたといえる。

それゆえ、幕府はこの新通貨の通用促進に力を入れた。鋳造を始めた直後の十月になると、五万両分の南鐐二朱判を両替などの「身元慥《たしかなる》成町人」ないしは「身元宜鋪者《よろしきもの》」、すなわち身元だけではなく相応の資産を有する町人に対して、無利息三年賦・家質《かじち》なし・他の金銀などの通貨でも返済可という優遇した条件で貸し付けている（『御触書天明集成』［二八六一］）。ただしこの貸付は、そうした有力町人に割り当てる形で貸し付けたもので、強制的なものといってよい。それは、市場では南鐐二朱判の通用がはかばかしくなかったことと、それでも幕府が新通貨の通用促進を重視していたことを示している。

こうした優遇措置にもかかわらず、南鐐二朱判の通用は幕府の思惑通りには運ばなかった。翌安永二年（一七七三）五月になると次の対策として、幕府は南鐐二朱判を年貢などの上納金に使うことや両替に際して引替賃を付けることを容認した（『御触書天明集成』［二八六二］）。

この時代になると、全国的な貨幣経済の浸透もあって、年貢を米の現物ではなくて貨幣で納めることも普及していた。これを金納といった。金納の年貢や、冥加金などの幕府への上納金に南鐐二朱判が使えるようになれば、全国規模での普及促進が期待できたからであった。

しかも、両替に対しては南鐐二朱判一両に対して「売上四分買上八分」、すなわち両替で南鐐二朱判を与える場合は四パーセント、引き取る場合は八パーセントの切賃《きりちん》（両替手数料）を取ることを認めている。ただし、それ以上の手数料を取ること、つまり事実上の変動相場で取引することは禁じている。しかし、両替たちはこれにも抵抗した。変動相場が固定相場になれば、為替差益の収入がなくなってしまうからであった。

改鋳浮説取締令が出されたのはこの年の十月であったが、その直後の十二月十三日にも幕府は公定の切賃以上の手数料を取ることを禁止している。さらに、年が明けた安永三年二月にも「南鐐二朱判の両替の際に、まだ歩合を取っている者もあることから、小判と同様の切賃にせよ」と命じ、市中に周知徹底することを再令している（「弐朱判切賃歩増禁止再触」『東京市史稿　産業篇第二十四』）。つまり、規定以上の手数料を徴収することが横行していたのである。

その後も、幕府は通用促進を図った。安永二年（一七七三）十二月になると、南鐐二朱判の相場取引を重ねて禁止するとともに、それまで認めていた切賃を廃止した（『御触書天明集成』［二八六三］）。「以南鐐八片換小判一両」という額面による通用を、さらに強力に進めようとしたからであった。

この触書によれば、「両替屋どもの申立の通り、南鐐二朱判一両の引替賃を定めていたが、まだ過分の手数料を取ったり、銭との両替でも小判と同様の扱いにしないなど通用を滞らせている」とした上で、「これは処罰の対象にもなるが、新規のことで人々が不慣れだという事情もあるので罰しはしないが、小判と同様のものだから今後、引替賃は廃止する」というものであった。

さらに翌年には、南鐐二朱判の通用が未だ滞っていることへの対応として、物理的に鋳造高を増加させて世の中に行き渡らせる措置も講じている（『御触書天明集成』［二八六四］）。触書によれば、まず「南鐐二朱判は京都や大坂にもまだ行き渡っていないため為替などにも組むことが難しく、江戸の諸問屋から上方への問屋への支払い等にも差し支えている」と実情を述べている。その対策としては、「鋳造高を増やして毎月銀座から大坂御金蔵へ送り、京・大坂でも通用させるので、諸問屋の支払いのほか為替でも小判と同様に扱い、円滑に通用させよ」と命じている。

改鋳浮説の背景

このように幕府は再三、規定どおりの通用を命じたが、結局は南鐐二朱判一に対して金一・二五の相場が建てられた。そして田沼意次の失脚と松平定信の将軍補佐役就任とともに鋳造中止になり、それまでの通用分はその時々の相場で使用することになった。

しかし『田沼意次の時代』（前掲）によれば、定信が解任された後の寛政十二年（一八〇〇）になると、量目二・七五匁の明和南鐐から少し量目を減らした新・南鐐二朱判（二・七匁）の鋳造が再開され、文政七年（一八二四）まで続くことになった。これは南鐐二朱判が純銀に近い品位であるのと同時に、使い勝手の良い額面だったため人々に喜ばれたことや、経済活動が活発になるほど流通に便利な小額の定額貨幣の需要が増えたためである。なお、『大日本貨幣史』によれば、南鐐二朱判の鋳造総額は五百九十三万三千両となっている。

その後、丁銀や豆板銀の改鋳も何度かあり、それぞれ通用していたが、南鐐二朱判と同様の銀製の計数貨幣の発行が続くうちに丁銀などの流通量は減っていった。そして幕末の段階では、銀貨は実質的には金貨の補助貨幣になっていた。それは事実上の金本位制度が出来上がったことを意味している。この意味で、南鐐二朱判の発行は江戸時代における金銀の通貨統合のきっかけになるものであった。なお、金本位制が英国で成立したのは一八六一年のことである。

確かに、長い目でみれば金銀の通貨統合の効果をもたらした南鐐二朱判の発行であったが、この〝金貨表示の銀製貨幣〟の発行に対しては、これまで見てきたように、両替＝金融市場から根強い抵抗が沸き起こった。それに対して幕府も手立てを様々に講じたとはいえ、相場取引そのものを否定することはできなかった。

第4章でも述べたように、既存の金融市場の秩序に影響を及ぼす金銀改鋳に対しては、それが結果として両替たちに機会利益を与えるものであったとしても、その市場の中で生きていた彼等から反対が出るのが常であった。金銀改鋳が金高を招くのか銀高に振れるのか、あるいは金銀ともに銭や米に対して安くなるのか高くなるのかといった情報が得られない中、利益・不利益の予測が困難だったからである。それは、金銀改鋳の発令後も同様であった。金銀改鋳の結果が経済にどのように影響するのか、その不確実性を誰もが払拭できず不安が広がっていたからである。

そうした市場の不安感と、「こうした金銀改鋳が行われれば嬉しいのに」という人々の願望が入り混じる形で、金融市場の関係者を中心にして改鋳浮説が自然発生的に生まれてきたといえる。逆に、「今のお上なら、南鐐二朱判の通用を促進するために小判の純度を落としかねない」といった不安心理が浮説の背景になることもあった。

改鋳浮説の発生には、南鐐二朱判の発行という〝金貨と銀貨の通貨統合〟が、金銀の為替差益で大きく儲けていた両替たちにとって死活問題であったことが作用していた。さらに、金融市場をはじめとする諸市場への影響が不透明で、それまでの金銀改鋳における不確実性をはるかに上回っていたことも、浮説を発生させる条件になった。しかも、市場の人気の薄い南鐐二朱判を通用させるために、強制的に貸し付けられる両替たちの不満と不安は高まるばかりであった。

このように、安永三年の取締令によって規制された改鋳浮説は、前年からの南鐐二朱判の発行によって生じた不確実性と不安、不満が下地になっていたのであった。

三井両替店の危機管理

そうした状況の中で、それぞれの両替は情報収集と対策＝危機管理に追われた。その様子を、三井両替店の江戸と上方とのやりとりである「三井家二朱判風聞書状送付」(『東京市史稿　産業篇第二十四』)から紹介する。これは、「幕府の貸付金が大坂の有力町人たちに貸し出されるのではないか」という噂に接した江戸の三井両替店が、その真偽を確かめるとともに、貸し出された場合の影響や、それに対する本両替仲間における対策を記したもので、南鐐二朱判五万両が江戸市中の有力町人に無利息で貸し出されてから約八か月後の安永二年(一七七三)六月の記録である。江戸で南鐐二朱判の貸付があったのならば、大坂でも同様の措置が取られるであろうという予測は、両替たちの共通した認識となっていた。

この三井家の文書では、「不人気の南鐐二朱判が大量に出回ればいずれは両替に集まって始末に困るから、いかに対応するべきか」ということが議論されている。ここでいう「貸し出し」は任意のものではなくて、強制的に割り当てられるものであったことはいうまでもない。なお、原文では南鐐二朱判を「二朱判」、「二朱銀」とまちまちに記述しているが、ここでは南鐐二朱判とした。

・大坂の懇意の者から内々で照会があり、大坂では「幕府から大坂の町人へ貸付金が貸し出されるらしいが、それが南鐐二朱判（原文では「二朱銀」）で出されるのではないかと取り沙汰しており、その真偽について内々に確かめて欲しい」というものであった。

・この貸付金については、先ごろ（安永二年〈一七七三〉）出た御触（『御触書天明集成』［二九八四］）によると「大坂切手米（後述）が滞った時に町人から米切手を買い上げるための現金を大坂の町奉行所に準備しておき、普段は町人に貸し付け、買上時に引き上げる」というものらしい。

・現金は鴻池や加嶋屋に預けておく予定だが、貸付金の金額並びに小判で渡されるのか南鐐二朱判なのかは未だ判らない。

・一方、京都で南鐐二朱判を吹き立てると聞いているが、未だに何らの指示もなく、江戸での通用がはかばかしくなければ、命じられないのではないかという話もある。

・南鐐二朱判の通用については、先ごろの御触の後、本両替仲間や銭両替でもたびたび会合を持ち、両替屋に南鐐二朱判が集中して望性金に差し障りが生じた際には、幕府で引き替えて頂くようにお願いしようと相談している（望性金とは、小倉栄一郎によれば「一定の金額として維持される資本金」ないし「正味財産を意味するとともに持分権」とされている。ここでは、両替に南鐐二朱判が集中する一方で小判〈元文金〉が流出することにより、本両替仲間に属する各両替の正味財産が毀損することが懸念されている)。
・本両替仲間もその予定で、南鐐二朱判がだんだん集まって捌けなくなると困るので、いずれにせよ小判との引替をお願いするつもりである。
・そうでなければ、南鐐二朱判が捌けなくなって両替屋ばかりが難儀になる。また、引替を依頼された場合には、少額は引き替えるにしても、三十・五十両になれば断る予定である。
・幕府が引替に応じてくれるなら、これまでとは違って南鐐二朱判も少しは通用するようになるだろうが、このままでは通用はしないだろう。
三井家の文書でまず議論の的になっていたのは、大名の蔵屋敷が発行した米切手が焦げ付いた際、それを幕府が買い支える現金が南鐐二朱判になるかどうかである。

当時、蔵屋敷では諸国からの廻米が到着する前から、現物(米)の裏付けのない先手形を売却して資金調達することが多かった。この先手形は有価証券化しており、蔵出《くらだし》の期限まで転売を重ねることも可能だった。

しかし、この取引方法は先手形の転売に伴う米価騰貴を招きやすく、米仲買が蔵屋敷に落札分の全部を請求すればたちまち米の払い出しが滞る危険もあった。また、正米(現米)準備のないままに財政難の大名家が空米切手や正米準備高を超過した米高を記した米切手を発行することが横行していた。宝暦十一年(一七六一)と翌十二年には相次いでそれを規制する触書が出されている。

三井家の文書にある安永二年(一七七三)二月の御触も、正米(現米)の裏付けのない米切手を大名家（蔵屋敷）が発行することによって発生する混乱への対策であった。この触書では安永二年二月以降、米切手の所持者が発行元の蔵屋敷に対して正米（現米）の蔵出を要求しても蔵屋敷が応じられない場合には、町奉行所へ訴え出れば幕府が当該の大名家に代わって代金を米切手の所持者に支払い、切手に表記された米は幕府が蔵屋敷から取り立てるというものであった。また、蔵屋敷の役人のほか本国の役人も大坂町奉行所まで召喚して厳しく処分する旨も記されていた。なお、『江戸と大阪』（幸田成友）によれば、幕府の資金で米切手の焦げ付きを防止するというこの措置は天明二年（一七八二）まで続いている。

さらにこの文書には、三井両替店を含む両替たちが、「大坂でも南鐐二朱判が半ば強制的に町人に貸し付けられそうだ」といって戦々恐々としている様子が描かれている。

すでに江戸では通用促進のために無利息で貸し付けられていたから、大坂での貸付という話にはリアリティが伴ったといえる。幕府が通用促進に力を入れること自体、南鐐二朱判の導入当初における不人気ぶりを物語っている。南鐐二朱判は小判よりも低く見られていたために市場であまり人気がなく、それを無理やり通用させられたのでは両替はたまらないということが、彼等の反応の背景にあったわけである。

貸出金は米切手の買上資金の運用ということで一応の説明はついたとはいえ、貸付金額やそれが小判なのか南鐐二朱判で貸されるのかという肝心な点については確かめようがなかった。しかも京都で鋳造予定の南鐐二朱判についても、江戸での通用状況が芳しくなければ鋳造されなくなるのではないかといった憶測も交えられている。

両替たちの最大の関心は、小判が退蔵されて南鐐二朱判ばかりが当時の金融機関である自分たちに集中することへの心配であった。それゆえ、両替に集まった南鐐二朱判を幕府が小判への引替に応じるように願い出ることを準備するとともに、そうした措置がなければ、南鐐二朱判の通用は進まないと話し合っているのであった。

これは三井両替店の内部でのやり取りであるが、そこには「大坂における南鐐二朱判貸出」という未確認情報が、さまざまな憶測を生み出しながら関係者の間に広まっていく様子が表れている。しかも、そうした憶測を含む未確認情報が、関係者の危機管理の一環としての情報収集を通じて、「仮定の上に対策が講じられる」といった状況につながっていくのであった。

本両替仲間という公的性格を帯びた同業者団体が、南鐐二朱判と小判との引替を幕府に願い出るべく意思決定を下すという一連の動きに結びついていったのは、そのことを物語っているといえるだろう。そうしてみると、この三井両替店内部のやり取りには、浮説の発生とその進化というプロセス、浮説に対する関係者の危機管理という側面の一端が表れているわけである。

第6章

米相場と浮説——米価・貸借・棄捐令をめぐる風評被害

米価相場と浮説――札差は幕臣の金融機関

第4章、第5章では、貨幣改鋳に伴って生じた浮説やそれによる被害について述べた。しかし、貨幣改鋳のほかにも、米価や米の作柄、お金の貸借や相対済し令などをめぐって、多種多様な浮説が折に触れて発生し、経済はもとより人々の生活全体にも影響を与えていたのである。

たとえば安永三年（一七七四）二月には、「この年の春の御借米はすべて現金渡しになるので御扶持方の米を手当てするため御米拝借が命じられるか、米の売り払いがある」といった浮説が流れた。そうした浮説は米相場を乱すことから、幕府は「現在は米が潤沢ではないのでそのような御沙汰はない」と否定した上で、町年寄の喜多村経由で札差・米問屋・仲買に対して、心得違いのないようにと厳重に申し渡している（「米浮説ニ付札差等へ申渡」『東京市史稿　産業篇第二十四』）。

ここで登場する札差は、主として零細な幕臣に対する金融機能を果たしていた業者のことで、享保九年（一七二四）に百九株が公認され、浅草の幕府米蔵付近に大きな店を構えて営業し、江戸の代表的な豪商のグループになっていた。

旗本・御家人は将軍直属の家臣団で、彼らの多くは幕府から蔵米（現米のこと、江戸時代には稟《りん》米《まい》と書いた）を給料として支給されており、小身の幕臣ほど蔵米に依存していた。この旗本・御家人から蔵米の受取と売却を請負うのが札差の始まりであった。旗本・御家人たちは蔵米を札差の仲介で現金化して、日々の暮らし＝消費活動に充てていた。札差にこうした依頼をする旗本や御家人は札旦那《ふだだんな》と呼ばれていた。

　しかし、日々の〝運転資金〟にも事欠いた札旦那たちは、唯一の収入である蔵米を担保にして札差から高利金融を受けるのが常であった。札差には幕藩体制に寄生する性格もあったが、米本位経済が貨幣経済に取り込まれる中で、独占的に武家の経済を支え続ける役割も持っていた。札差以外から融資を得られない旗本・御家人にとっては、給料を高利借金のカタに取られながら自転車操業を続けても、現金が借りられるだけ、札差は有り難い存在でもあったのだ。

　ところで、浅草米蔵に入った米は徳川家で使うもの、幕府の運営費に充てるもの、幕臣に給付するものの三つに分けられた。このうち幕臣に給付する部分は、知行取《ちぎょうとり》以外の幕臣の給与（切米、扶持米）と全幕臣の職務給（禄米）からなっていた。

　幕臣を収入の形で分類すると知行取と蔵米取《くらまいとり》に分けられた。知行取とは領主のことで大身の旗本に相当し、将軍から委任された領地に対する支配権に基づいて領地から年貢を取り立てた。収入は石高単位でいわば年俸の形で表示されていた。蔵米取には切米取《きりまいとり》と扶持取《ふちどり》がいて、切米取は旗本のなかでも下級旗本、扶持取は御家人にあたる。

　このほかに浅草米蔵から幕臣に支給される現米には職務給にあたる禄米があったが、これは知行取、切米取のいずれにも支給され、実際には現金で貰うことも多かった。

　幕府米蔵から支給される切米取は、俵数で「俸給」高を示し玄米で支給された。切米の支給は年三回だったため三季御切米ともいい、春四分の一（三か月分）、夏四分の一（三か月分）、冬二分の一（六か月分）を年給の形で支給された。春（二月）と夏（五月）に支給される分を借米・お借り米、夏（十月）に支給される分は切米・お切り米・十月お扶持と呼ばれた。なお、夏から始まる米穀年度以前に前渡しされるものが借米、米穀年度内に支給されるものが切米と、呼び方が区別されていた。

扶持取は、日給を月単位で支給されるようなもので、一人扶持《いちにんふち》とは一日あたり玄米五合の給与となり、一か月一斗五升の計算になった。

先ほど紹介した安永三年の札差等への申し渡しにある「春御借米」は、三季御切米のうちの春に支給される分にあたる。これがすべて「金渡」＝現金支給になるとなれば、幕府は資金調達の必要に迫られる。そのため、幕府が保有する蔵米を札差に強制的に借りさせる「御米拝借被仰付」となるのではないか（現金は札差から幕臣に貸す形となる）、あるいは「御払米等有之」といういうことで、蔵米を札差たちに半ば強制的に払い下げて資金を確保するかも知れない、という浮説に発展したのであった。この町触には「米相庭之障ニも相成」と、それが米相場の障害になると浮説記されているが、米価ばかりではなくて札差金融の利率などにも広く影響し、その結果が幕臣たちの生活を直撃したからである。

札差の収入の中でも大きかったものは札旦那から取り立てる利息で、利率は当時の市中金利よりも幕臣たちには有利だったので、札差への依存が強まった。毎年支給される蔵米のほとんどを借金返済に充てる幕臣も珍しくなかった。

札差の収入には、札差料や貸付利子から、現代の不当利得に相当するものまであった。札差料は蔵米の受取手数料（百俵につき金一分）と売却手数料（百俵につき金二分、これを玉落《たまお》ちといった）であったが、輸送費などを差し引くと札差の手元にはあまり残らなかった。

幕府は札差金融の最高利息をたびたび公定した。享保九年（一七二四）に札差の株仲間が公認されたときの札差の利率は年一五パーセントで、寛政元年（一七八九）に年一二パーセントに下げられた。一方、一般の金銭貸借の利子率は、寛保元年（一七四一）に年一五パーセントだったのが天保十三年（一八四二）に年一二パーセントとなり、それに伴って、札差の利子率も年一〇パーセントに引き下げられている。

しかし、この公定金利に拘束されるのは札差だけで、架空の出資者を仕立て上げて、そこから札差が金を借りることにして、その金を札旦那に融資する形が取られた。幕府の利息制限を逃れる便法で、それに加えて札差は自分が行った融資の斡旋に対する礼金や奥印料なども取った。札旦那が返済に行き詰まると、証文を書き換えるという名目で、同じ月の利息を二重に取ったが、これを「月踊り」といった。

一方、蔵米を引き受ける時には米を買い叩いて米価安を誘導し、市中に売り払う時期になると供給量を絞って価格を吊り上げて大儲けをしていた。ここから江戸市中に供給される米は年間四十〜五十万石にのぼった。

天明飢饉と浮説

米価に関する浮説・風評は江戸時代のさまざまな場面で発生したが、なかでも凶作とそれに伴う飢饉の際にも当然のことのように現れている。たとえば、江戸時代の飢饉として代表的な「天明飢饉」の際にも多くの浮説が飛び交った。

天明三年（一七八三）七月の浅間山の大噴火は、噴出した大量の火山灰によって利根川流域の河床の上昇や農地への降灰をもたらした。しかも、成層圏まで吹き上げられた火山灰による日照不足は日本全体の耕作に打撃を与えた。そのため、翌天明四年は諸国が大飢饉に陥った。

その前触れであるかのように噴火の前年である天明二年の春以降、異常気象により諸国で洪水が多発している。東北地方は冷害に襲われて、天明二年七月には羽後の能代で米屋の打壊しが起こり、翌年二月になると米価高騰や富商の米買い占めに対して大坂・京都でも打壊しが発生した。そして七月には青森・弘前・盛岡にも打壊しの波が拡がり、幕府は八月になって江戸などへの廻米強化を代官に命じている。しかし、状況は一向に改善せず、九月になると噴火の直接的な被害を受けた上野《こうずけ》国の安中や高崎などでも凶作飢饉のために打壊しが起こっている。

天明四年（一七八四）、状況はさらに悪化して諸国が大飢饉に陥った。幕府は四月になると米穀の売り惜しみや、それに対する徒党・打壊しの禁止などの対策に追われるようになった。

天明三年の後半から翌年にかけては、米価の高騰による打壊しが国内各地で頻発しただけでなく、全国の作況状況から大飢饉が避けられないことが確定的になったのである。そのため、幕府や諸大名に限らず、米屋をはじめとする米穀市場関係者、生産者である農民、都市に居住する消費者など、幅広い層にわたって米をめぐるさまざまな浮説や噂が盛んに流れるようになった。

天明四年閏正月、老中から年貢を所管する勘定奉行に対して浮説による社会不安の払拭や米穀類を市場に供給させるための指示を発している（『御触書天明集成』［二九〇一］）。

そこでは冒頭から「現在、米穀の値段が高騰しているので、米穀を所持する者たちは貯め置かずに販売せよ」と命じている。米穀類が品薄であれば、値上がりを期待した売り惜しみが横行することは世の常であったからである。そして、「昨年は米穀の売買をめぐって村々で騒動が発生したため、さまざまな風説等を恐れて、穀物を所持する者が販売せずに貯め置くようになってしまった。そのため米価も高くなり、一統の難儀となっている」と記している。

ここでいう風説とは、「あの者は米を持っている」という噂のことである。なまじ米類を販売すれば、世間から「もっと豊富に米を隠し持っていて、売ったのはそのごく一部ではないか」といった風説を立てられて、打壊しのターゲットになることを恐れたのであろう。そうした恐怖感から在庫があっても売るに売れないため、品薄の米がさらに品薄になっていったのであった。

さらに触書では「米麦とともに諸雑穀についても、村役人たちが零細な百姓が所持する分まで調べ上げた上、次の夏に収穫するまでにそれぞれの家族が食いつなげる分を除いて、持主たちに最寄の市場や町場で売り捌かせるように村毎に申し合わせよ」と命じ、「零細な百姓たちも心得違いをしないようにせよ」としている。そして、「もし風聞等を恐れて米穀を隠匿したり、米穀を売り捌く者に仇をなす者があれば、処罰する」と念を入れている。その上で、この趣旨を、関東筋・陸奥、出羽、信濃国を対象に天領は代官、私領は領主から村々へ洩れなく申し渡せと、浅間山の大噴火の直接的な影響を受けた地域や東北地方に領地を持つ大名諸侯に周知させている。

これを見ると、浮説・風説そのものを取り締まるというのではなくて、米を持っているのではないかという風説を立てられることを恐れて米穀類を販売しない者や、幕府の方針に従って米穀類を流通させた者に対して「あいつは実は米を持っている」ということで「仇をなす」＝打ち壊すことを厳しく戒めている点が特徴的である。この「仇をなす」には、高値になるまで販売を手控えてより大きな利徳を得ようとする者たちが、先に米類を販売した者に危害を加えることも含まれる。

つまり、「米価が高騰する」という浮説そのものよりも、その浮説を信じて米穀類の販売を行わないという具体的な経済行為を禁令の対象にしていたわけである。ただし、触書にあるように「米を持っているという浮説を立てられるのを嫌っている」ことについては一定の留保が必要である。実際は米穀の買い占めや売り惜しみをしていても、「そんな噂を流されそうなので、米を売りたくても売れません」という口実にしていたかもしれないからである。

江戸での動き

これは飢饉時の米価動向をめぐって生産者の側で生じた浮説の一端であるが、食糧の大量消費地であった江戸では、浮説の現れ方や経済への影響はそれとは異なっている。

天明七年（一七八七）五月二十日から二十三日にかけて江戸で発生した天明打壊しは、江戸を無政府状態に陥らせた。前年七月に起きた関東の大洪水の後、米価や諸物価が急騰したことにより、江戸の窮民たちが市中の米屋や富商を襲ったのであった。

次に紹介するのは、打壊しの直後の六月に出された御触（『御触書天明集成』［二九〇八］）である。一部を紹介すると、「世上此節米穀払底にて諸人及困窮候ニ付、　公儀ニても色々御世話も有之候得共、此節町方騒々鋪候ニ付て、町人共恐候哉、米穀隠置候ものも有之趣風聞も有之、人ニ寄、次第ニ米穀差支可申と見込、飯米之手当之外、余分ニ貯置候ものも有之由ニ候、此節右体之儀有之候ては、弥世上一統難儀之事ニ候間、武家寺社町方共一統救合候心得ニて、其家々之飯米仮成ニ間合候ハヽ、余分米早々米屋共え売払候様致へく候」（傍点筆者）というものである。

「世上では最近、米穀が払底して人々が困窮に及んでおり、公儀においてもさまざまな対策を講じているが、最近、町方が騒々しくなっている」と、打壊しを念頭に置いた現状認識を示している。そして「米穀を隠匿している者がいるとの風聞もある」、「次第に米穀の供給が滞るだろうと見込んで、食べる分を除いて余分に貯め置く者もあるとのことだ」と、米価高騰を見込んだ隠匿が横行しているとの風聞があるとしている。この場合、幕府が「風聞がある」というのは単にそうした事実が当局の耳に入ったということではなくて、相当程度の確度をもってそうした実態があったことを物語っている。

その上で、「そのようなことをしては世上一統の難儀になるので、武家・寺社・町方ともに皆が〝救合候心得〟すなわち助け合いの心得をもって、余分の米は早々に米屋たちに売り払え」と命じている。米不足によって打壊しの危機が迫っている中で、身分を問わずに米を保有している者に対して、市場に供給させるようにしたのであった。

しかも、この触書の補足では「武家では主人の不在時に家来たちの心得違いによって、町方から米穀を預かる者もあるとの風聞もあるので、それらの米穀はなおさら早急に町方に差し戻せ」としている。米を囲い込んでいるとの風説を立てられて打壊しの対象になることを実際に恐れた、あるいはそれを口実にした米屋や富商たちが、出入先の大名諸侯の屋敷に依頼して、米を武家屋敷に避難・隠匿することが横行していたことを間接的に物語っている。

そして、そのような行為が露見すれば、諸大名家の主人はもちろん家来までも「急度可為越度」とするとしている。さらに、寺社や町方でも米穀を隠し置いているとの風聞がある者については調査の役人を差し向けて、「これは武家から預った米だ」と言い訳しても、糾明の上、品によっては没収し、処罰すると述べている。

米市場における風説の流布

ところが、翌年の天明八年（一七八八）になると、浮説の性格も変化した。十二月に発せられた触書（『御触書天保集成　下』〔六〇二九〕）では、「諸相場が時の相場に従って高下するのは当然だが、米穀相場が変動するとの流言を流して相場を狂わせる者＝操作する者があって不届きだ」と冒頭から言っているように、現在の証券市場などにおける「風説の流布」に近いものが発生していたことがわかる。なお、この触書（原文）のなかにある「不時」とは、『広辞苑』の初版本（岩波書店、昭和三十年）によれば、「もと、人為によって発生する日々の米相場の高下」である。

〔六〇二九〕　天明八申年十二月

「諸相場之儀、正道之筋ニ候ハゝ、時々相場に随ひ、高下可致儀尤之儀ニ候、然ル処米穀相場之儀は、別て不時等申ちらし候て、相場をくるハせ候ものも相聞（傍点筆者）、不届之至ニ候、此表よりも専大坂え申遣候儀ニ相聞候、此儀大坂ニおゐて厳しく吟味致候得は、名面等も相知レ候事ニ付、以後右等不時申遣候儀決て致すましく、此上相顕レ候ハヽ、厳敷咎《とがむ》可《べく》申候、惣て此表商売とても、時之相場正道之儀ニ随ひ、手広ニ売買可致候、吃《ママ(屹か)》と此旨可相守者也、

十二月

飢饉で米不足が急速に進めば、米相場が激しく変動することは誰にでも見当がつくことであり、関係者が「これから高くなるぞ」と思っているところに、もっともらしい浮説が流れれば、市場の動向もそれによって左右されることになる。その結果、米穀類の供給が流通の途中で滞り、江戸などの大都市に供給される食糧の不足を招き、それが打壊しの引き金になることを幕府は恐れていたのであった。

ところで、この米穀相場変動の浮説は「此表（江戸のこと）よりも専《もっぱら》大坂え申遣候儀ニ相聞候」というように、江戸よりも大坂で飛び交っていた。これに対して幕府は「大坂で厳しく吟味するので、流言の出所はいずれ判明するだろう」と嚇《おど》かした上で、「以後、このような流言は決して流してはならない。それが露見すれば厳しく処罰する」と、強い調子で命じている。同時に、「江戸での商売も、時の相場に従って手広く売買せよ」と、食料品を中心にした物資の供給確保への視点も忘れてはいない。

当時から「天下の台所」と呼ばれた大坂は集散市場として全国の物資を集め、江戸に向けて送

り出す機能を果たしていた。諸大名の領国から送られる年貢米も、大坂の米市場で評価され価格が形成されたから、米価動向に関する浮説が主に大坂で発生したのは自然の成り行きであった。

北浜の米市

この触書では米穀相場変動の浮説は「此表よりも専大坂え申遣候儀ニ相聞候」となっているが、ここではその背景について、北浜の米市や蔵屋敷、米の先物取引などから若干述べることにする。

その当時、大坂北浜では大規模な正米（現物の米＝玄米）と先物の米市場が成立しており、投機的な米取引も広く行われていた。しかも、商人どうしの取引では信用取引が主体であるなど、資本主義的な商業取引が相当進んでいた。天明八年（一七八八）から百年遡る貞享五年（一六八八）に刊行された井原西鶴の『日本永代蔵』の「浪風静《なみかぜしずか》に神通丸《じんづうまる》」では、その様子を次のように描いている。

「北浜の米市は日本一の市場で、一刻の間に銀五万貫目分の米を取り引きする者もいる。米は蔵々に山のように積まれ、売り手、買い手ともに、取引前夜のうちから天気や季節といった米相場に影響する要素を熟慮する。取引が始まると、前日の終値から一、二パーセントの範囲で相場の上下が争われる。取引業者が多数集まるが、見知った者どうしの取引では、千石・万石の売買でも、両人が手打ちすれば契約が成立して、違約・解約は決してない」というものである。

北浜で取引される米の大部分は、諸大名が領地で徴収した年貢米を貨幣に換金・換銀するために大坂などの蔵屋敷に回漕した蔵米であった。また、一、二パーセントの相場の上下に気を配るのは、現在の外貨市場や株式市場と全く同じで、数パーセントの違いでも取引額が大きいので、これを読み間違えると大変なことになったためである。こうしたところに、浮説や風説が巻き起こる下地があったのはいうまでもない。

しかも、巨額な取引でも、売り手と買い手の口頭の約束で済まされ、決して違約や解約はなかった。多額の売買を口頭で処理するには、なによりも市場に参加する者どうしの信用が基本であったので、それを破ることは信用の失墜、すなわち経済人としての自殺行為に等しかった。

蔵屋敷と大名財政

なぜ、大坂にこのような資本主義的な米市場が江戸時代の初めの頃から成立したのだろうか。諸大名の蔵米のほか、さまざまな蔵物（米以外の特産品）が全国から持ち込まれて換銀される場所が大坂であった。米本位経済と貨幣経済が同時に成り立つ世の中で、米の換銀を通じて両者をつなげていたのが大坂の役割の一つであった。

大名の蔵屋敷というのは、諸大名家の米や蔵物を売却する施設で、中之島を中心に土佐堀川、江戸堀川べりなど水運の便のよい場所に建てられていた。元禄期（一六八八～一七〇四）には九十五か所、天保期（一八三〇～四四）には百二十五か所というように、時代によって増減があった（『江戸と大阪』前掲）。なお蔵屋敷に対して、町人の蔵は納屋といった。

大名は蔵屋敷に留守居などの蔵役人を置いて、蔵物の出納事務を行わせた。武士である留守居が蔵屋敷の代表者で、その下に蔵元、掛屋《かけや》といった出納の実務を扱う町人が出入りしていた。はじめの頃は留守居が蔵元の職務を行っていたが、寛文年間（一六六一～七三）頃になると町人が代わるようになっている。蔵元には有能な商人、掛屋には本両替があてられるようになり、蔵元と掛屋を一人で行うこともあった。複数の大名家の掛屋を兼務して、それぞれから扶持米＝給料を貰う有力町人もいた。

その後、大名の蔵物の一切はこれらの町人によって管理されるようになった。蔵物を有利に処分・換金するには市況や取引行為についての専門的なノウハウが必要で、大名の家臣が直営で処理するには複雑で面倒すぎたからである。それ以上に、赤字財政が定着していた大名財政への信用が低下してきたため、大名は蔵物を担保にしなければ町人から金融を受けられなくなっていた。

掛屋は、蔵物の販売代金の出納を任せられた御用町人という面のほか、大名家の「指定金融機関」でもあった。蔵物の売却代金を江戸屋敷や国元に送金するとともに、蔵物を担保にして大名に資金を貸した。つまり、大名財政の心臓部を実質的に取り仕切っていたのは町人たちであった。こうした蔵元、掛屋、用聞のことを立入町人《たちいりちょうにん》といった。

各蔵屋敷には決まった米仲買が出入りしていた。仲買は入札で蔵米を買い入れてそれを販売したが、入札のたびにいちいち現米（正米）のやりとりをするのは、蔵屋敷・仲買ともにコストと手間がかかった。そこで蔵屋敷が発行する米切手が登場した。米切手一枚は米一石とされ、代銀引き換えで米切手が蔵元から渡された。一定の期間内ならば米切手を持参した者にいつでも現米を引き渡すことになっており、現米が必要になった米切手の所有者は、いつでも蔵屋敷に米の引渡しを請求できた。

米の先物取引

大坂の米市は、豊臣秀吉の朝鮮出兵の時に遡るとされ、有力な蔵元だった土佐堀川筋淀屋橋南詰にあった淀屋の店先で寛永・正保期（一六二四〜四八）頃から始まったといわれている。そこには諸家の蔵元が集まって取引相場が開かれた。宝永二年（一七〇五）に淀屋が追放・闕所《けっしょ》（財産没収の刑罰。理由は不明）になって潰れると、米市は堂島に移った。そこでは現物の米である正米売買と、現在の先物取引にあたる延売買《のべうりかい》の二通りが行われ、延売買では指定された一定の期日までに米切手が売買された。

その後、米切手は有価証券化して転売や投機の対象になった。はじめは米切手による正米売買であったが、その後、空米切手の売買や延売買が始まって、いよいよ米市を活気づかせた。空米取引とは、蔵屋敷が実際には現米を保有しないまま先手形を売却して資金を調達して、後日到着する廻米で補塡するものである。それができたのは、蔵屋敷から米を落札した米仲買が一度に米を受け取ることは稀だったからである。そのため、蔵出の期限が来るまでは現米の裏付けのない有価証券化した先手形の転売が重ねられた。

米市が盛んだったのも有価証券化した米切手が投機の対象となり、米切手を取り引きする市場が必要になったからである。しかし、先手形の転売によって米価騰貴を招きやすく、米仲買が蔵屋敷に落札分の全部を請求すればたちまち米の払い出しがショートするリスクも伴っていた。実際に、文化十一年（一八一四）には筑後有馬家の発行総額四十二万石にものぼる空米切手が発覚して、米市場が恐慌に陥っている。

米価は元禄期までは上昇傾向だったので、米は投機対象とされ、転売・コロガシによる米価高騰がよく起こった。そのため幕府は米価抑制のため米の先物取引や米切手の転売などを規制した。たとえば万治三年（一六六〇）、幕府は米市を自由に建てることや、米の転売禁止を命じた。米の先物取引や米切手の転売が米価高騰を招くと判断したためである。この規制に違反して摘発された米仲買も多数あったが、同様の規制が再三出されていることからもわかるように、規制は一向に守られなかった。それは、先物取引や米切手の転売の旨みが大きかっただけではなく、市場がそれを求めていたからでもあった。

ところが、米価安の諸色高（諸物価高）が深刻になった享保期になると、幕府は米価引上げに本腰を入れ始めた。それまでは消極的だった酒造についても、米の消費拡大という観点から増産を奨励した。そうした実需ベースでの対策と同時に、実際の米市場を追認する形で、米価を上げる取組みも行われた。幕府にとっても米市が活況になって米価が上昇することは喜ばしいことであった。

享保八年（一七二三）には千石以内の先物取引の解禁、翌九年には禁止していた空米取引が黙認され、享保十五年（一七三〇）に空米取引が公認された。なお、このような商品先物の取引市場の成立は世界最初のことであった。

以上のような米市場の状況をみると、天候や諸物価の動向など、ありとあらゆる情報が米取引のプロセスの中でやり取りされ、相場の形成に一定の作用をしていたことが理解できる。米市場に直接かかわる者だけではなく、町人も武士も、程度の差はあっても、相場動向やそれに影響すると考えられる森羅万象には、常に関心を持ち続けておく必要があった時代だったといえる。それだけに、米の作況や米相場の見通しなど、市場には浮説・風評が入り込んで拡大していく条件が十分すぎるほど備わっていたのである。

流言厳禁

先ほど紹介した天明八年（一七八八）十二月の触書（『御触書天保集成　下』［六〇二九］）に話を戻すと、これは大坂のみならず江戸市中にもそのままの形で周知徹底された（「米穀相場ニ付流言厳禁令」『東京市史稿　産業篇第三十二』）。それによれば、「右は申十二月九日樽屋ニて月行事写物、町中連判、同十五日同所納」ということで、十二月九日に町年寄の樽屋で月行事の名主に伝えられ、町中連判の上、十五日に同所に納めたことなっている。

樽屋経由だけではなく、町年寄の喜多村経由でも江戸町中の名主に周知され、町中連判の上、十四日に喜多村に請書が納められている。その請書の内容はおおよそ次のようなものである。

・御触の趣旨については確かに承知いたしましたので、町中への周知をお請けいたします。

・町中の米穀商人はいうまでもなく、その他の諸商売人、家持から借家・店借、裏々まで入念に申し聞かせます。

・その上で、人々が利欲に迷って心得違いをすることのないようにし、時の相場に従って手広く商売することを守ります。

・もし違反する者があれば、いかなる処罰もお受けいたします。
・後日のために町中連判の文書を提出いたします。

誰にとっての「浮説」なのか？

この触書をみると、幕府の命令が町年寄や名主を通じて江戸町中に隈なく行き渡っていく様子がわかる。浮説に踊らされた人々の行為＝米の供給が滞るから米価が上がるという浮説を信じて買い占め・売り惜しみを行うことを、なんとか防ごうとしている努力も滲み出ている。そして、各町からも「承知いたしました」ということを示すために判を押した請書も取っているのであった。もっとも請書の徴取は、この事案に限らず、当時の一般的な事務手続でもあった。

ただし、こうした触書が発令されたからといって、米穀類の買い占め・囲い込みがなくなるわけではなかった。先ほど紹介したように、少なくとも江戸では、天明七年に同様の触書が出されており、幕府は人々の「救合候心得」＝助け合いの精神まで持ち出しながら規制にあたっていた。

しかし、米不足が予想できる状況ならば、当局の取締りや規制があっても、米穀類を保有する商人・町人たちはチャンス到来とばかりに利益を追い求めたのであった。浮説や流言を通じて米不足の予想が人々に共有される側面もあったが、この場合、それは全く根も葉もないことではなかった。浅間山の大噴火などを契機とする天候不順による農作物の収穫減や東北地方などの大飢饉の状況をみれば、「米が不足する」「米価が高騰する」というのは、むしろ客観的事実そのものだったといえる。

そうした状況のなかでは、都市の打壊しや農村の一揆を防ぎたい当局にとっては「米価が高騰する」ということが人々の口に上ることは非常に好ましくないことであった。それゆえ、そうした人々＝市場の見込みを「流言」とすることによって厳しく取り締まったのであった。

こうしてみると、流言や浮説には、誰にとって都合が良いのか、または悪いのか、という価値判断の余地が入り込むことがわかる。その意味で、流言・浮説はもとより虚説や風評という「ことば」には、相対性が常に付きまとうことを念頭に入れておく必要がある。

米屋たちの危機管理

しかし、状況が変われば流言の中身も幕府の対応も全く異なってくる。寛政二年（一七九〇）六月二十四日、次のような町触が出され（「米価下落ニ付持囲見込商等奨励」『東京市史稿　産業篇第三十四』、『御触書天保集成　下』［六〇三四］）、町年寄樽屋の役所で名主たちに周知された後、町中連判の上、三十日に請書が提出されている。
・天明六、七年（一七八六、八七）は米価が高騰したが、その後、特に豊作でもないのに米価が下落している。
・その理由は、商人たちが米を持ち囲うこと（保有すること）を避けているため、米の取引が低調になっているからである。
・持ち囲いは商売の常なので問題はないが、占め売りに間違われるのを恐れて相場が陰気になっている。

・占め売りというのは、世の中が飢饉になるような時に利己的に米を隠匿したり占め売りすることが不届きだから処罰するのである。
・平常時に、持ち囲いや見込商《みこみあきな》いも避けるようになっては諸国の米価を引き上げられなくなり、米はあっても市場に米が供給されなくなってしまう。
・したがって、心配せずに見込商いや持ち囲いなど手広く商売せよ。
それまで幕府は米価維持のため、米価安の時には米屋に限らず富商たちに対して米の囲い置きを命じていた。この触書では持囲《もちかこい》といっている。しかし、天明飢饉の時のように米の供給が減って米価が高くなったり、打壊しが懸念されるときには、前にも触れたように、富商たちに市場への米供給を指示していた。

寛政二年というのは天明飢饉の危機からようやく脱したといってもよい時期であり、「喉元過ぎれば」ではないが、幕府としては米価を引き上げて収入アップを図ろうという従来からの方針に立ち戻ったともいえる。つまり、この触書の背景には「米価を上げろ」という幕府の強い意図が読み取れる。幕府の米価対策は米作の豊凶によって百八十度逆転していたのである。

しかもこの時期は、第2章で述べたように、田沼意次がクーデターによって政権を追われ、松平定信が政権を獲得した時代であった。田沼時代の商品流通に幕府財源を求める方向から、米本位制度への回帰が志向されていたのであった。それゆえ、米価を高めに維持することは定信政権にとって喫緊の課題であったはずである。「豊作でもないのに米価が下落する」ことは、非常に困ったことだったといえる。

ところが市場は、触書にあるように幕府の思惑通りの反応はしていない。その理由は、「然処〆売之類ニ紛ハしかるへきを恐れ」とあるように、米を買い占めたという風評が立って打壊しのターゲットになることを恐れた商人たちが、米を持ち囲うことを避けているため、米の取引が低調になっているからであった。これは、天明七年（一七八七）五月の天明の打壊しによる被害を蒙った商人たちが一種のトラウマに陥っていたことを物語っている。販売のために米の在庫を確保するという通常の商売さえもいったん「占め売りだ」という風評が立ってしまえば、大変なことになることを多くの富商や米屋が体験済みだったのである。

風評はまだないが、危機管理の一環として、風評を立てられることを嫌った例といえる。

代官・領主によるインチキ相場情報の報告

ここまでで紹介してきたのは、米市場をめぐっての風説と、それに人々が踊らされることに対する幕府の規制・取締りの様子であった。しかし、米をはじめとする農産物の生産状況や年貢収納の見込などに関しては、幕府の代官などが事実と異なる情報を意図的に流して諸相場を操作することもあった。それは、今まで扱ってきた浮説や風説とは若干性格を異にするが、現在でいう「風説の流布」を幕府の役人が故意に流していたという点で、風説が発生する背景を際立たせている。

ここで紹介するのは、明和七年（一七七〇）七月に勘定奉行に宛てた触書（『御触書天明集成』［二八九三］）であるが、おおよそ次のような内容になっている。

・諸国の年貢米や大豆を金納にしている場所の相場は、毎年十月十五日より同月晦日までの間に、天領は代官、大名領はその役人が奥印して提出することになっている。
・これを勘定所で調査の上、相場を決定する。
・相場の高下は自然の成り行きだが、策略をもって立てると世上一統の難儀になるので重く取り扱うところとなっている。
・しかし、最近、国々の中には「私の作略」をもって相場書を提出する場所もあると聞く。これは不埒至極である。
・今後、相場に疑わしいところがあれば、早速関係者を呼び出して吟味の上、重罪に処するので心得違いのないようにせよ。
・代官や領主などは、入念に吟味した上これまで通り相場書へ奥書して判をついて提出すべし。
・ふつつかなことがないように、諸国村々市町等まで、洩らさず確実に申し付けること。
この時代、日本のいたるところの年貢が農産物の現物から貨幣で納められる金納になっていることがわかる。農村にもそれだけ貨幣経済が浸透していたのである。そして、各地から提出されたそれぞれの地域の農産物相場のデータは、天領では代官、大名領ではその家臣から幕府の勘定所に報告されていた。勘定所ではそれらのデータをもとに、その年の公定相場を決定して幕府の年貢収入額を確定させていたのである。

しかし、場所によっては「私之作略を以相場立候場所も有之候趣」、つまり代官や諸大名が支配する地域の農産物相場を彼らの思惑に沿った形に操作して、それを幕府に報告することが問題になったのである。たとえば米が豊作であれば生産地の米相場も低迷するのが自然であるが、代官が支配地の収入を高く見せかけるには、その地域の町場や地方市場に介入して相場を吊り上げるといったことも行われていたとみられる。

不作の時には相場が高騰するものだが、それを低く見せかけることによって、幕府に納入する額を低く抑えることも可能であった。実際の相場と勘定所に報告する相場の差額は、生産者や地方問屋の収入になり、そのいくばくかが代官などにキックバックされることもあり得た。

こうした代官にとっての動機だけではなくて、当時、地方の米市場を実際に動かしていたのが大坂と同様、武士ではなく商人であったという事情も踏まえる必要がある。というのは、彼らが代官や大名の家臣たちを抱き込んで、自分たちに都合の良い相場情報を幕府に報告させていたとしても違和感はないからである。

これは「風説の流布」どころか相場の操作・介入に相当するものであり、それらが頻発すれば幕府の収入全体の確定に大きな支障となることは明らかであった。それゆえ、幕府は「吟味の上、重科にする」というほど深刻にとらえていたのであった。

しかし、こうした触書は出されたものの、幕府の方針どおりには運ばなかった。明和七年（一七七〇）の三十六年後の文化十一年（一八一四）になると、幕府は同様の触書（『御触書天保集成下』［六〇五七］）を出さざるを得なくなっている。前述のように、この年に筑後有馬家の空米切手（発行総額四十二万石）が発覚して、米市場が大混乱になったこととも無関係ではない。

触書の文面は明和七年のものとほとんど同じであるが、「国々之内ニは私之作略を以、相場書出候場所も有之趣相聞、不埒至極ニ付」とあって、幕府からすれば利己的な意図に基づくインチキ相場情報を報告してくる場合があることを、より明確に記している。しかも、「明和七年相触候処、近年亦々不相当之相場書出候場所も有之哉ニ相聞候」という具合に、明和七年の御触が守られなくなっている状況を認めた内容となっている。

さらに、水野越前守忠邦が主導した天保改革の際の天保十三年(一八四二)にも、文化十一年の触書と同様のものが発令されている(『幕末御触書集成　第四巻』[四二二三])。このときは、忠邦が直々に命令している。同様の御触がたびたび出されること自体、触書で禁じているような行為が世の中では盛んだったことを物語っている。

棄捐令・利子引下令と浮説

金銀改鋳や米相場だけではなくて、幕府の借金銀の扱いに関する浮説もあった。たとえば寛政元年(一七八九)十一月には、「金銀貸借の返済方法と質物に対する利子についての幕府の規定が改正されるのではないか」という流言が流れたことを受けて、「そのようなことを言い触らす者があれば取り締まるので、心得違いのないように商売をし、危ぶむことなく取引をせよ」という形でそれを禁止する町触が発令された(「金銀貸借等ニ付流言取締令」『東京市史稿　産業篇第三十三』)。原文にある「町奉行所より申渡」とは従前の制度を変更・改正するという意味である。ただし、どのような「申渡」になるのかという流言の内容までは触書の文言からは不明である。少なくとも「取沙汰致候由」というのは、人々が何らかの「申渡」があるのではないかと想像をめぐらせて言い触らしたり、噂し合う様子を表わしており、それが流言となって世の中を駆け巡っていたのであった。

それでは、なぜ寛政元年十一月という時点で、触書までして取り締まらなければ困るような流言が生まれたのであろうか。実はこの「流言取締令」が出される直前の九月に、松平定信の主導した寛政改革の一環として棄捐令が発令されている。

当時、下級の旗本や御家人の窮乏は深刻であった。札差や質屋などの町人に頭を下げてなんとか借金をしてもその完済は困難で、慢性的な借金地獄に陥る者が多かった。前にも述べたように、蔵米取りの旗本・御家人に金を貸していたのは札差であったが、借金の申し込みに訪れた幕臣に高圧的に振る舞ったり、手代や番頭に応対させて札差の当主は面会もしないといった状況が日常化していた。武士の体面どころか、町人に平身低頭して借金を乞う旗本・御家人も多く、「武士の義気」などは地に落ちるほかなかった。これが「下勢上を凌ぐ」風潮である。

それに対して定信が幕臣の救済手段として寛政元年九月に実施したのが、札差仕法改正の一環である「古借棄損利子引下」すなわち棄損令だった。この措置によって、天明四年（一七八四）以前の借金は一切帳消となり、天明五年（一七八五）から寛政元年までの借金の利率は年利六パーセントに引き下げ、寛政元年以降の分は年利一二パーセントと定められた。なお、享保九年（一七二四）に札差の株仲間が公認されたときの札差の利率は年一五パーセントであった。その結果、札差が失った債権総額は百十八万七千八百両にものぼった。

その一方で、これとセットにする形で、札差向けの資金貸付のために、浅草蔵前猿屋町に猿屋町会所を開設している。その資金源は幕府出資の無利子資金一万両と、幕府が勘定所御用達から出資させた三万三千両で、実際の事務は町年寄樽屋与左衛門の支配下となった。

それらの施策は、定信の政治信念であった「金穀之柄、上に帰候事」、つまり商業資本が支配していた米価・金銀相場を幕府のコントロール下に置く方針の一環だった。しかし、勘定所御用達という有力町人を用いざるを得なかったところに、当時の幕府と資本家の力関係が見える。この時期、幕府は江戸の豪商十名（三谷三九郎ほか九名の両替や酒屋など）を勘定所御用達として任用して、そのノウハウや資本を利用しながら経済政策を行っている。これらの豪商たちは、江戸経済や江戸地廻り経済の発達により成長してきた江戸の地元資本だった。元禄期の江戸の豪商の多くが上方資本の江戸店（江戸支店）だったことに比べると、それ以後の江戸の経済発展の様子が推察できる。野田の醤油、桐生・伊勢崎・秩父の絹織物など関東各地や東国各地にも江戸向けの消費物資の生産地が形成され、寛政期までに大成長を遂げていた。

そして、同年九月末には一万両の無利子融資と、貸金会所への一万両の有利子貸付が北町奉行と勘定奉行の協議で決められた。一万両の無利子融資を受けた札差は全部で九十六人、一人あたり百四両あまりの計算で債務返済は全員の連帯債務、そして各札差の返済を担保するのは「札差組合」＝札差の業界団体の役目とされ、ここでも間接支配が貫かれていた。また、一万両はすべて南鐐二朱判で、南鐐二朱判の流通促進も図られていた。

こうしてみると、寛政元年九月の「古借棄損利子引下」は、札差とそこから米の供給を受ける江戸市中の米関連業種はもとより、幕臣から裏店住まいの人々に至るまで、広範な影響を及ぼすものであったことは間違いない。

前述のように利率が引き下げられたことは、米市場の関係者にとって驚天動地であったが、それだけではない。旗本・御家人は特定の札差との長期的な債権債務関係で結ばれていたから、年限を区切った利率の変更は、事務処理だけでも手間のかかるものであった。しかも、札差への無利子融資一万両のほか、有利子である貸金会所への一万両の貸付金など、札差の資金手当てに関しても複雑であった。

定信の寛政改革は、幕府の胸先三寸で米市場に激震が走りかねないという状況を生み出した。市場関係者がこうした不確実な状態に置かれれば、さまざまな浮説・虚説が市場の中から生まれてくるのも当然のことである。

幕府の苦心の上での棄損令であったが、その効果や評判は芳しくなかった。債権を失った札差たちは、金融逼迫を理由に旗本・御家人への融資を断ったのである。そのため、自転車操業状態であった幕臣たちは、かえって著しい金詰まりに追い込まれた。

旗本たちは債務帳消しを喜ぶどころか、この措置への不満を募らせたが、定信は、その著書『宇下人言《うげのひとごと》』で「札差が金を貸すから御家人たちが借り続けるので、貸さないことが結局は仁政」だと述べている。この発想が、借金帳消しという鎌倉・室町時代の武士救済策「徳政令」にも似た「伝家の宝刀」を抜く背景になっていた可能性もある。しかし市場経済が相当発達していた当時としては、両替や札差に代表される都市の商業資本家たちから反撃を受けて、思うような効果を上げることはできなかった。

ところで、札差たちの対抗措置としての営業休止は、第4章でも触れた正徳・享保や元文の貨幣改鋳の際にも見られたもので、幕府に対する異議申し立てとしては一定の効果を持っていた。寛政元年の「古借棄損利子引下」では札差たちが同様の集団行動を行ったのであるが、質屋に対する貸金利息の規制に対しても、質屋たちが同盟して休業している。

江戸の質屋の利率が最初に公定されたのは元禄十四年（一七〇一）で、銭百文は年利五〇パーセント、金二両以下は年利三二パーセント、金百両以上は年利二〇パーセントと定められた。その後、寛政改革の際に多少引き下げられたが、天保十三年の暮れにそれぞれ元禄時の約半分に切り下げられた。「天保改革」の一環であるこの措置も、札差利息の引下げと同様、旗本・御家人の救済が目的である。金百両以上に対する質屋の利息は年利一〇パーセントとなり、普通の金銭貸借の利率が（金二十五両につき年一二パーセント）を下回るという逆転現象を生じた。

これでは質屋の営業は成り立たず、質屋の多くが営業を停止したため、江戸市中の金融は著しく滞った。しかも年末の決算期と重なっていたため影響は深刻だった。翌年七月になると幕府は仕方なく「質屋利息引下令」を撤回して元禄の制度に戻した。

札差と質屋の利率引下げの強行をみればわかるように、「天保改革」時の幕府には、経済や市場のメカニズムは理解の外にあった。それ故、札差、質屋の両仲間から反撃を受けて結局のところ市場のメカニズムに従わざるを得ず、朝令暮改的な対応に終始したという点で幕府の権威を著しく失墜させた。

「棄捐令が出る」という浮説

寛政元年（一七八九）の「古借棄損利子引下」は、浮説の発生を誘ったが、「棄捐令が出そうだ」という古借金の帳消しそのものが実行されるという浮説が飛び交うこともあった。次に紹介するのは、幕末に近い嘉永六年（一八五三）九月の町触（「棄捐浮説ニ関スル諭告」『東京市史稿　市街篇第四十三』）である。なお『東京市史稿　市街篇』のタイトルは「棄損浮説ニ関スル諭告」となっているが、触書では「相対済《あいたいすまし》」となっている。

町触自体は簡素なものとなっているが、「貸出資金弁損又は半高無利息年賦等之儀」すなわち「棄損令などが出る」という風聞があるために、町人たちが借金の帳消しを恐れて武士に対する金融を見合わせる状況になっていたのである。幕府としては、そうなれば世の中の金銀取引や金融、とりわけ幕臣に対する札差金融が滞るので、もっての外のことと受け止めたのであった。

そして、「天保十四年（一八四三）に相対済し令を出してからまだ年数も経っていないので、町人一同に難儀をかけるような御沙汰はない。安心して金融取引を行え」と、他の町触同様に、町年寄経由で各町の名主宛てに命じている。

相対済し令を簡単に説明すると、金銀貸借・売掛金などに伴う紛争の訴訟（金公事《かねくじ》）は幕府では受理しないというもので、債権回収などについては「当事者が相対で処理せよ」という法令である。寛文元年（一六六一）、問屋の売掛は除き、江戸町人に対する売掛の訴訟は今後扱わないと幕府が決定して以降、たびたび発令されている。

特に享保期以降になると、実質的には窮迫する武家、とりわけ幕臣の救済という目的で相対済し令が発令されるようになる。零細な幕臣ほど札差金融に生殺与奪を握られていたのが当時の実情であり、「債権債務の存在は認めるが、債権回収は民・民で処理せよ」ということになれば、零細であっても武士である旗本・御家人に対しては、町人が債権回収を行うことは事実上不可能になったのであった。

その後も何度か発令されているが、寛政九年（一七九七）の相対済し令の再令の際も、棄損（借金帳消し）ではなく債権は存続するとしている。

触書にある天保十四年の「相対済し」は十二月に発令され、借金銀・買掛り・諸職人手間賃など十二月十三日分までの金公事は不裁許となった。そして先ほど述べたように、享保九年（一七二四）の札差の利率は年一五パーセントであったが、通常の金銭貸借の利子率は、寛保元年（一七四一）に年利一五パーセントだったものが天保十三年（一八四二）に年一二パーセントとなった。これに伴って、札差の利子率も年一〇パーセントに引き下げられていた。

しかし、この措置によっても蔵米取りの旗本・御家人の経済状況を改善するには遠く及ばなかった。そこで幕府は、天保十四年、蔵米取りの幕臣の札差や猿屋町会所からの借金を無利息年賦返済とした。この措置によって損失を被る札差へは、それまで猿屋町会所から彼等に貸し付けてある約八万七千両を無利息年賦納として埋め合わせようとした。

しかし、これは利息の棒引きに等しかったので、この措置に反発した札差たちは続々と店を閉じ、約半数の札差が営業を停止してしまった。その結果、寛政改革時の棄損令の場合と同様、市中、特に幕臣の金融逼迫を招いた。そこで幕府は、勘定所御用達に新たに札差業務の開始を命じたが結局はうまくゆかなかった。

つまり、浮説が浮説を呼んで増幅するだけではなく、それに基づいて札差たちを中心とする金融に恐慌が生じる危険を認識したことが、この町触の背景にあった。しかも、単に浮説を取り締まるだけではなくて、棄捐令ないしは相対済し令という金融市場に激震を与えるような命令は出さないと明確に否定することによって、浮説の蔓延を食い止めようとする意図が認められる。

この町触は、北町奉行の井戸対馬守覚弘《さとひろ》の御白洲で名主たちに達せられたが、対馬守は町触の趣旨や背景にも言及しており、その内容は文書にされて町触と同時に各町に周知されている。

・近来、異国船が度々渡来しており防備を備えるのが重要な時期なのに、町人たちが「債権が帳消しになる」、あるいは「債権の半額が無利息年賦納にされる」ことを危ぶんで武家への融資を滞らせている。

・今般、老中が「そのような御沙汰は決してないので、安心して滞りなく融通せよ」との旨をお仰せになったので御触を出した。

・去る天保十三年九月に貸金の利下げを申し渡した際、「以後は借金帳消し（弁損）等の御沙汰はないので、金主たちは安心して貸出し、世間への融通を滞りなく行え」と命じたが、その翌年に「相対済し令」を発令したため、町人たちは案外のこと（ひどいことをする）と思い、かれこれ苦情を申し唱えたと聞いている。

・今回の件は、将軍の御仁恵の御趣意をもって命じられたことなので、今後、少しも懸念せずに融通が滞らないよう、お前たち（名主などの町役人のこと）は厚く心得て町人たちによく申し聞かせよ。

こうしてみると、北町奉行も認めている通り、天保十三年に「今後、借金帳消しは決してしない」と約束した翌年に「相対済し令」が発令されるなど、幕府の信用は地に墜ちていたともいえる。触書には、それに対して町人たちから苦情が噴出していたことも述べられている。市場の反発は当局者も十分に認識していたわけである。もっとも、幕府側からは「債権の存在自体は認めているのだから帳消しにはあたらない」という理屈が聞こえてきそうであるが、それが経済界に通用するとはいえない。なお、反発した札差たちが営業休止によって対抗したことについては、触書の中では触れられていない。

外国船の来航が相次ぐという世上騒然とした時期に発生したこの浮説によって、台所事情の厳しい幕臣たちに沿岸防備などの負担がさらに強いられるようになれば「今までに貸した金は返ってこないのではないか」という札差たち債権者の不安が高められたことは容易に想像がつく。

それでなくとも、この時期の幕府は市場から見れば「何をするかわからない」、「信用できない」状態になっており、札差などの債務者たちの債権回収の見込みは不確実化の一途をたどっていた。それに加えて、黒船来航による沿岸防備のコスト負担という、債権回収についての新たな不安要素が発生したことがさまざまな疑心暗鬼を招いた結果、「棄捐令や相対済し令が出るぞ」という浮説に結びついたのであった。

経済と浮説・虚説・風評

以上のように、江戸時代の経済にまつわる浮説・虚説や風評をみていくと、何の根も葉もないところに浮説や風評が発生するのではなくて、むしろ市場の機能・メカニズムによるものであると理解することも可能である。風聞、浮説、虚説、異説などの発生には、具体的な事象としての社会的・経済的な背景が横たわっているのであった。

それが、社会環境の変化をいち早くビジネスに取り込む、自らの都合のよいような環境を意識的・無意識的に作ることであり、それが「生き馬の目を抜く」ことであった側面が強い。

江戸時代の金・銀・銭の変動相場の発達、米の先物取引、上方からの物資流入と諸問屋の発達は、当時なりの情報化社会を作り出していた。経済界は上から下まで為替差益の発生に敏感であり、そうしたことが噂や浮説が生まれる最大の背景になっていたといえる。

これまで見てきたとおり、金銀銭相場や米相場を中心に折に触れて浮説・風評が発生し、それがお金の流れに大きく影響していたことからすれば、市場メカニズムの発露として「風評」が生じ、「風評」がお金の流れに大きく影響していたともいえる。そうしてみると、江戸時代の最大の風評被害者は、実は武士（幕府）ではなかったのかと言うこともできる。

しかも、当局が市場の意図や雰囲気に反する政策を行った場合に、浮説が次々と発生する傾向も明らかである。その意味で、浮説や風評の多さは市場の意思の反映、ないしは「当局に対するノー」の意味を含んでいたとみることができる。

第7章

神社仏閣と「風評利益」

御利益をめぐる浮説・虚説

これまで浮説や虚説が発生して、それらが当時の社会にさまざまな影響を及ぼし、場合によっては、経済的な損失を含む社会的な影響の発生に結びついたことを具体的にみてきた。

ところがその一方で、浮説や虚説が流れたおかげで、商売が繁昌して大儲けにつながることも多かった。とりわけ「御利益《ごりやく》」と結びついた寺社の祭礼や縁日、開帳に、大勢の善男善女を動員することに成功すれば、その神社仏閣はもちろん「門前市をなす」の喩えどおり、周辺地域にも経済効果が波及した。

ところで、モノや役務の提供とは異なって、神社仏閣の「御利益」についての真偽を物理的・客観的に確かめるのは不可能である。商品やサービスの内容、それを購入した者の満足度などは、一定程度の客観性を持った評価が可能であるが、「御利益」はもっぱら主観的なもので、評価の尺度や指標がない。

「御利益」がなくとも、神社仏閣は責めを負わない。しかも、「御利益」があるという評判が〝真実〟でもインチキでも、その情報によって参詣人が集まれば、寺社や門前の商店街は大いに潤う。カネを落とす参詣人たちは、お参りに行くこと自体を〝有り難い〟と感じるから満足する。そのことを現在流にいえば、参詣人の満足感すなわち〝顧客満足度〟は常に高い状態に保たれるといってよいだろう。それが寺社の〝評判〟や〝人気〟をさらに高める場合があった。

それだけにとどまらず、後で述べるように祭礼や開帳が繁昌すると、世の中にお金が廻って景気刺激にもなった。そうなると、たとえ元はインチキ話から始まったとしても、不利益や損害を蒙る者はいないことになる。となれば、これは「風評利益」ともいえるものであろう。

しかも「御利益」の有無や名所旧跡・神社仏閣などについての情報は、錦絵や瓦版といった当時のメディアを通じて広く一般に流された。そして、メディアに載った開帳や寺社にさらに人が集まるという関係も成り立っていたのである。

神社仏閣は巨大なエンターテインメント

善男善女からプラスの評価を獲得して、参詣人をできるだけ集めれば、寄進やお賽銭、祈禱料、お札やお守りの販売といった〝宗教法人〟そのものの業務と直結した収入を見込める。さらに見世物や人手を当て込んで境内や門前に出店する諸商人に至るまで、広範な経済効果をもたらした。そして、寺社にはそうした業者たちの売上の一部が還流することもあった。当時の寺社の多くは、人々の信仰の対象であると同時に、巨大なエンターテインメント業という側面を持っていたため、人寄せの工夫、つまりマーケティング活動を繰り広げていたのである。

「御利益」には、安産に始まって疱瘡《ほうそう》や麻疹《はしか》、眼病、咳、虫歯、はては梅毒といった特定の疾病（感染症も慢性病も）の治癒や、人体の特定部位の健康に効能があるといったセールスポイントを掲げて、他の寺社との差別化ないしは共存共栄を図るものが多かった。そして、それを実現させるための祈禱やお札、お守りもセットで販売・提供されたのであった。それらは、参詣人たちの心の満足感に訴えるものであった。また、桜や藤、菖蒲、萩、菊といった季節に即した草花を境内に植えて名物・名所を作り、参詣人を集める努力も惜しまなかった。

一方、第8章で述べるが、江戸では元禄期頃から寺社の開帳が盛んになった。本尊や寺宝の一般公開によって〝珍しさ〟と〝有り難さ〟を強調することによって、参詣人の大量動員を計画的・組織的に企画している。寺院が自らの信仰の拡大を図ることは宗教施設として当然だが、最大の目的は、寄進、賽銭などを広く集めるという経済的なものであった。

いずれも人集め、つまり好ましい評判を取るためなので、手段を選ばない場合も少なくなかった。そのためには意図的に浮説・虚説を流すこともあった。あまりに酷いものは取り締まられることもあったが、インチキ話でも、実際に人々が押し寄せることもあったから工夫をこらした。それが当時のメディアによって広められるケースも多く、そうなると、「風評被害」ならぬ「風評利益」に大化けしていく。もっとも、現代の常識からすれば、「疱瘡に罹らない」、「梅毒が治る」といった「御利益」は虚説・風評の類にほかならないが、当時は、それを客観的に否定することは不可能であったし、人々も神仏にすがるより他に方法がなかったので、あながちインチキとはいえないかもしれない。

現在でも、受験シーズンには各地の天満宮に受験生が押し寄せ、正月には全国で数千万人の人が初詣に訪れることを考えると、人の心の領域と接する「御利益」について、風評と事実とを厳密に分けることには無理がある。そもそも「御利益」を客観的に確かめようとすることは、それ自体が論理矛盾なのかもしれない。

宝暦期（一七五一～六三）あたりになると、江戸は年間を通じて開帳、祭礼、縁日が引きもきらない都市になっていた。仮にすべての催しに出かけようとすれば、「手帳が真っ黒になる」といっても過言ではない状況にあった。参詣や開帳には宗教的意味も当然含まれていたが、〝見物〟、レジャーの側面も時代が下がるほど強まっていった。「物見遊山」という言葉はそのことを象徴している。江戸は〝一大エンターテインメント都市〟であったといえるのである。

ただし、そうしたビジネスは、当たれば大きな収入が期待できたが、流行り廃りも激しかった。これは祭礼や開帳に限らず、寺社そのものの人気にもいえることであった。飽きられたりケチが付いたりすると、潮が引くように人々は遠ざかってしまうのであった。もちろん、内容が貧弱であるとか興業上の魅力が少ないものに対しては、江戸の人々は非常にシビアに反応するのが常であった。

そこには、①現世利益《げんせりやく》を求める多数の人々が存在していた、②祭礼や開帳そのものが結構面白くて楽しいというエンターテイナー性を持っていた、③入場料・賽銭が多くの人々の手に届く額だった、④気軽に出かけられる地理的範囲内に多数のスポットがあり回遊できた、⑤江戸の経済力が高まって人々がレジャーに支出できるようになった、といった事情があった。

とりわけ、健康やお金儲けといった現世利益を人々が貪欲に求めていた点が重要である。経済は成長したとはいえ、武士も町人も病気になればたちまち生命の危機にさらされた。飢饉や天災が雇用や収入を直撃する場合も多かった。そうした生老病死や生活を取り巻く不確実性＝不安感ゆえに、人々は現世利益を求めたのである。

寺社の流行り廃りを記した『武江年表』

次に、斎藤月岑《げつしん》の『武江年表《ぶこう》』（本書ではちくま学芸文庫版の今井金吾校訂『定本 武江年表』上・中・下各巻を参照）に記載されている寺社の祭礼の記事の中から、寺社の流行り廃りが描かれているもの、参詣や開帳を盛況にさせるための工夫が述べられているもの、二つのケースにしぼって述べていくことにする。

ただし、『武江年表』が当時起こった事実を忠実に反映したものではない点への留意は必要である。月岑自身も、寺社の縁起や寺宝などについては、その寺社の言い分＝自己申告や世間で言われているままに書いたと断っている。『武江年表』の「提要《ていよう》」（凡例に相当する部分）では、「此編に載る所は、中人《ちゆうじん》以下の耳目に触るところにして、地理の沿革、或は坊間《まちや》の風俗、事物の権輿《はじめ》に至るまで、獲《う》るに随《したがい》て誌《しる》す。素より公辺の御事は伺《うかが》ひ知るべきにあらず。たまたま伝聞せる事も、憚《はばかり》多ければこゝに漏《もら》せり」と記しているのである。

したがって、『武江年表』に掲載されている寺社の由来や開帳で公開された〝お宝〟が真実かどうかは定かではない。また、後述する元禄七年（一六九四）の法隆寺江戸出開帳は『武江年表』には見当たらないなど、江戸におけるすべての祭礼や開帳を網羅したものとはなっていない。後に触れる享和三年（一八〇三）に起こった大奥女中と谷中延命院の日道らの大スキャンダル事件については「憚《はばかり》多ければこゝに漏せり」という執筆方針のもと、寺院関係の事件であるにもかかわらず全く記載がないといった問題もある。

しかし、有り難い「御利益」や〝お宝〟の公開を目当てに老若男女が押し寄せたことに関しては、程度の違いはあっても、それほど事実とは異ならないとみてもよかろう。流行り廃りの激しさや、人集めにさまざまな工夫を凝らしている様子については、当時の人々の興味や認識を反映する形で、月岑自身も丹念に描いているからである。それらは、神社仏閣と浮説・虚説・風評の関係を見ていく上では、非常に有益な情報といえる。

以下、このような『武江年表』の特色を踏まえた上で、話を進めていきたい。

稲荷社の場合

稲荷社は江戸に最も多かったといえる神社仏閣で、武家・寺社・町屋を問わずに共通して普及しており、江戸の人々との密着度が最も濃密であった。そのため、流行り廃りのコントラストが激しい様子や、身分に拘らず各種の寺社への信仰が盛んであったことなどが稲荷社の動向に象徴的に表れている。

当時から、「伊勢屋、稲荷に、犬の糞《くそ》」という言葉は、江戸に多いものの喩えとして広く使われていた。「伊勢屋」は、伊勢国に本店を置く商家の江戸店《えどだな》すなわち「江戸支店」や、かつて本拠地が伊勢国にあった商店のことなどを意味していた。徳川幕府が開設された当初から、江戸の主な商店は伊勢や近江といった上方系の商家によって占められていた。「犬の糞」は、ペットを飼えるだけの余裕が人々に出てきたという江戸の繁栄ぶりを示している。そして「稲荷」は、士農工商の身分に関係なく大小多数の稲荷社が屋敷神として江戸市中に祀られていたことを指している。

『江戸の町は骨だらけ』（鈴木理生）によれば、稲荷は「居成《いな》り」に通じたため武家から尊ばれた。大名・旗本などにとって将軍から拝領した屋敷は自らの身分や地位に直結したものであったので、身分関係に変動（出世よりも左遷や改易＝取り潰しなど）が生じないように、ほとんどの邸内に屋敷神（地主神）として稲荷が祀られていたのである。地主である商人も、自分の地所内に商売繁昌の神、あるいは屋敷神として倉稲魂神《うかのみたまのかみ》（稲荷）を祀った。稲が蔵に溢れることを願ったのであった。こうして江戸は稲荷社の密度の高い都市となったのである。なお、農民も「稲成《いねな》り」の神として稲荷を祀った。いずれの場合についても、単なる語呂合わせではなく、「言霊」としての霊的な力を信じていた。

なお、稲荷には仏教系と神社系の二通りがあって、前者の代表は愛知県豊川市の妙厳寺《みょうごんじ》（曹洞宗）の荼枳尼天《だきにてん》を祀る豊川稲荷である。後で触れるが、現在の港区元赤坂（青山通り沿い）の豊川稲荷は、これを大岡家が勧請した寺なので鳥居はない。一方、後者の代表は京都市伏見区の伏見稲荷大社で、祭神は猿田彦命《さるたひこのみこと》（上社）・倉稲魂神（中社）・大宮女命《おおみやめのみこと》（下社）である。江戸の稲荷の大多数はこちらの系譜といえる。

毎年二月の初午《はつうま》の日は、江戸中の稲荷社の大祭にあたり、祀った地主の支配範囲ごとにその範囲に住む子供を中心にした祭が盛大に行われた。それは、当時の〝こどもの日〟でもあった。現在も初午の日には各所の稲荷社には「正一位稲荷大権現」と朱地に白抜き文字で染め抜いた（逆もあり）幟がはためくのが東京の風物詩になっている。

この日だけは、通常は町人が立ち入ることのできない大名や旗本の屋敷内の稲荷社も開放され、参詣人向けに湯茶や子供の喜ぶ菓子などを振る舞った。

これは江戸に限ったことではなかった。たとえば大坂の東西奉行所内にも稲荷社があり、初午では公開されて賑わっている。『武士の町　大坂』（藪田貫）によれば、大坂西町奉行に文政十二年（一八二九）四月から天保二年（一八三一）九月まで在任した新見《しんみ》伊賀守正路《まさみち》が天保二年の初午に際して、奉行所内の稲荷社に参詣する町人たちに茶を振る舞うために腰掛を出すよう指示した記録や、同じく天保十四年（一八四三）から弘化元年（一八四四）十月まで西町奉行であった久須美《くすみ》佐渡守祐明《すけあきら》が奉行所内の「裏門内稲荷」と庭園内の「山稲荷」のうち、「裏門内稲荷」を公開させた記録も残っている。

初午の日には稲荷社はとても賑わったのであるが、「御利益」があると評判が立てば、町内はもとより他の地域からも参詣人が集まった。また、武家屋敷内の稲荷社は、基本的には初午の日だけに公開されたが、参詣人の押し寄せるような人気スポットになった場合には、初午以外にも公開されるケースもあった。

稲荷社の中には、通年で参詣人を集める工夫をさまざまに凝らす例も多かった。しかし、流行り廃りも激しかった。そこで『武江年表』から、稲荷社の盛衰の様子を見ていくことにしよう。

たとえば、延享四年（一七四七）の記載には、「真先《まつさき》稲荷社（現・荒川区南千住三丁目）、延享三、四年の頃より詣人多く、繁栄せり」とあって、その十年後の宝暦七年（一七五七）になると「真先稲荷社、流行出《はやりだし》て、田楽《でんがく》茶屋数軒出来て繁昌す」となった。参詣人を当て込んだ田楽茶屋が何軒も営業するようになっている。稲荷社が流行って、小規模ながら「門前市をなす」状況がもたらされた。経済効果を地元に及ぼしたのであった。

宝暦十三年（一七六三）、杉森稲荷《すぎのもり》（現・中央区日本橋堀留町一丁目）について、「杉森稲荷祭、宝暦九年迄隔年、産子《うぶこ》の町より花出し・練物・神輿《しんよ》を渡しけるが、其後中絶す」とある。つまり、宝暦九年（一七五九）までの杉森稲荷の祭礼では、隔年で産子の町から花で飾られた山車《だし》や練物・神輿が出ており、ずいぶん賑やかな祭礼となっていたが、宝暦十三年の時点では絶えていたのであった。何かの事故があったのか、コストがかかる割に参詣人が少なかったのか理由は書かれていないが、稲荷社の祭礼の盛衰の一端を示している。

同様の例としては、安永二年（一七七三）の記載に「四月午の日、築地小田原町波除稲荷祭《なみよけ》。町々、出し・練物等出す。其後休む」と記されている。波除稲荷（現・中央区築地六丁目）は、現在でも有名で祭礼も盛んであるが、その祭礼を休止せざるを得ない時期もあったわけである。

山車や神輿を出すのは、もちろん信仰上の理由もあったが、参詣人を集める手段でもあった。安永七年（一七七八）の記載には、「小伝馬町千代田稲荷（現・中央区日本橋小伝馬町）開扉《かいひ》。霊宝数多《あまた》出して拝せしむ」とあって、開扉にあたって霊宝を目玉にして人を集めたとされている。寛政四年（一七九二）にも「二月初午の日、芝日比谷稲荷（現・港区東新橋二丁目）祭礼、産子町々より出し・練物を出す」という記載がある。

さらに寛政十一年（一七九九）の項では、「二月十五日より三囲《みめぐり》稲荷開帳（奉納造り物、品々有り。日本橋白木屋より天鵞絨《びろうど》にて張たる牛、黒木売の木偶を収む。開帳の飾物に美をつくすの始《はじめ》なり。参詣、群集することおびたゞし）」という記述が登場する。第8章で詳しく触れるが、三囲稲荷（現・墨田区向島二丁目）の開帳では、さまざまな奉納の造り物が出て、中には高価な天鵞絨で表面を張った牛などの奉納物もあって、月岑自身の言葉で「これが開帳の飾り物に美をつくす始まりとなった」、参詣人が多数群集したとコメントしている。人々の目を引く飾り物を出品したのが当たったのか、期待通りに人々が集まったのであった。

文化十一年（一八一四）には、「四月朔日より下谷正法院稲荷明神開帳（神田平永町・小柳町より、大サ九尺計りなる銭にて造りし狐の額と鍵の額とを納む。細工人、舟月の門人舟水なり）」とあって、下谷の正法院稲荷明神（現・台東区東上野三丁目、下谷稲荷として有名）の開帳では、神田平永町と小柳町から、高さ三メートルほどの銭で造った狐と鍵の額が納められている。開帳が終われば、銭造りの額はバラバラにされたと想像がつくが、これほどの大きさとなれば、使った銭の額は相当のものになったはずである。

一方、こうした工夫とは別に、「御利益がある」「霊験あらたかだ」といった評判が立つと、参詣人が押し寄せることもあった。それゆえ、意匠を凝らした出展物と「御利益」が組み合わされるのが最強のパターンだったといえる。

霊験あらたかな稲荷社としては、文化十四年（一八一七）の記述に、「砂村王地稲荷社へ、疝《せん》癪《しゃく》を患《うれ》ふるもの祈願して霊験を得るよしにて、参詣する事始る」と簡単に記されている。砂村王地稲荷社は現在の江東区南砂三丁目にあったが、米空軍の東京大空襲のために焼失させられ、昭和四十二年に習志野市に移転している。疝癪（下腹部を中心にした内臓疾患）を患う者がここに祈

図7　「奪衣婆と翁稲荷の首引き」（歌川国芳、国立国会図書館デジタル化資料）

願すれば稲荷の霊験で病気が治る、という評判が広まって人々の参詣が始まったとされている。

　同様の例としては、天保十四年（一八四三）の項に「天保七、八年の頃より、日本橋四日市翁《おきな》稲荷明神、霊験あらたなりとて祈願をこむる者、陰晴を嫌はず群集し、又、文政の頃より、四谷新宿の北、正受院《しょうじゅいん》に安ずる所の奪衣婆《そうずかわのうば》へ、口中《こうちゅう》の病《やまい》を祈りて参詣の者多かりしが、嘉永の今にいたり、弥《いよいよ》盛になり、諸願を祈り日参・百度参の輩多し」とある。

　ここで登場する日本橋四日市の翁稲荷明神（現・中央区日本橋茅場町一丁目、日枝神社御旅所内）と新宿の正受院（現・新宿区新宿二丁目）の奪衣婆《だつえば》は、いずれも霊験があるということで、当時の江戸での人気スポットになっていた（正受院の奪衣婆については、後に詳しく述べる）。

　翁と老婆が人気の競い合いをする様子を描いた錦絵もあるほど、二つはセットになっていた（図7）。なにより上記のような月岑の記述の仕方をみれば、両者が同時に語られることが多かったのは一目瞭然であろう。

翁稲荷に話を限れば、「お参りの者が天候に関係なく群集する」とあり、「嘉永の今に至ってもさらに盛んになって、諸願を祈って日参・百度参りをする人々が多い」と記している。一つの寺社よりも、複数の神社仏閣がうまくコラボレートすれば、人気が持続する好例ともいえる。

大名屋敷内の稲荷社

次に、大名屋敷内の稲荷社が流行って、参詣の善男善女が集まった例を紹介しよう。

『武江年表』の正徳五年（一七一五）の記事に、大前氏の屋敷神であった瘡守《かさもり》稲荷社が和田倉、小石川、白山という具合に大前氏の屋敷替に伴う形で移転を繰り返し、『武江年表』が書かれた嘉永期には谷中の三崎《さんさき》に落ち着いていたことを簡単に述べている。そして、白山にあった時から〝奇瑞の事〟があって参詣人が集まるようになり、白山から三崎に移った後もそれなりの人数が集まっていたとしている。

瘡守稲荷（現・台東区谷中三丁目、大円寺内）には、読んで字の如く、皮膚病だけではなくて瘡＝梅毒に効くというセールスポイントがあった。梅毒は現在でも深刻な性病であるが、抗生物質などが一切なかった江戸時代には、はるかに重篤で悲惨な経過をたどった。人々は梅毒を恐れたが、それでも梅毒に罹患する危険を冒すことを厭わなかった、あるいは厭う余地のない境遇に置かれた人々も多く、身近な病気でもあった。瘡守稲荷に熱心にお詣りして、「罹っても治る」とすれば、これほど有り難い神様は他になかったはずである。

月岑のいう〝奇瑞の事〟の具体的な内容は残念ながら詳らかでないが、梅毒患者がお参りしたら全快した、といった類の話であったことは容易に想像できる。

白山時代の瘡守稲荷が流行ったことから、宝暦十三年（一七六三）になると「日暮里笠森稲荷（三崎社《さんさきしゃ》の外也）、新たに勧請す」となった。この日暮里笠森稲荷は、現在の台東区谷中七丁目、天王寺内にある。瘡守も笠森も読み方は同じである。字を違《たが》えたのは、本家の瘡守稲荷社に配慮したのか、新規オープンを江戸市民に強調したのか不明だが、いずれにしろ「柳の下の泥鰌」を狙ったことは確かだろう。

一方、寛政二年（一七九〇）の記事に、「三月十一日、下谷稲荷社祭礼。産子町々《まちまち》より出し・邌物《ねりもの》出る（本祭の時は、産子の諸侯より長柄《ながえ》鎗《やり》の警固を出さる、こと旧例也。其後中絶せり）」とある。下谷稲荷社は現在の下谷神社（台東区東上野三丁目）のことで、寛永寺の建立に伴って上野山から東坂下に移転し、その後、現在地に遷座している。下谷の鎮守であり、現在も千貫神輿で有名だが、当時も祭礼に山車や練物が出るだけではなく、寛政十年（一七九八）には境内で初めて寄席が開かれるなど相当賑わった。下谷稲荷は大名屋敷内に勧請された稲荷社ではないが、『武江年表』には産子の諸侯たちが、祭礼の時の雑踏警備などのために長柄鎗で武装した要員を供出していた様子が描かれているのである。これも大名屋敷と稲荷社のつながりの一例であった。

立花家の太郎稲荷

ところで『武江年表』の享和三年（一八〇三）の記事に、立花家の下屋敷の屋敷神として祀られていた太郎稲荷社（現・台東区入谷二丁目）の記述が登場し、享和三年の初午ごろから「御利

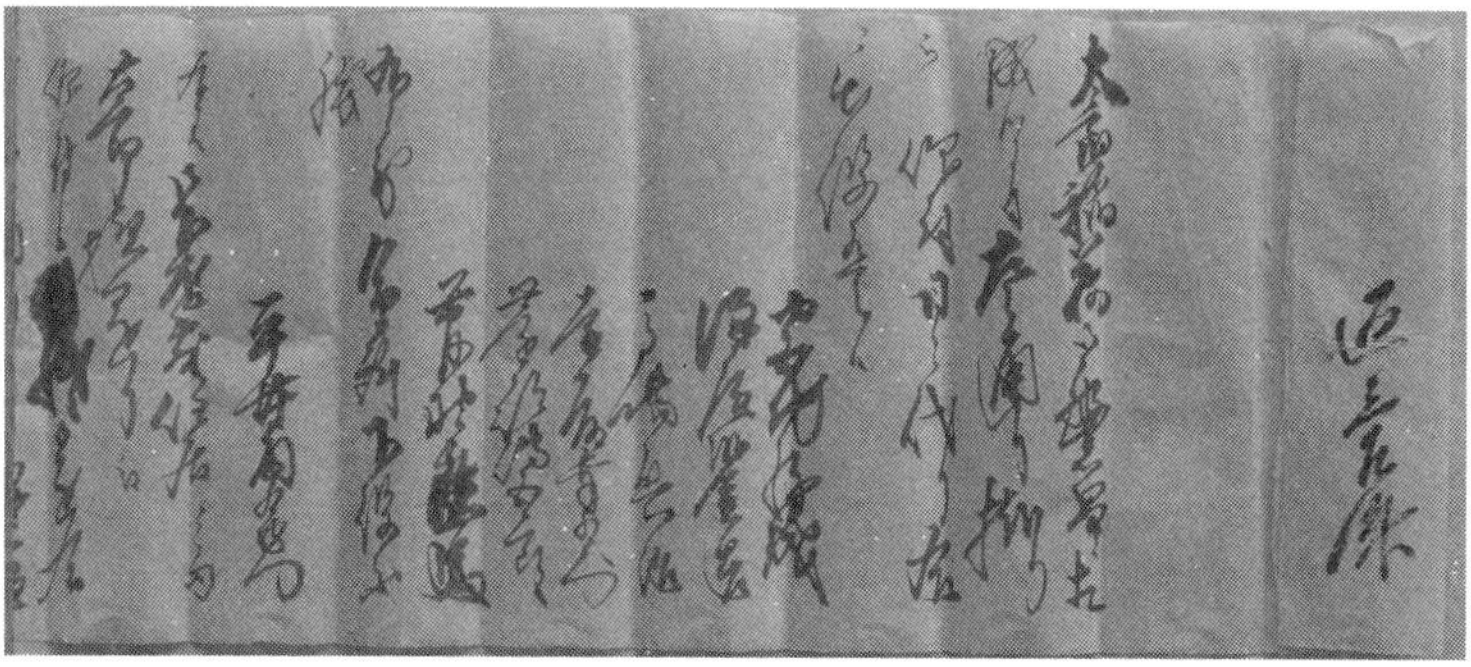

図8　「返答書」（立花家文書、立花家史料館蔵、柳川古文書館寄託）

益」が著しいという評判が出て、江戸はもとより近在から老若男女が参詣に訪れるようになったとされている。この「御利益」とは疱瘡に効くというもので、人々の疫病平癒の願いが稲荷社の繁昌に結びついたのであった。

あまりの混雑ぶりに立花家としては、朔日、十五日、二十八日、午の日に限って開門することにしたが、翌文化元年にはさらに繁昌して奉納物が山のように集まり、道路には飲み屋や茶店などの露店・屋台が列をなした。ところが、一、二年後には、参詣人も少なくなって混雑は自然に解消されたという。

「解き放たれた大名屋敷内鎮守と地域住民」（吉田正高）によれば、「太郎稲荷流行の背景には、享和年間（一八〇一～〇四）に江戸における麻疹の流行があった。太郎稲荷流行の直接の契機は、立花家の嫡子（後の九代藩主鑑賢《あきかた》）が麻疹にかかった際、太郎稲荷の御利益で軽く済んだという噂が流布した事にあった」とされる。太郎稲荷の流行に対して立花家は、「鑑札（＝切手）による（下屋敷への）入場規制から参拝許可日の設定へ、という藩邸の対応策は、結果的に流行を助長している。このような藩邸側の対応は、表向きは参詣に訪れる都市民へのやむをえない処置という名目によるものであるが、実際には参詣者増加による経済効果を見込んだものであったとも推測される」と、経済的利益を重視していたらしいことを指摘している。

一方、立花家文書の中の「返答書」（立花家史料館蔵、図8）には、太郎稲荷への賽銭は月額百両にのぼったこと、混雑が激しいために下屋敷への入場鑑札を発行して鑑札代を増収に結びつけていたこと、常に賑わっていたわけではなくて流行には波があったことなどが記載されている。

太郎稲荷の流行り廃りの波については、『武江年表』の慶応三年（一八六七）の九月と明治元年（一八六八）にも記載がある。それらによれば、享和期から流行り出したが文化三年（一八〇六）の大火をきっかけに廃れてしまい、その後慶応三年になって急に繁昌し始めて、桜並木のある事実上の門前町が出来上がったが、翌年になると戊辰戦争の影響を受けて参詣者が激減して新築中の商店も完成を待たずに廃屋になったという。

太郎稲荷の〝強み〟は最初の頃は麻疹、その後は疱瘡（天然痘）に効き目があるということであったが、麻疹にせよ種痘が普及する前の疱瘡にしろ、いずれも死に直結する疾病であった。したがって、病が流行り不安がかきたてられるほど、太郎稲荷には人が集まることになったのである。太郎稲荷の流行の波が大きかったのも、それを反映していたのだろう。

有馬家の水天宮

ところで『武江年表』では、享和三年（一八〇三）の太郎稲荷の記事のほか、文政十二年（一八二九）の記事には、大名屋敷内に祀られた諸社（邸内社）への人々の参詣が盛んになってきたことが記されている。「赤坂大岡侯御藩《やしき》鎮守豊川稲荷・有馬侯御藩鎮守水天宮・御蔵前池田侯鎮守瑜伽山《ゆがさん》大権現・（中略）・本所能勢《のせ》侯妙見宮等参詣始る」とあって、先ほど述べた大岡家の豊川稲荷のほか、有馬家の水天宮、蔵前の池田家の瑜伽山大権現、本所の能勢家の妙見宮などへの参詣が始まっている。なお、豊川稲荷や水天宮と並んで現在でも有名な港区の金刀比羅宮は、丸亀の京極家の屋敷神であった。万治三年（一六六〇）に讃岐国丸亀藩主であった京極高和《たかかず》が、領内の金刀比羅宮から金毘羅大権現を芝・三田にあった上屋敷に勧請し、延宝七年（一六七九）、京極高豊《たかとよ》の代に虎ノ門外（現・港区虎ノ門一丁目）に移している。その後、毎月十日に限り邸内を開き、人々に参詣を許可している。

大岡家の豊川稲荷は、妙厳寺の所在地（愛知県豊川市内）を領地としていた大岡越前守忠相の子孫が、文政十一年（一八二八）に赤坂一木町にあった邸内に勧請したもので、明治二十年（一八八七）に現在地に移っている。

有馬家の水天宮は、有馬家九代目当主の頼徳《よりのり》が三田の有馬家上屋敷に領国久留米の水天宮を勧請したのが始まりで、明治四年（一八七一）に上屋敷の移転に伴って青山に、翌年には中屋敷のあった現在地（中央区日本橋蠣殻町二丁目）に移っている。現在も安産の守り神として有名である。

この水天宮の一般公開については、有馬家では周到な準備を行っている。幕府の各奉行に対しては諸大名から法令の解釈や運用をはじめ、施政その他に関して広範な領域にわたって照会がなされており、「附札」によって担当奉行が回答することが確立していた。そうした諸大名と寺社奉行の間でのやりとりの一部が『問答集2　時宜指令・三奉行伺附札』（藪利和編［四一七］）として活字化されている。

それによれば、文政元年（一八一八）十一月一日、有馬家側から寺社奉行の松平伯耆守宗発《むねあきら》に対して、上屋敷内に祀っていた水神社を毎月五日に限って一般公開することの是非についてお伺いを立てている。一般人を屋敷内に引き入れる経路についても、表門や裏門といった重要な入口ではなくて資材搬入の通用門であること、幸いそれが水神社の最寄の門であることを強調していた。なお、邸内社の公開に際しては、御殿や正門・裏門といった心臓部ではなく、敷地のなかでも重要性の低い部分に安置された神仏を拝ませるのが一般的であった。

この照会に対して、翌年の文政二年四月になって寺社奉行の回答があった。「新規の神事等を始めて群集を招き入れるものでも、奇怪な異説等を申し触れるものでもないから問題ないが、屋敷内への一般人の立入りや、社に最寄の門から参詣者を入れることについては〝御挨拶〟には及ばぬ」、つまり「勝手にしてよい」というものであった。

大名の領国経営は、将軍からその土地と住民の経営を委任されており、江戸の大名屋敷についても同様の関係となっていた。それゆえ、屋敷内の取締りは大名家の裁量に任されるのが原則であった。そうした原則を踏まえた上で、敢えて有馬家が寺社奉行にこのような照会をした点に有馬家の計画性を見ることができる。同じ九州・筑後国の立花家の太郎稲荷の繁昌ぶりと、収入の多さを横目で見ていれば、「当家でも同じように……」という意識が働くのはむしろ自然の成り行きである。寺社奉行から「勝手にしてよい」という回答が来ることを見越した上で、それを

〝お墨付き〟にして、水天宮でひと儲けしようという作戦があったといえるだろう。

なお、文政二年四月の寺社奉行による回答の前段では「新規之神事等相始メ、群集ヲ招候筋幷奇怪異説等申触候儀」（傍点筆者）の禁止が前提となっている。その法的根拠は、寛文五年（一六六五）に出された寺社統制の御触の中にある「立新義、不可説奇怪之法事」を禁じる規定（『御触書寛保集成』［一一七四］）にある。

［四一七］　文政元戊寅年十一月朔日

寺社奉行松平伯耆守様江差出候処、翌卯年四月御附札相済

有馬玄蕃頭領分、筑後国筑後川水神と相唱、久留米城下町内江、往古より神社勧請有之、水難除札守差出来候処、近年隣国は勿論、当御地ニ而も追々信仰之者多御座候、然処兼而赤羽根上屋敷内江、手軽之仮社勧請仕置候、依之信仰之者参詣相立候ハヽ、北通西門平生家中扶持米材木等引込且表門裏門差支等之節は、通用門同様ニ相用候儀ニ御座候、幸社最寄御座候間、右門より毎月五日昼六ツ時限り、参詣差許申度奉存候、此段奉伺候、以上、

小峰善太

有馬玄蕃頭家来

十一月朔日

御附札儀、新規之神事等相始メ、群集ヲ招候筋幷奇怪異説等申触候儀無之候ハヽ、不苦筋ニ有之候得共、居屋鋪内衆人立入幷社最寄之門より参詣之もの相通候儀は、何レとも難及御挨

拶（傍点筆者）、
卯四月

財政補塡とイメージアップ

当時の有馬家では、文化十一年（一八一四）に発行総額四十二万石にのぼる空米切手が発覚して米市場を恐慌に陥れるなど、財政は破綻状態だった。文政五年（一八二二）の借銀総額は百万両を超えている有様だった。そうした状況下、水天宮の勧請に始まり、幕府のお墨付きの獲得、一般公開、流行といった一連の流れが生じたことをみると、有馬家が最初から水天宮を財政補塡のために活用する意思をもって動いていたと考えるのが自然である。また、後述のように財源としてだけではなくて、失墜した信用を挽回する意図も含まれていたとみて差し支えないだろう。

有馬家文書（久留米市立中央図書館蔵）には有馬家の江戸屋敷関係の会計史料である『江邸勝手方明細記』があり、その中に「水天宮金御蔵納高」という記録がある。それによれば、安政三年（一八五六）から五年（一八五八）の三年間では、江戸上屋敷の水天宮関係の各年の収入は千五百〜千七百両にのぼっており、「水天宮金」という特別会計として処理されていた（「武家屋敷の神仏公開と都市社会」岩淵令治）。一方、『久留米市史　第2巻』によれば、嘉永二年（一八四九）年に有馬家第十一代当主の頼咸《よりしげ》と将軍の養女で有栖川宮韶仁《つなひと》親王の王女精姫《あき》との婚儀が成立した際には、縁組の諸費用七万七千四百五十五両の中に「水天宮金」から二千五百両あまりの繰入があった。有馬家にとっては、水天宮からの収入は貴重な財源になっていたのである。

ところで、久留米の水天宮の護符には河童封じ＝水難除けの霊験があるとされていたことを反映して、三田の上屋敷に勧請した頃の水天宮の「御利益」も、水難除けや水中に落とした失せ物を見つける、開かない鍵を開ける、といったものであった。当時の江戸は縦横に水路が発達し、水の都というに相応しい場所であったので、「水難除け」は人々に受け入れられた。その後、安産にも効くということになって、さらに流行り出したのであった。昔も今も出産には母子ともに大きなリスクを伴う。当時の医療水準からすれば、安産を神仏に祈るのは貴賤にかかわらず自然の行為であり、水天宮はそうした人々の願望にうまく応えたのであった。そして、「恐れ入りやの鬼子母神（入谷・真源寺）」と並んで「情けありまの水天宮」という地口まで流行ることになった。

空米切手でイメージダウンが著しかった有馬家は、水天宮の公開によって失墜した信用やイメージの回復に一定の成功を収めたのであった。四十二万石という多額の空米切手を出して多額の負債を抱えれば、町人であれば身代限《しんだいかぎり》になったであろうが、大名家ゆえに当時としては破産処理の対象にはされなかった。それゆえ、水天宮金の収入はもちろん、信用が地に墜ちていた有馬家にとっては「情けありまの水天宮」という人々から受けた評価・評判は何よりも有り難かったといえる。有馬家が地口まで準備していたかどうかは残念ながら不明だが、「とてもよくできた話」であることには違いはなかろう。

江戸のように人口の多い場所で、水難除けや安産という「市場価値」の高い分野に着目するのと同時に、自邸内というコストのかからない場所に水天宮を開き、しかも、五の日だけに参詣を許すという希少性＝有り難さを加味することによって、人々の関心を高めたのであった。

前掲の「武家屋敷の神仏公開と都市社会」によれば、「邸内社の公開は、時限性や集客の工夫といった点から考えて、寺社の開帳と類似している。しかし、武家屋敷の神仏の場合、公開される空間そのものに価値があった。これこそが、邸内社が参詣客を集められた最大の理由であろう。（中略）この閉じられていた空間を都市社会に開いたのが、近辺の藩の出入商人であった」と指摘した上で、「藩の神仏公開の論理を「賽銭収入」だけで説明するのは問題がある」としている。

有馬家に限らず当時の諸大名の多くは構造的な財政危機に陥っていたので、賽銭収入が重視されていたことは間違いなかろうが、その一方で、水天宮の公開とその継続によって有馬家の評判がいちじるしく高まったことや、下谷稲荷の祭礼には周辺の大名家が警備要員を出していたことなどをみると、賽銭収入とは別の目的があった可能性も否定できない。

むしろ、「情けありまの水天宮」に象徴される社会からプラスの評判を獲得する活動には、現在のコーポレート・レピュテーション（Corporate Reputation：企業の評判を高める戦略[1]）の管理と相通じる側面があったと指摘できる。水天宮に限らず、所有する邸内社への参詣人が多ければ多いほど、その大名家に対するプラスのイメージ＝評判が高まったのは当然であろう。

下谷稲荷の近隣の大名家も、地域との円滑・良好な関係を維持するために警護を出したともいえる。これも現在でいう企業の社会的責任（CSR：Corporate Social Responsibility）に通じている。

前述の大岡家の豊川稲荷の勧請が文政十一年（一八二八）であることや、月岑の文政十二年（一八二九）の記事で「赤坂の大岡侯の鎮守である豊川稲荷や、有馬侯の鎮守水天宮、蔵前の池田侯鎮守の瑜伽山大権現（疫除け）、本所の能勢侯の妙見宮などの参詣が始った」とあるのは、立花家や有馬家の成功を見た他家が後に続いた可能性を示している。本所の能勢家下屋敷の妙見宮（勝小吉が水垢離《みずごり》をとった場所）の場合は、安永三年（一七七四）に勧請してあったものが、この時期になって流行り出したものとみられる。

立花家の太郎稲荷、有馬家の水天宮などの例をみてきたが、いずれも逼迫する大名家の財政を補うための努力という側面が大きい。しかし、それだけでは「老若群集」という狙いを達成することはできない。江戸の人々によって、神社仏閣の御利益や利生があらたかだという評判＝評価がされるということが条件になって、その神社仏閣がさらに大勢の参詣人を集めるというスパイラルな関係を発生させることができたのであった。また、それだけ江戸の人々を神社仏閣への参詣に動員できるだけの下地＝マーケットが形成されていたことも見逃せないだろう。その意味で、この二家は自家の邸内社という経営資源を上手く活用するマーケティングと評判の演出で成功を収めた例であった。その成功は単純な財務上の利益を超えて、それぞれの大名家にとってプラスの評判を人々に定着させるもの（＝コーポレート・レピュテーション）でもあった。

ただし、「御利益」をよくみると、太郎稲荷では麻疹から疱瘡へ、水天宮も最初の頃は「水難除け」や「鍵が開かないときのお札」であったものが安産へと変化している。このあたりの様子は、天正十八年（一五九〇）、京都で銅の精錬、細工、販売を始めた住友家が両替業に進出した例や、慶長五年（一六〇〇）に摂津国で清酒の醸造を始めた鴻池家が両替業に業態を移転させながら老舗自体の組織の永続を図ってきたことと類似している。商家にせよ寺社にせよ、長期間にわたって〝事業〟を継続していくには、マーケットの変化に業態や商品、サービス（この場合は「御利益」）をきめ細かく適合させることが重要であった。

手入れを受けた黄金不動

そうした成功例を横目で見ながら、「柳の下の泥鰌」を狙った大名家も現れた。上総国の久留《くる》里《り》三万石の譜代大名であった黒田家もその一つである。この話は、肥前国平戸藩主の松浦清《まつらきよし》（号は静山《せいざん》）の書いた『甲子夜話続篇《かつしやわ》』（続篇巻九十六）に収録されたものである。『甲子夜話』は正篇百巻、続篇百巻、第三篇七十八巻に及び、田沼時代から文化・文政、天保期までの政治・経済・文化・風俗など幅広い分野にわたって書かれた江戸時代を代表する随筆である。当時を知る文献として貴重なものだが、静山が江戸城内で他の大名から聞いた話や、家臣に取材させたものをまとめている場合も多く、伝聞や噂が入り込んでいることを否定できない。なお、ここで登場する黒田家は黒田如水で有名な外様大名の黒田氏ではなく、戦国時代には後北条氏、その後は徳川氏に仕えた関東地方から出た黒田氏のことである。

天保四年（一八三三）黒田家では、天平宝字三年（七五九）の製作で上野国吉沢村の地中から掘り出されたと称する不動尊像を、御成小路（下谷広小路：現・台東区）の上屋敷内に小堂を新築して祀った。もちろん、参詣人がもたらす賽銭やお札・お守りなどの販売収入を狙った計画があってのことである。不動尊の縁起などを記した「出現不動尊略記」と題する宣伝チラシを配ったり、口コミで評判が拡がるように出入り業者などの関係者に内々で伝えている。メディア対策にも抜かりはなかったのである。そして、いかにも有り難そうな「黄金《こがね》不動」というネーミングをするなど、さまざまな事前の工作宣伝活動を行った。それは、静山の筆によれば「金毘羅参詣流行の如く為《シ》かけ」というように、大繁昌していた京極家の金毘羅宮にあやかるための工夫であった。

五月二十八日、いよいよ開帳にこぎ着けた。当日は曇りで雨も降ったが「通用門より参詣も多く入来る」という狙いどおりの状況になった。護摩修行を見せたり、関係者から寄進されたお供え物を飾り付けるといった演出はもちろん、特製のお守りを準備してカネが落ちるようにすることも忘れてはいなかった。護摩修行を行ったのは、江戸浅草銀杏岡八幡別当覚吽院《かくうん》の住職で修験道当山派の総学頭などにも任ぜられていた行智《ぎょうち》であった。高名・高位な修験者を黒田家は招いて〝有り難さ〟を演出したのであった。

計画が図に当って多数の人々が参詣に押し寄せ、開帳は大成功を収めた。しかし、寺社奉行の脇坂中務大輔安董《やすただ》の目は誤魔化せなかった。六月十二日には黒田家の留守居兼家老たちが召喚されて取り調べを受けた結果、「遂に留守居が越度となり、今は禁錮の身」となった。参詣人の動員には成功したが、寺社奉行の手入れを受けてしまったのである。

辣腕の寺社奉行

脇坂は寛政三年（一七九一）から文化十年（一八一三）まで寺社奉行に在任し、さらに文政十二年（一八二九）から天保七年（一八三六）の間にも再任している。とくに享和三年（一八〇三）

には、谷中延命院の破戒僧と大奥女中との密通という大スキャンダルを摘発したことで名高く、このとき延命院の日潤や日道が死罪になっている。辣腕をふるった脇坂が再任されると、「また出たと　坊主びっくり　貂《てん》の皮」という落首が江戸で出た。この「貂の皮」というのは、脇坂家の行列の槍印のカバーに用いられたものである。脇坂の再登板で、生臭坊主や大奥の女性高級官僚たちが震え上がるだろうという意味である。黒田家としては相手が悪すぎたのかもしれない。

その一方で、松浦静山は「黄金不動」を有り難がって参詣に集まる人々に対しては「かの浮華軽驟の俗、一時に囂々《ごうごう》たりしが」というように冷たい視線を送っている。「インチキをでっち上げて寺社奉行の手入れにあった黒田家も黒田家だが、信仰対象の真偽や黒田家の思惑も判らずに集まった方も集まった方だ」といったところだろう。

六月十二日の脇坂による取り調べには、黒田家側からは家老と留守居を兼任する大森恵助らが出頭した。この時、黒田家側の言い分はあらかじめ文書にまとめて提出させられている。後から言い逃れができないように、証拠を押さえておいたのであった。

尋問の様子は次のとおりであるが、大奥にかかわるスキャンダルという難事件を処理しているだけあって、ここでも万全の事前調査と論理構成が際立っている。なお、開帳当日に護摩修行を行った行智は、静山とも親しかったらしい。関係者として脇坂の取り調べに同席していた行智から聞いた尋問の様子を、静山が『甲子夜話続篇』に記しているからである。

黒田家側では、「黒田家上屋敷の先祖であった丹治氏の祖神である丹生高野明神の社《やしろ》が以前から庭にあり、そこに先年掘り出した不動像を入れておきました。ところが、その社が最近破損したのでそれを再建して、不動像も同じように安置いたしました。二十八日は不動の縁日ですが、これは新規の堂社ではございません」と回答した。こう答えたのには理由があった。脇坂から「新規の堂社を建立することは公儀御法度であるにもかかわらず、これまで何の届も無く、みだりに社殿を作り、かつ他より参詣を許したのは何故だ」と追及されたためであった。

脇坂の尋問は鋭かった。黒田家が提出した書面を見ながら、矛盾点を一つ一つ挙げていく。すでに脇坂のスタッフが参詣人に紛れて黒田家上屋敷を実地検分していたとみられ、脇坂の質問はそうした事実の積み重ねの上に十分に具体的であったからである。

まず、脇坂は「先年掘り出し、それを当時の寺社奉行（太田備中守資始《すけもと》）へ届け出た時には、保管するよう指示されているはずだ。所有権の定まらない品（闕所之品同様之ものに付）と同様の取り扱いをせよという趣旨であったにもかかわらず、勝手に拝礼の対象にしたのは如何なる理由によるものなのか」と責めた。

次に、寺社奉行らしく「土の中から掘り出した出所不明の怪しい品であるのに、大事な先祖の御神体と同じ社殿に祀るなど、黒田家では先祖の神様を粗末に扱っているのではないか」と追い打ちをかけている。

さらに、「以前は銅製の不動像と刀であると届け出ているのに、現在の不動尊の縁起では黄金不動と称し、刀を剣としているが、そうした違いを調べるためには縁起の作成者を召喚する必要があるので名簿を提出せよ」と追及する。すでに脇坂は、黄金不動の縁起が黒田家によるフィクションであるとの確証を得ていたとみられ、このように畳みかけられては黒田家の家来たちも冷や汗をかくほかなかった。黄金不動の縁起を捏造したのはほかならぬ黒田家関係者だったからである。

その上で、「丹生明神は、新しい不動堂に黄金不動とともに安置しております」との黒田家の申し立てに対しては、「真っ赤なウソだろう」と切り込む。「すでに実地検分しているところによれば、丹生明神の像は別の場所にあるではないか」と証拠を突きつけた。「新しいお堂は、すでにあった社の跡に建てたもので新規のものではございません」という主張に対しても、「これも既に調べがついている。全く新たな場所に建てたものだ。ウソつきめ」といった具合で、脇坂は黒田家の家来たちを厳重に糺したのであった。

こうなると家来たちは一言もなくなり、すべてが寺社奉行のお見通しであると悟らざるを得なかった。しかし、主君に責任が及ぶことを恐れた家来たちは「主人はお堂のことは全く知らず、すべて私たちの不調法ゆえのことでございます」と主君をかばう。これに対して脇坂は「物も知らぬ申し訳だ」、「狭い庭の内部のことで、かつ大勢の人々が群参するのを主人が全く存ぜぬというのは、言い訳にしてもアホらしい」とこき下ろしている。

家来たちはただただ恐れ入るほかなく、「追々呼び出しがあるだろう」ということで、ほうほうの体で退去したのであった。退去ののち、脇坂は「いろいろ言い訳をしても、すでに細かなところまで調べ上げて裏付けの取れていることを基に尋問しているから、弁解すればするほど墓穴を掘る」旨を述べている。

これを記した静山も「屋敷も狭いのであれば庭も広くはなかろう。大勢の人が出入りするとい

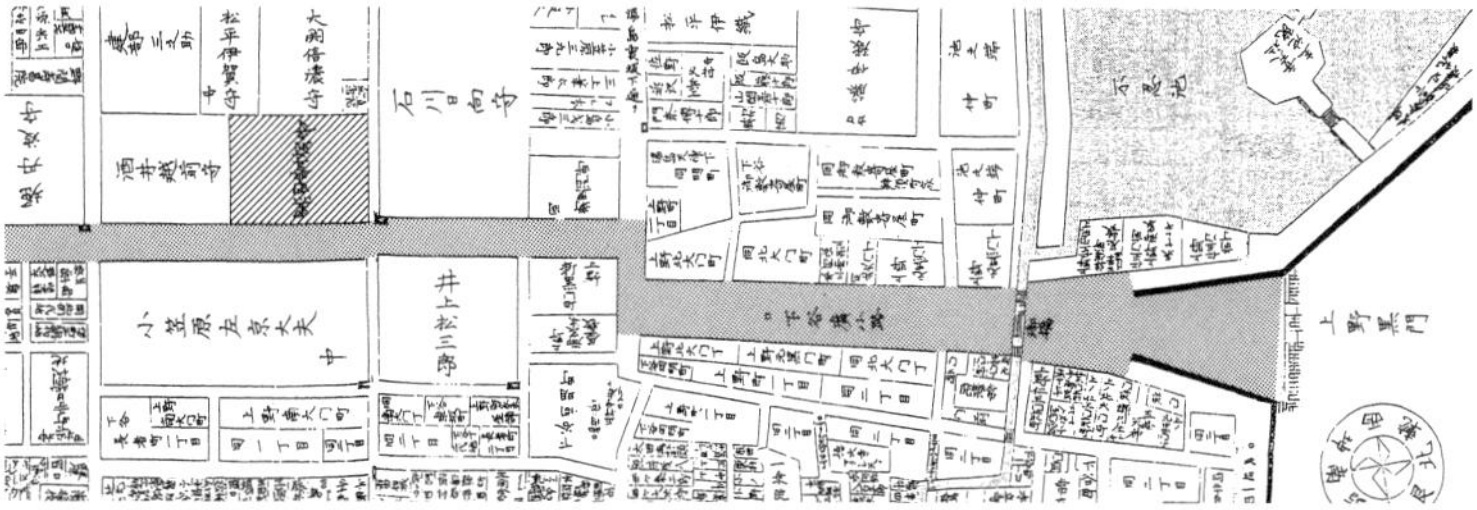

図９　下谷御成道に面した黒田家上屋敷（斜線部分）。網掛け部分が「御成道」（『江戸切絵図集 新訂 江戸名所図会 別巻１』）

うなら、脇坂の察しの通りだろう」、「この件は、近臣の浮言から始まって、老職の不明、家来たちの〝文盲鄙欲《ひよく》〟、主人が若輩で愚かであることから起こったものだ」とコメントしている。そして黒田家とは「予も近親の家だが、最近は代替りで音信不通である」とも述べている。

　稲荷社はもとより、有馬家の水天宮や大岡家の豊川稲荷など由緒ある神仏を江戸屋敷に勧請するのであれば寺社奉行としては異議を差し挟む理由はないが、いくら天平宝字三年（七五九）の銘の入った石函に入っていたとはいえ、明らかに出所の怪しい不動尊像ともなれば、責任を問われるのは当然であった。

　この事件は、全くのインチキであっても、それをもっともらしく見せる仕掛けや、宣伝工作、口コミの利用といった事前の準備をうまく運べば、参詣人を集められたことを示している。脇坂に見破られて最終的には目的を達成することはできなかったが、一時的ではあっても、また意図的な虚説に基づくものであっても、それが参詣人の群集という事実に結びついた点が、虚説と風評利益の関係の一端を物語っている。

　一方、脇坂の追及が厳しかった理由には、まず、黒田家の「黄金不動尊」が、前述の寛文五年（一六六五）に出された「立新義、不可説奇怪之法事」の禁令に違反するものであったことがあげられる。それにもまして、地図（図9）のとおり、黒田家の上屋敷は将軍の上野（寛永寺）への御成道に面していることが問題となった。そこに怪しい新小社を設けることは将軍への不敬感が先立ったとも見ることもできる。「都市美観の著しい阻害行為」、すなわち「場所柄も考えざる暴挙」として脇坂が処理したとも考えられる。

この事件の真相は、脇坂の睨んだ通り、当主も含めた黒田家ぐるみで計画されたものであろう。しかし結局のところは、天保四年（一八三三）九月、留守居兼家老の大森恵助の独断によるものとして処理され、彼は江戸から追放となっている。責任を取らされたのであった。

寺社の流行り廃りの様子

太郎稲荷をはじめとする稲荷社の流行り廃りの様子は、その他の寺社にも共通していた。また、参詣人を集めるために、あの手この手の工夫がなされていた点や、宗教施設というより、エンターテインメントとしての成功を求めるといった点も同様の傾向にあった。とりわけ寺院の経営感覚すなわち「お金儲け」への執着はすさまじく、黒田家の「黄金不動」のように、時にはインチキも厭わなかった。

そうした寺社側に対して、他方には現世利益を追い求める多数の人々があった。寺社が彼らに「満足感」を与えることに成功すれば繁昌に通じたのである。そして参詣人の集まり具合は、評判に左右された。「御利益がある」、「霊験あらたか」、「面白い見せ物がある」という評判が立てば、それは瞬く間に人々に広まった。口コミはもとより錦絵や瓦版などもそれに一役買った。逆に、「御利益がない」、「あまり利かない」、「つまらない」という話も瞬く間に伝わったと考えられる。寺社の流行り廃りと評判や噂は密接に連動していたのであった。

　そうした様子を、引き続き『武江年表』からみていくことにする。とりわけ参詣人を集めるために寺社が凝らした工夫について触れていきたい。

　寛永六年（一六二九）の項には「六月上旬より目黒村不動尊、諸願成就するよしにして、俄に江戸中老若男女群集す」という記載があって、三代将軍家光の時代から、江戸近郊の目黒不動（現・目黒区下目黒三丁目）が「諸願成就」ということで、急に流行り出したと述べられている。

　その後、享保三年（一七一八）には「二月十五日、深川本誓寺鼻欠《はなかけ》地蔵尊、今日よりはやり出して貴賤群集し、もろ〱の願ひをかくるよし、『江戸砂子』にいへり」とあって、『江戸砂子』を引用する形で記されている。

　このあたりまでは、単に寺社に急に人々が参詣に訪れるようになったことだけが書かれているが、享保十五年（一七三〇）の項では、「高田八幡宮破損によつて、喜多七太夫を請ふて、五月十五日より日数五日の間、地内に於て勧化能興行（桟敷金二分より一分二朱、一人銀二匁づゝ、なり）」とある。穴八幡宮（現・新宿区西早稲田二丁目）の補修費用を得るべく参詣人を集めるために、勧化能を興行したことが記載されている。

　享保二十年（一七三五）になると、「大久保七面宮別当法善寺は、むかし桜の名所にして、春毎貴賤、此所に遊観せり。春時山《しゅんじざん》と号するも、このゆへなるべし。享保の頃は未《いまだ》桜も残りしかど、遊観の人は稀なりし由、崔下庵いへり」という記述もあらわれてくる。法善寺（現・新宿区新宿六丁目）が参詣人集めのために境内を桜の名所とすることに成功し、かつては桜の季節になると江戸の人々が集まったが、『武江年表』が書かれた嘉永年間になると、すでにその面影は全く失われてしまったと書かれている。それでも享保期頃までは桜の木は残っていたらしいが、一度名所になることができても、それを長期にわたって維持するのは難しかったのである。継続的な維持管理が厳しかったのか、人気が他の桜の名所に移ってしまったのかはともかく、名所がいつまでもその地位を保持できるとは限らない好例となっている。

似たような例としては、文化十四年（一八一七）にも、「根岸円光寺庭中、長二十七間・横四尺余の藤棚あり。一株の名樹なり。文化の頃迄は、盛の頃、都下の騒人こゝに集ひしが、惜むべし、文政始の頃枯果たり」という記載がある。根岸の円光寺（現・台東区根岸三丁目）は立派な藤棚を売りものにして亀戸天満宮と並んで藤見物の参詣人に人気があったが、肝心の藤の樹が枯れてしまっては万事休するほかなかったのである。

繁昌したお寺が流行らなくなった例も多い。寛政元年（一七八九）の項には、「天明七、八年の頃より、碑文谷法花寺（法華寺）の仁王尊、諸願成就するよしにて、貴賤男女参詣する事あり。次第に群集夥かりしが、十二年ばかりにして絶たり（祈願の者、断食をして籠る。又日参等もありし）」とある。碑文谷法華寺とは現在の円融寺（目黒区碑文谷一丁目）のことで、今日でも金剛力士像で有名である。ピーク時には参詣人が集中して、断食して籠る者が出るほどヒートアップしたのであったが、十二年ほどで静かになってしまった。法華寺が人々に飽きられてしまった理由はさまざまであろうが、これもお寺の流行り廃りの例である。

寛政三年（一七九一）には、「八月十七日、麻布本村氷川明神祭礼、出し・練物等出る（其後休）」とあって、山車や練物を出して祭礼を盛り上げたものの、「其後休」というように長続きしないものも多かった。派手にお祭りを行うには、コスト負担に耐え続ける必要があったのである。

一方、文化四年（一八〇七）の記事には、これまで取り上げたものとは若干性格の異なるものが記載されている。「六月二十日、中平井村百姓文六といふもの、逆井《さかさゐ》村の川面にて蜆を取るとて、籠の内に日蓮上人の像を得て、平井妙光寺に納む」というものである。しかし、「シジミ漁の籠に日蓮像がかかった」ことの真相は不明である。浅草寺の本尊も漁師の網にかかった観音像だということになっているので、あらかじめ製作しておいた日蓮像を籠に入れておいた可能性もある。『武江年表』にはこの日蓮像が人集めに一役買ったか否かについての記載はないが、作り話＝虚説によって参詣人を集めようとした者がいたとみて間違いはないであろう。

参詣人動員に手管を尽くすのが講じて、虚説やインチキ話による人集めへとエスカレートすることもあったのである。

矢口新田社と『神霊矢口渡』

時代は前後するが、宝暦十三年（一七六三）の記事には、「宝暦末より矢口新田社に参詣多し。社地に矢を売始、詣人求て守《まもり》とす」という短い記載がある。神社の名前にかけた矢で作ったお守りを売り出して、参詣人が買い求めたと書かれている。矢口新田社とは、現在の新田神社（大田区矢口一丁目）のことである。

この七年後の明和七年（一七七〇）正月には、平賀源内が福内鬼外のペンネームで『太平記』に題材をとって著した江戸浄瑠璃の名作『神霊矢口渡《しんれいやぐちのわたし》』が江戸外記座で初演された。初演当初から好評で、その年の秋には大坂でも演じられている。その後、寛政六年（一七九四）には江戸桐座で歌舞伎として公演され、現在でも四段目「頓兵衛内」が演じられることがある。

『神霊矢口渡』は、新田義貞の子義興《よしおき》が多摩川の矢口渡で足利方の工作によって謀殺された後に繰り広げられる義興ゆかりの者たちが活躍する舞台。義興の弟で主人公の義岑《よしみね》と彼にかけられた懸賞金に目がくらんだ矢口渡の渡守頓兵衛の娘お舟との悲恋と魅力的な筋書きで、義興が新田大明神として矢口に祀られたことも描かれている。浄瑠璃の主な舞台は江戸近郊に実在して人々がイメージしやすい矢口新田社であり、物語のクライマックスでは、祭神である義興の放った新田家家宝の水破《すいは》兵破《ひょうは》の二本の矢が頓兵衛ら悪者の喉を射抜いて、絶体絶命だった義岑が救われるという筋立てもあって人気を博した。

なお、矢口新田社に祀られている新田義興は徳川家の先祖とも同じ系統であり、江戸の人々に馴染みの深い神社となっていた。

『神霊矢口渡』の成立については諸説あるが、それを収録した『風来山人集（日本古典文学大系55）』の校注者である中村幸彦氏によれば「彼に浄瑠璃執筆をすすめたのが、当時江戸二丁町外記座の作者吉田冠子であった。執筆の時は跋によれば明和六年末で、明和七年正月十六日、同座で上演の日から、さほど以前でないと読みとれる。ただしこの浄瑠璃の執筆には、種々の伝説がある。新田大明神の祀官の依頼で、神社振興策として作った（水谷〈不倒〉氏紹介）とか、明和五年秩父滞在中の作である（暉峻〈康隆〉氏紹介）とか。が今それを正す方法がないので、ただに記載するにとどめる」とある。矢口新田社が源内に依頼したとするほうが話としては面白いが、残念ながら定かではない。

一方で、『武江年表』によると宝暦十三年にはすでに矢のお守りが販売されていたと書かれていることからすれば、「お守りの矢で有名な矢口新田社」を舞台とする浄瑠璃を書けば〝大ヒット間違いなし〟と見込んで、源内が矢口新田社の人気に便乗して書いた可能性もある。

鰻の消費拡大のためのマーケティングを依頼された源内が、土用と鰻を組み合わせて「土用のうなぎ」を考案して、それが現在まで続く日本の食文化になっていることはよく知られている。いずれの場合であっても、マーケティングの達人であった源内であれば置かれた状況に応じた物語を書くことはできたのであろう。

この時代になると、江戸では開帳や祭礼、縁日が目白押しの状態になっており、神社を繁昌させることはより難しくなっていた。寺社にお参りに行こうとする人々の潜在需要を掘り起こす努力も必要であったし、他の寺社との差別化を図って〝参詣人市場〟の中での競争で優位に立つことも大事であった。単なる秘仏や秘宝の一般公開ではインパクトが弱く〝お客を呼べない〟状況になっていたからである。神社仏閣や開帳などに対する江戸の人々の目は、時代につれて肥えていったのであった。神社仏閣の人気を高めるためには、従来のような秘仏や秘宝の公開と並んで、その神社仏閣にまつわるストーリー性が重要になっていたといえる。源内は江戸の各階層の人々にとって馴染みの深い『太平記』をベースにしたストーリーを展開して、その中に御利益なりお守りなどをちりばめたのである。矢口新田社と浄瑠璃双方の相乗効果（コラボレーション）でマーケティングに成功したのが『神霊矢口渡』であったといえるだろう。

ただし、『神霊矢口渡』は事実を題材にしたフィクションであることから、〝創作〟〝脚色〟といった虚説に通じる要素も含まれることは否定できない。ここでは、「どこまでがフィクションでどこからが虚説になるのか」という問題があることを述べるにとどめる。

新宿正受院への手入れ

さらに、参詣者を増やして寄進、祈禱料などの収入を増やすために、作り話や虚説によって「霊験あらたか」であるように偽装することもあった。そしてその偽装が現世利益を求める多くの善男善女の支持を受ける形で〝見事〟なほど当っているところに、神社仏閣の「風評被害」ならぬ「風評利益」の一端が見えてくる。ここで紹介するのはその典型的な例で、最後は寺社奉行の手入れを受けるほど、当時としても目に余るものであった。

先述（二三二ページ）のように『武江年表』の天保十四年（一八四三）の記事には、新宿の正受院の奪衣婆にお参りすると「口の中の病に効く」、「咳が治る」ということで、文政期ころから参詣者が多くなり、嘉永になっても毎日お参りする者やお百度を踏む者も多い、という記事が掲載されている。病気の平癒に「御利益」があるということで参詣人が集まった例である。

奪衣婆（葬頭河婆《しょうずかわのばば》、正塚婆《しょうづかのばば》、老婆王ともいう）は、地獄の閻魔大王の手下の老婆で、三途の川

＝葬頭河の渡し銭を持たずに来た者の衣服を剝ぎ取るのが役目である。正受院は内藤新宿の遊郭に隣接しており、遊びに来る客から「衣服を剝ぎ取るように」という意味での厚い〝信仰〟も集めていた。正受院に隣接する太宗寺では、現在でも閻魔大王と奪衣婆の像を拝観できる。

この奪衣婆の人気は爆発的なもので、奪衣婆と翁稲荷とで江戸の人々の人気を二分しており、錦絵などで盛んに取り上げられている。幕末期の江戸の記録として有名な『藤岡屋日記』でも、嘉永二年（一八四九）当時流行していたものとして、「新宿老女婆」と「翁いなり」が挙げられており、「嘉永二己酉年　翁稲荷、新宿の老婆、於竹、三人拳の画出るなり」の記事がある。この三人拳の絵は、四ツ谷正受院老婆王・江戸橋翁稲荷大明神に両国於竹大日如来を加えた当時の人気神仏が競い合う図柄である。

しかし、こうした人気沸騰には裏があった。『武江年表』の嘉永二年の記事には、「今年より四谷新宿後《うしろ》、正受院安置の奪衣婆の像へ諸願をかくる事行れ、日毎に参詣群集し、百度参等をす（これ迄は、口中の病を守たまふとて、信心の者もありしなり）。これに依て、売僧《まいす》ども種々奇怪の妄説を云ふらし、香花を募ること甚しかりければ、程なく露顕し、官府の御処置に依ておのづから群集のこと衰へたり」とある。

奪衣婆の人気を良いことに、正受院の僧侶たちが香華を集めるために「種々奇怪の盲説」を言いふらしたが、それが露見して当局の手が入った。そのため、参詣者も激減したのであった。

月岑は摘発の様子や「種々奇怪の盲説」の内容については記していないが、『藤岡屋日記』では詳しく述べている。そこから正受院の〝容疑〟をみてみると、「内藤新宿正受院境内老婆王一件之儀ニ付、不正之義有之、右ニ付、今日御手入也」（傍点筆者）となっており、担当は「御月番寺社奉行脇坂淡路守御懸り」であった。脇坂淡路守は「黄金不動」を摘発した脇坂安董《やすただ》の子の安宅《やすおり》のことである。

嘉永二年閏四月十三日、淡路守の家来と寺社方の役人が大挙して出動し、蟻の這い出る隙間もないくらいに正受院を取り囲んでから、住職をはじめ所化（弟子）をことごとく逮捕した。そして、奪衣婆の参詣ができないように縄張り（立入禁止）をしたのである。

『藤岡屋日記』には、「不正之義」として虚説や作り話で参詣人を集めたことのほか、坊主たちの目に余る増長、御膳料《おぜんりよう》＝祈禱料の法外な吊り上げ、さらに〝奉納物の還流ビジネス〟にも触れている。還流ビジネスとは、参詣者に対しては寺の指定業者だけから奉納物を購入させて、それが寺に納められると右から左へと、同じ指定業者に買い取らせるというもので、一つの奉納物が何回も使いまわされて、寺はそのたびに代金が稼げるのであった。

それでは何故、老婆王（『藤岡屋日記』では「奪衣婆」ではなく「老婆王」と記している）がそれほど爆発的な人気となったのだろうか。『藤岡屋日記』に書かれている老婆王のご利益に関する虚説・作り話のいくつかを紹介しよう。

まず弘化四年（一八四七）、「寺に押し入った強盗団が老婆王の法力で捕まった」という話が評判になったが、翌嘉永元年になると参詣も下火になった。そこで、「寺の小火《ぼや》を老婆王が自らもみ消した」という噂を仕組んで、またもや参詣人が押し寄せるようになった。そうした評判の最中、「梅毒に悩んでいた新宿の女郎を平癒させた。女郎は願かけのときに高価な奉納物（縮緬の褥）を約束していたが、老婆王は慈悲深いことに、それには及ばないと断った」という話も出てきた。この話は「病気を治してくれる」だけではなく「お慈悲深い老婆王サマ」を演出するもので、人々の評判はうなぎ登りになっていった。

いずれも現代人の目から見れば、他愛のない話ではあるが、当時の人々にとっては結構リアリティがあって信じやすかったのであった。また、信じたからこそ、大勢の参詣者が訪れたのであった。

奉納物や祈禱料の増加で正受院は裕福になった。そうなると、住職から所化にいたるまで調子に乗るのはお定まりのパターンであった。毎晩、新宿の女郎を買う、鰻の蒲焼も鼻についたから鯉のあらい（あっさりしているから）を奢るといった具合である。それでも嘉永元年の大晦日の決算では、諸費用を除いて千両も残すほどであった。

年が明けると寺はさらに繁昌し、坊主たちもますます増長した。奉納の綿・線香については指定業者以外からは受け付けないことに定めた。指定業者から上納金を徴収するとともに奉納物は指定業者に売却した。これが〝奉納物の還流ビジネス〟である。なお、線香とともに綿が奉納物となっていたのは、咳がなおると綿が奉納され、像に綿がかぶせられたからであった。

さらに、寺では老婆王の拝観料と御膳料＝祈禱料も大幅に値上げした。老婆王を拝むには最初銭十二文であったのを一挙に銭百文に値上げした。御膳料も銭百文を銀一匁にした。しかも、この額でも直ちに祈禱を上げるわけではなく五日も十日も待たせた。大病を患う者の家族などが急いで祈禱を願う場合には、金百疋、二百疋を取るようになったのである。なお、金百疋＝金一分

＝銭一貫目に相当し、金一分×四＝一両という計算となる。

この様子が、『武江年表』(2)の「売僧ども種々奇怪の妄説を云ふらし、香花を募ること甚しかりければ」という表現につながっている。しかし繰り返しになるが、正受院はいかにもいきすぎたが、さまざまな現世利益を求める老若男女の層が厚かったからこそ、インチキ話が参詣人の集中や正受院の大儲けをもたらしたのである。

なお、この正受院関係者への判決は嘉永二年七月九日に出され、住職の舜海には逼塞が申し付けられている。その理由は、参詣者を当て込んで境内にヨシズ張りの水茶屋などを当局に無断で建てたこと、「信仰之者」たちが奉納したが、その線香や幟などを仏前に供えずに売り払ったことなどが不埒であるとされたことであった。先に述べたような作り話については、「御利益」の有無にかかわることであり、寺社奉行としては立証が困難であったことからか、責任を問うていない。虚説の扱いは難しかったのであろう。

註

(1) 櫻井通晴によればコーポレート・レピュテーションとは「経営者および従業員による過去の行為の結果、および現在と将来の予測情報をもとに、企業を取り巻くさまざまなステークホルダーから導かれる持続可能な競争優位」と定義され、企業価値を高める非常に重要な無形資産である、とされている。

(2) なお、この正受院の南側に霞関山大宗寺がある。しかし、『武江年表』と同じ作者による『江戸名所図会』巻之三天璣之部には大宗寺の沿革及びその門内には「沙門正元坊が造立するところの銅像の地蔵尊あり（江戸六地蔵の第二番目なり）」という言及はあるが、正受院については一字も費やしていない。

同一著者による年表と地誌の書き分けぶりからすれば、月岑がそれを意図的に行ったのか無意識によるものであったのか、いずれにせよ、後年の読者にとっての「史的事実」に、大きな相対性が付きつけられる好例になっているといえよう。

第8章

開帳とビジネス

開帳の実際

前章では、神社仏閣の流行り廃りや、参詣人を集めるための工夫などについて述べてきたが、そのことが象徴的に表れたのが「開帳」であった。

開帳とは、通常は厨子などに入れて人の目には触れさせない秘仏や本尊を、特別の日などに厨子の扉や帳を開いて拝ませるものである。直接拝むことができれば大きな御利益が期待できるので、通常より多くの人々が参拝に訪れるだけではなく、参拝者は賽銭を奮発するようになる。『大江戸の正体』（鈴木理生）によれば「このことは、社会状況の安定化と交通事情の充実によって、寺が寺領や檀家の分布地域を越えて、より広範囲に信者を獲得できる条件を得たことの反映でもあった。そのため開帳は寺院の資金稼ぎの手段として多く行われた」ということになる。

国会図書館が所蔵する旧幕府引継書の中には、享保十八年（一七三三）から明治元年（一八六八）までに寺社奉行が所管した開帳免許事項の記録である『開帳差免帳《さしめんちょう》』があるが、許可された開帳の件数は千五百件以上で、そのうち修復助成を理由とするものは約千四百件近く（約九〇パーセント）を占めているのである。

開帳には二通りあり、自ら所有する御本尊やその他の宝物を定期的に一般公開するのが居開帳である。一方、出開帳といって、信州の善光寺や奈良の東大寺といった地方の有名寺院の秘仏や宝物を江戸で展示して人を集めることも日常の風景であった。この場合、出開帳を行う地方寺院の〝売上〟とともに、出開帳の場所となる宿寺《しゅくでら》も潤った。両国の回向院（現・墨田区両国二丁目）

や深川の永代寺（現・江東区富岡一丁目、当時は富岡八幡宮の別当寺院として隆盛を極めていた）などは広大な境内を有していただけではなく、水運と陸路双方のアクセスに恵まれていたことから出開帳の本場となっていた。そこでは複数の寺院の出開帳が同時に催されるような場合も多かった。

平成八年（一九九六）に東京国立博物館で開催された『特別展　法隆寺献納宝物』図録所収の金子啓明による解説によれば、開帳を実施するには寺社奉行の許可が必要で、開催の場所となる寺院、期間、秘仏・宝物のリストなどを申請しなければならなかった。また、出開帳では本国から送られる宝物などの江戸への搬入経路についても、寺社奉行の承認を必要とした。そして、「出開帳の会場となる寺社では、本堂などの既存の堂宇を使用することは許されず、境内に仮の建物を造って行う規則になっており、会期の終了後、仮屋は撤去」することになっていた。

居開帳・出開帳のいずれも、そこでは希少性と〝有難さ〟がアピールされた。「今でなければ見られない」、「御利益を得るのは今しかない」といったことを人々に訴えたのであった。

享保五年（一七二〇）には開帳の間隔は三十三年と定められ、寺社奉行の許可を受けて一度開催すると、年限が来るまではできなくなっている。しかし、『開帳差免帳』を詳細に分析した「江戸の開帳」（比留間尚）によると、江戸に所在した寺院の居開帳では、浅草寺が三十一回、江ノ島弁天（本所）が十六回、護国寺が十五回、亀戸天満宮十三回、吉祥寺洲崎弁天十二回、木下川浄光寺十回、深川八幡永代寺十回、浄閑寺（三ノ輪）十回などとなっており、原則は守られていない。この点について『大江戸の正体』（前掲）では、「将軍や大奥の女性達と縁故関係のある寺院の開帳回数が多い傾向にある」と指摘している。

出開帳に関して、「江戸の開帳」（前掲）では、成田の新勝寺が十二回、山城の清凉寺が十回、下総の法華経寺が九回で、そのほか有名どころでは東大寺二月堂が六回、甲斐の身延山も六回などとなっている。そして、出開帳の宿寺は、本所・回向院が百六十六回、深川・永代寺が五十八回、湯島天神が三十一回、大塚・護国寺が二十五回、深川・浄心寺が二十三回といった具合である。

ところで現在も、博物館・美術館や百貨店が「〇〇寺展」といった展覧会をたびたび開催し、人気のある展示の時には、長蛇の列ができるほど観客が集まることがある。そうした人々の心理や好奇心は出開帳と通じるものがあるのかもしれない。

開帳と利益

先に、江戸時代の開帳の大部分は寺社の経済的な動機に基づくものであると述べたが、堂塔の修復や再建、維持管理はもとより、僧侶や神官たちの生活費を得るためにも活用された。それゆえ、開帳は貨幣経済に組み込まれたものとなっていた。

『武江年表』の承応三年（一六五四）の記事に、「浅草寺観世音開帳（此時、賽銭を金三百両の入札に落し、売渡せしと云。当時、平常の香花にも劣れり）」とある。これは『武江年表』における開帳関係記事の初出となっているが、その時点ですでに、開帳による賽銭収入を請け負う業者があったわけである。開帳の賽銭収入を業者に三百両で落札させたというものである。しかし、企画が悪かったのか、天候に恵まれなかったのか、宣伝が行き届かなかったのかは詳らかではないが、蓋を開けてみると「平常の香花にも劣れり」という惨憺たる結果に終わっている。儲かると予想を立てていても、思い通りに運ぶとは限らなかった。

江戸時代の前半でこのような状況であることからすれば、時代が下がるにつれて〝開帳馴れ〟した江戸の人々の評価の目は厳しさを増していったといえる。それだからこそ、開帳を含めた寺社の参詣人動員に向けた工夫・工作はエスカレートしていったのである。

法隆寺の場合——元禄の出開帳

元禄七年（一六九四）法隆寺の出開帳が江戸の本所回向院で開かれているが、その約三百年後の平成二年（一九九〇）にも、四月二十六日から五月十五日まで、「法隆寺秘宝展」が日本橋高島屋で開催された[1]。

その際に発行された図録『平成の出開帳　法隆寺秘宝展——百済観音堂建立勧進——目録』の冒頭に掲げられた法隆寺の大野可圓貫主の「ご挨拶」では、この秘宝展は「元禄七年に行われた『法隆寺出開帳』を再現する」もので、「百済観音堂建立の意義を多くの方々にご理解いただくこと」、つまり堂塔建設費の調達が目的とされている。ただし、この開帳については『武江年表』には記載がなく、享保十八年（一七三三）以降の開帳記録である『開帳差免帳面』にも当然のことながら記されてはいない。

この図録に収録された高田良信「元禄七年の出開帳」によれば、元禄の出開帳の目的は伽藍の修理費の手当であり、寺側では出開帳の実現に向けて、後西院の皇女である中宮寺（法隆寺内）の慈雲院から将軍綱吉の生母である桂昌院などへの紹介状を得ることに成功していた。

その甲斐もあって、閏五月九日には寺社奉行から開帳が許可され、開帳場所も本所回向院と決まった。開帳の出願時に提出した「口上書」には、法隆寺の由来、大坂夏の陣の際に家康公が立ち寄ったこと、法隆寺の旧領地と御朱印、伽藍の老朽化の実情、修理費に困窮している状況などが記されていた。

当初予定していた元禄七年七月五日から九月五日の約二か月間で、千六百七十七両一歩十五匁（ママ）[2]の浄財が集まり、延長期間である九月十五日から十月十五日までの約一か月間では、三百二十六両一歩二分六厘（ママ）を集めている。桂昌院や日光御門主の後ろ盾が奏功したのか、それらとは別に将軍綱吉からは七百十六両二歩十匁（ママ）、桂昌院からは五百両と常夜灯料として五十両、諸大名からは九百七十五両二歩六匁八分（ママ）の計四千両以上の資金集めに成功した。なお六月十六日、出開帳の先発隊の代表格であった寺僧の覚勝たちは、持参していた何点かの寺宝を持って江戸城に登城し、桂昌院の上覧を得ることに成功している。そのとき、桂昌院から金三百両の寄進の申し出（後に五百両に増額）を貰うなど、幸先の良いスタートを切っている。

綱吉や桂昌院は各地の寺院修復や建立に多額の幕府財源をつぎ込んだことで有名だが、法隆寺も例外ではなく、むしろ破格の扱いを受けている。同じく図録所収の「元禄七年出開帳再現　出開帳エピソード」によれば、九月三日に寺僧たちが登城し綱吉による宝物の上覧（その後、将軍の御講釈を拝聴、能を拝見）、十月十三日にも綱吉の御講釈を拝聴、九月十三日には覚勝が登城して桂昌院に寺宝の上覧を受ける、といった具合であった。

ただし、将軍綱吉の公式記録である『常憲院殿御実紀』には、それぞれに該当する記事は見当たらない。『常憲院殿御実紀』の九月三日の記事にも「三日柳沢出羽守保明《やすあき》（吉保）が邸に臨駕あり。保明に鯛、妻に檜重給ふ。かしこに酒井河内守忠挙をめされて、御筆の大字を下さる。御講書、中楽等例のごとく、内々の恩賜家臣にをよぶ」とあるのみである。柳沢邸などで将軍に私的な上覧を得た可能性は否定できないが、真相は不明である。

ところで、この「元禄七年出開帳再現　出開帳エピソード」では、「出開帳の出開帳を連日のように行っており、その結果、多大の浄財を得る」とあるように、法隆寺では江戸に持ち込んだ宝物を、回向院での公開とは別に、出前よろしく大名や旗本の屋敷に持参して多くの寄進や饗応を受けている。とりわけ六月三十日には水戸中納言光圀の所望により、小石川の水戸家上屋敷まで「南無仏舎利」などを持参し、寄進を受けた。

諸大名からの寄進が九百七十五両あまりに上ったのは、第一にそうした〝出開帳の出開帳〟を積極的に行ったためであるが、出開帳が始まる前の六月十六日に桂昌院の上覧を実現できたことも大きかった。そして、桂昌院の上覧が無事済んで、出開帳が始まる直前の六月三十日に光圀が宝物を見たということによって、出開帳の権威はさらに高められることになった。諸侯もそれに倣って次々に〝出開帳の出開帳〟を申し込んだのであろう。

ところで、将軍や桂昌院、光圀をはじめとする大名への〝出開帳の出開帳〟は、呉服の超優良顧客の屋敷に出向いて一点物や特注品などの注文を受けるビジネスモデルと共通する。これは、まだ武士にお金があった時代の商法である。

「現銀掛値なし」の商法で有名な三井高利《たかとし》は、延宝元年（一六七三）江戸本町に呉服店、京都に仕入店を開いたが、当時の江戸本町には、後藤縫殿助《ぬいのすけ》や茶屋四郎次郎《しろうじろう》といった幕府御用達の有力呉服商が集積していた。彼らのビジネスモデルは将軍や大奥、高級幕臣や諸大名を顧客とし、商品を顧客の屋敷に持参して掛値で販売する見世物《みせもの》商《あきない》・屋敷売りと呼ばれるものであった。

一方、三井家の開業当初は、仕入面では掛買、販売面では諸国商人売り、店頭販売、現銀掛値なしといった行商を含めた小規模なものだった。こうした商法は、イージーオーダー、布地の切り売りなど新興の購買層となっていた町人階層をターゲットとするもので、スピードと価格で勝負をした。顧客の要求にその場で対応するといった小回りの利く商法により商品回転率を向上させたり、掛売の利子分の値下げを実現した。

この新たなビジネスモデルは高級呉服市場の底辺を拡大し、既存の市場を脅かす存在となったため、既存の呉服商たちから強烈な反発と妨害を受けるほどの競争状態が発生したが、消費者からは歓迎されたため成長が続き、天和二年（一六八二）に駿河町へ店舗を移転している。[3]

失敗した天保の出開帳

法隆寺は元禄から約百五十年後の天保十三年（一八四二）六月から八月にかけて、二回目の江戸出開帳を行っている。場所は前回と同じ回向院、目的も伽藍修復のための資金集めで、元禄の出開帳の再現を狙ってのことであった。しかし、先の金子啓明の解説（『特別展法隆寺献納宝物』

図録）によれば、天保の出開帳は興行的には大失敗に終わっている。

　赤字になった原因は、十八世紀後半以後、幕府の方針が変更され、伽藍修復の資金は出開帳の収益によって自力で調達させるようになっていたことに加えて、前年の天保十二年（一八四一）十月に出された倹約令による影響が大きかったとされる。また、大井川の増水で宝物類の江戸到着が遅れて、開帳の開始を延期せざるを得なかったといった不運も重なっていた。

　法隆寺は元禄の時のように、江戸城に宝物を運び込もうとしたが許されず、諸大名などへの〝出開帳の出開帳〟も期待外れに終わった。財政危機の幕府としても、修繕費用の負担につながる江戸城内での将軍上覧に応じないのは当然であった。他の寺社への波及も懸念された。諸大名もほとんどが財政危機に陥っており、余計な支出は無理であった。「持参しますからご上覧くださ い」というのは、「ご覧いただくので、お金をください」というのに等しかったのである。すでに、一般人の動員数によって出開帳の収益が決まる時代になっていたのであった。

　そのような時代に、不景気の江戸で出開帳を実施したのは無謀ともいえた。寺社奉行への出開帳の出願が天保十二年正月で、天保改革の一環としての倹約令の発令が十月であったとはいえ、倹約令によって天保十三年六月からの出開帳の来場者数や寄進、賽銭の金額に大きな影響が出ることは予想できたはずである。

　出開帳の期間中は、倹約令が江戸市中で厳格に実施されており、同年十二月の諸問屋組合の廃止による金融逼迫の発生もあって、深刻な不景気に見舞われていたからである。法隆寺に対する信仰は江戸でも盛んで、とりわけ聖徳太子に関しては、古く建築や木工の守護神とされたことから江戸の職人層を中心として幅広い信仰を集めていたが、天保改革によって、職人たちの受けた打撃も大きかったのである。にもかかわらず、出開帳の実施に踏み切った法隆寺の判断は、景気動向にはじまり、スポンサーが様変わりした状況や、江戸の信者たちが置かれている状況、すなわち〝出開帳マーケットの状況〟をほとんど無視したものとなっていた。

時代は下るが、平成二年の法隆寺主催による『平成の出開帳』の図録では、天保の出開帳については触れられていない。東京国立博物館の図録によれば、天保の出開帳の失敗後、法隆寺内には「今後、出開帳をむやみに開催することは控えるべき」という雰囲気があったとされるが、天保の出開帳は法隆寺にとって二十一世紀になってもトラウマになっているのかもしれない。

これを現代のファッション産業に準えると、超優良顧客の注文に応じて作られる一点物や特注品の高級服といったオートクチュールに始まり、高級既製服（プレタポルテ）から大衆向けの普及品までさまざまな市場と、それに応じたビジネスの形態が成り立っている。法隆寺の悲劇は、服飾の場合に喩えれば、オートクチュールやプレタポルテの時代が過去のものになり、すでに大衆向け普及品の大量販売の時代に変わっていたことへの認識を十分にしないままに、不景気の真っただ中に旧態依然のビジネスモデルで出開帳に踏み切った点にあろう。

開帳を成功させる工夫

法隆寺は天保の出開帳で大失敗したが、一般的にいって、開帳を成功させるためには涙ぐましい努力が払われており、まさに「あの手この手」の状況となっていた。

はじめの頃は本尊や秘仏などを単体で公開する場合が多かったのが、宝暦期あたりから本尊と他の仏像や寺宝などをセットにしたり、秩父三十四番札所の各寺院の本尊を一堂に揃えて展示するようなケースも現れてくる。明和期頃になるとそれに加えて、開帳を行う寺社の境内で見世物などの興行が行われるようになる。人寄せの仕組みがエスカレートするに従って、開帳の様子も変化していったのである。

次に、その様子を『武江年表』からみていくことにしよう。

宝暦三年（一七五三）には、四月十五日から現在の宮城県金華山の弁才天を深川永代寺で開帳したが、その際に、ベッコウ細工でムカデを製作して評判をとろうとしている。現在ワシントン条約により原料の貿易が禁じられ、ベッコウそのものが風前の灯の状況にあるが、当時もベッコウ細工は贅沢な工芸品であった。そうした貴重で珍しい出し物によって集客を狙ったのであった。

安永七年（一七七八）六月一日から回向院で始まった信州善光寺の出開帳では、夜明け前から手に手に提灯を持った参詣者が大勢集まり、大声で念仏を唱えながらお参りする者が多かったと記されている。しかも、小さな黒牛の背中に名号「南無阿弥陀仏」を書くという平賀源内による企画が当たって、それを見物するための人も出て、大いに利益が出たとされている。「牛に曳かれて善光寺参り」という洒落と、その牛が〝南無阿弥陀仏〟で有り難いというわけである。こうなると、本尊や秘仏の公開という開帳の宗教性はさらに薄められて、興行そのものになっていくのであった。

さらに寛政二年（一七九〇）になると、人の集まりやすい深川永代寺で京都大仏に所属する弁才天の開帳があった。この開帳では、壬生狂言を境内で上演して見物人を集めるのに成功した。月岑によれば、この壬生狂言は永代寺境内だけではなく両国でも上演されたほか、幇間たちが芸の一部に取り入れるほど江戸で流行したとされている。しかし、壬生狂言は当たったものの、肝心の弁天の開帳は失敗したと書かれている。これは、見物人や参詣人を動員することと、開帳の興行成績は必ずしも一致しなかった一例である。

文化四年（一八〇七）の記述には、開帳の宣伝と参詣人の動員に組織的かつ大がかりに取り組んだケースが掲載されている。たとえば、回向院で開催された幸手不動尊（現・埼玉県幸手市、香水山楊池院正福寺）の開帳では、「二月二十八日より回向院にて、幸手不動院不動尊開帳（二十二日江戸到着の日。講中と号するもの、幟《のぼり》・鈴《れい》・錫杖《しやくじよう》・法螺《ほら》の類を持、前駆する事凡千人計《ばか》り。次に山伏数十人、兜巾《ときん》・篠掛《すずかけ》にて二列に列す。次に大なる斧を担《かつぎ》たる山伏二十人計り、法螺を吹く〈以下略〉」となっていて、大パフォーマンスを繰り広げて人集めに成功している。ところが集客までは首尾よく運んだものの、境内が混雑してけが人が出てしまい、当局からパフォーマンスを中止させられている。

嘉永四年（一八五一）の記事には、四月朔日から開かれた茅場町薬師如来の開帳で、呼び物として豊臣秀吉の馬印＝金色の〝千なり瓢箪〟を製作・展示したことが記されている。しかし、金箔が剝がれて下地が木製であることが露見してしまった。安物で間に合わせたからであった。

同じく四月二十日から六十日間にわたり、東本願寺に属する徳本寺の開催による三河国の勝鬘《しようまん》皇寺《おうじ》の出開帳では、室町時代の絵師、土佐光信の筆によるとされる聖徳太子の伝記を描いた絵巻四幅などが公開されている。有名画家の絵巻で集客を狙ったのである。同年五月の八丈島為朝《ためとも》明神像の出開帳では、附属の出し物の意匠がさらに凝らされている。境内に多くの見せ物を出すだけではなく、大黒天の腹の中から寿老人が出てきて踊るカラクリ人形を展示し呼び物にした。

一方、開帳ではその時々の世相や社会状況をうまく取り込む努力も払われていた。嘉永六年（一八五三）の記事には、「回向院、国府のあみだ如来開帳、九月十八日より十月十二日迄、三たび始る〈険難除《けんなんよけ》の守をいたす。そのかたはらに、鉄炮玉にあたらずとしるせり。異国船渡来せるより思ひよりて、此守札を出せしなり〈以下略〉〉」（傍点筆者）というものがあった。

アメリカ東インド艦隊司令長官ペリーが軍艦四隻を率いて浦賀に来航したのは、この年の六月であった。それ以前から、外国船の出没が相次いでおり、幕府は沿岸防備などに忙殺されるなど世上騒然とした世の中となっていた。そうした時節に乗る形で、「険難除」のお守りを「鉄砲玉にも効く」といって売り出したのであった。世はすでにチャンバラの時代から小銃・大砲の時代になっていたからである。月岑も「浮屠《ふと》家（＝寺院や僧のこと）の貨殖をはかる事、商家にまさりてかしこし」と評している。国難ものともせず、むしろそれを逆手に取ってお守りの販売増加につなげようとする浮屠家は、なまじの商売人よりも鋭いビジネス感覚を持っていた。法隆寺の浮屠家の〝経営感覚〟とは対照的であった。

三囲稲荷明神の開帳

次に、開帳の企画段階から実施に至るプロセスの一端を示すために、寛政十一年（一七九九）

二月十五日から六十日間にわたって開催された三囲稲荷社の開帳を紹介する。

三囲稲荷社（現・三囲神社、墨田区向島二丁目、祭神は宇迦御魂命《うかのみたまのみこと》）は、弘法大師の創祀とされ、同大師の作とされる神像が伝わる。文和年間（一三五二〜五六）に三井寺の僧源慶が再興したことになっており、その再興の工事中に、社地から神像入りの壺が掘り出され、どこからともなく現れた白キツネがその回りを三周したのが社名の由来という話も伝わっている。別当寺は三囲山延命寺（明治の神仏分離令により三囲神社と別れた後、関東大震災に罹災し、昭和二年〈一九二七〉に現在地の葛飾区白鳥四丁目に移転）で、慶長のころ現社地に遷祀された。

この稲荷は江戸に進出した三井家によって守護神として崇められ、享保八年（一七二三）には三井高房《たかふさ》が社地を拡張するとともに社殿を造営した。安政二年（一八五五）の大地震によって全壊した社殿は三井家によって再興されている。三囲稲荷社の「囲」の文字には三井の「井」が入っているので「三井を守る」神とされ、現在も三井グループ各社の守護神として崇敬されており、また三越の本・支店にも分霊が祀られている。余談だが、旧池袋三越の玄関に飾られていたシンボルのライオンは三囲神社の境内に移されている。

三囲神社は現在も雨乞いの神社として有名である。元禄六年（一六九三）の干ばつの際に、雨乞いを祈願する地元（小梅村＝現・墨田区向島）の農民たちに俳諧師榎本其角が「夕立や田をみめぐりの神ならば」と詠むと、翌日には雨が降ったということで霊験が有名になった。(4)

三囲稲荷社の寛政十一年（一七九九）の開帳に至る記録には、『東京市史稿　産業篇第四十三』所収の「三囲稲荷社開帳」というタイトルが付けられた一連の文書類がある。そこには、三井家

関係の〔寛政十一未年江戸三囲稲荷御尊像就御開帳連名通達状〕（以下「通達状」という）ととも
に、同じく三井家文書である〔永聴記〕と〔永要記〕、その他としては〔浅草寺日記〕の中から、
この開帳に関係する部分がまとめて掲載されている。

このうち「通達状」は、前年の寛政十年十月に小梅村と延命寺から開帳への助成の懇願を受け
た江戸の三井本店（越後屋呉服店）が、その処理をめぐって上方の本部との間で協議・報告した
ものの記録である。そこには、宝暦二年（一七五二）の前回の開帳に際して三井家側から支出し
た寄付金額のメモも含まれている。〔浅草寺日記〕には寛政十一年の開帳における幟や提灯など
の数と配置、寺社奉行への開帳願いや許可、〔永聴記〕には江戸の三井家関連の店々から開帳の
手伝いに出した人員などについての記述もある。それらを見る限り、三囲稲荷社の開帳は、実質
的にはほとんど三井の丸抱えで行われていた観がある。

「通達状」には、開帳を求める地元住民＝小梅村の村役人と別当寺である延命寺が、三囲稲荷社
の大スポンサーである三井家に対して、天明四年（一七八四）と寛政十一年の二度にわたって開
帳の実施を要請・懇願する様子が記録されている。寛政十一年の開帳に関しては、三囲稲荷社の
氏子はもちろん、村役人、延命寺の住職などが波状的に嘆願を繰り広げ、三井の江戸本店側でも、
実施はやむを得ないと判断するに至った経過なども見られる。とりわけ注目すべきは、開帳にお
いて損益分岐点を上回るような収益を上げようとする姿勢が随所に現れている点である。開催に
先立った「霊験」の演出、人目を引くため装飾計画など、さながら〝開帳ビジネス〟を展開する
にあたっての企画書のような色彩も帯びている。

一方、『武江年表』にも前章でも触れたように簡単な記載があり、「二月十五日より、三囲稲荷開帳（奉納造り物、品々あり。日本橋白木屋より天鵞絨にて張たる牛、黒木売の木偶を収む。開帳の飾物に美をつくすの始なり。参詣、群衆することおびたゞし）」とある。多数の奉納の造り物が出され、この開帳をきっかけに開帳の造り物が華美になっていったこと、参詣人が多数訪れたことなどが記されている。月岑は、日本橋の有名店である白木屋からビロード張りの牛などが出品されたとしているが、「三井の氏神」である三囲稲荷社の開帳に、白木屋が作り物を奉納したのだろうか。おおいに疑問である。

なお、「三囲稲荷社開帳」には、開帳期間中に境内や周辺に幟や提灯類、奉納物などを置くことについて、寺社奉行の許可を求める文書も含まれている。この文書は開帳の開始直後の寛政十一年二月二十五日の日付であるが、そこには「奉納作り物虎」、「奉納作り物御所車」の記載はあるが、「天鵞絨張りの牛」は見当たらない。

三井の経営不振――幻に終わった天明の開帳

それでは、開帳に至るまでのプロセスを寛政十年（一七九八）十月十六日付の「通達状」によって具体的にみていくことにするが、実は「幻の開帳」もあった。この史料では、この「幻の開帳」の経過の説明から始まる。

天明四年（一七八四）は、宝暦二年（一七五二）に前回の開帳が実施されてから三十三年目に当っていた。享保五年（一七二〇）に、開帳の間隔は三十三年と定められていたため、前年の天明三年に三囲稲荷のある小梅村の氏子たちから別当寺の延命寺に「開帳を実施してほしい」との願いが出された。

前回宝暦二年の開帳は江戸中の評判になって大いに賑わい、賽銭なども多く集まったほか、三井家の元方や江戸の店々からの寄附などもたくさん集まった。ところが、経費や雑費がかかり過ぎて収支は赤字になってしまった。そのため、天明三年の「開帳願い」に対しては、三井側では「彼是《かれこれ》難渋之《の》折柄」つまり経営状態も難しい時期であったので、開帳は先に延ばすように断わって、延命寺も納得せざるを得なかったのである。

「難渋之折柄」を若干説明すると、宝暦から天明期にかけての三井の経営は多事多難の時期を迎えていた。本店（越後屋）が経営不振となる一方、両替店も三井家の領主である紀州徳川家への貸付焦げ付きと多額の御用金などのため、経営が苦しくなっていた。安永三年（一七七四）には「持分け一件」といって本店・両替店・松坂店の三つに分裂するに至っている（『三井両替店』日本経営史研究所編）。

『三井両替店』によれば、分裂後、三井の内部では再統合への動きもあったが、両替店は独立志向を強めていた。両替店は、業績の振るわない本店との統合や巨額の借財処理に二の足を踏んでいたのであった。しかし紀州徳川家にとっては、両替店が分離すると金融を得る手段が狭まってしまうので、独立を容認できるものではなかった。その結果、三井家の内紛に介入するかたちで、寛政八年（一七九六）正月に紀州家の判決が下り、翌寛政九年五月に本店・両替店等が再統合となった。これを〝寛政一致〟といった。

開帳の実現に向けて

ここで「通達状」に戻ると、「然ニ氏子中より一昨年已来被申出候は、先年御開帳より余程之年数相立村方大勢之者尊体ヲ拝し候もの稀ニ有之候間、何卒御開帳被下候様ニと頻ニ相願被申」（傍点筆者）という部分が目に入ってくる。

つまり、この文書が記された寛政十年の「一昨年来」にあたる寛政八年から、三囲稲荷社の開帳をしてほしいとの要望が氏子たちから出てきたという点である。三井の再統合を方向づけた紀州家の判決が出たのが寛政八年正月なので、氏子たちはもとより延命寺の住職なども、それをチャンスとばかりに「開帳の陳情」をさっそく始めたのであった。

なお、後述のように、小梅村から越後屋に寛政十年九月に提出した開帳の願書では、文書をもって開帳を依頼したのは寛政九年六月となっている。しかし、口頭その他による陳情はその前から展開されていたとしても不自然ではない。

ここにあるように、氏子たちは「前回の開帳から長い年数が経ってしまい、御尊体を拝んだことのある村人がほとんどいなくなってしまったので、何卒、開帳を実現して下さい」と要望している。延命寺の住職もこれに輪をかける形で、「私も住職になってから四十年以上になり、七十歳を過ぎたので、自分が住職であるうちに是非とも開帳を行いたい」と店に度々申し入れていた。「自分も歳だから生きているうちになんとか」というわけで、〝泣き〟を入れたのであった。あるいは、住職を退くにあたっての〝退職金〟を念頭に置いていたのかもしれない。

ここまでは、「寛政一致後」の地元住民や延命寺の状況の報告である。これに続く部分は「御一件中之儀主中様方え申上候も如何奉存候て先相延し申度、程能及挨拶置申候儀御座候」とあって、三井の江戸本店（越後屋）の見解が述べられている。「御一件」すなわち安永三年の分裂から寛政九年の再統合に至るまでの混乱の最中であったので、三井各家の当主や大元方に取り次ぐのは適当でないとして、〝ほどよく〟挨拶することで済まして、先送りにしていたのであった。

しかし、小梅村の氏子や延命寺などの開帳にむけた熱気は高まるばかりであり、それと直接対応していた江戸の本店でも、そろそろ抗しきれない段階になったと判断していた。そのため「通達状」では、上方にある三井家の本部に、開帳やその援助は避けられない状況であることを認識させるために、氏子や延命寺の動向を、次のように具体的に報告している。

・今までは先送りしてきたが、先日以来、氏子たちから延命寺に「あまり年数も立ちすぎており、村で尊像を拝んだ経験のあるものが少なく、信心する者が減ってしまっては困るので、是非、明春の開帳を実現させて下さい」との願い出があった。

・先月、村方の名主が店を訪れ、「なんとか来春の開帳を行いたいので、江戸本店からもしかるべく取り計らってほしい」と言っている。

・村方の名主は、「当月中にも寺社奉行所へ開帳の出願をしないと期限切れで手遅れになるので、是非とも御聞き届け頂きたい」と述べている。

切迫した状況を報告した上で、「通達状」の核心に差しかかる。宝暦二年の開帳が大赤字になった反省とともに、延命寺の住職が財務管理を適切に行うと述べている。「延命寺御儀随分勘定高成御方ニ在之候間、右被申方之通不取締之儀も有御座間鋪とハ奏存候」（傍点筆者）と、江戸の越後屋としても今度の住職なら心配ない旨などを記している。

・前回の開帳は、ことのほか賑わって賽銭などの収入も良好であったが、財務の取締りが非常に悪かったので諸経費が大きくかかってしまった。

・延命寺の住職は、「前任の住職からの引継でも、甚だ不取締りであったと聞いています。来春に開帳する場合は、拙僧が十分に取締り勘弁し、特段の経費節減をして無駄な出費を出さないようにします。もちろん、開帳中の賽銭や寄附で諸経費を賄いますので、その他、境内の整備修理などについては御店表からのしかるべきお世話を頂きたい」と言っている。

・延命寺の住職は、ずいぶん勘定高い人物であるので、本人が言うように、開帳の会計が不取締りにはならないと存じます。

さらに、延命寺の住職が「初午の二月朔日はまだ寒く、風の強いなどは火災の心配などで世の中も騒々しくなるので二月末から三月に開始すれば、季節もよく、人出も多く繁昌する」と言っていると報告し、住職が経営感覚に優れた人物であることをさりげなくアピールすることも忘れてはいない。「今度の住職は堅い人物なので大丈夫です」といったところである。

そしてこの書状の追伸の部分では、以上の趣旨について三井各家の当主たちに伺いを立て、聞き届けて頂くよう頼んでほしいとしている。さらに、開帳を承知しないわけにはいかないこと、三井家の当主たちが三囲稲荷を信仰していることは世間もよく知っており「越後屋の稲荷様」とも呼ばれているので、もう逃げられないと強調している。

加えて江戸本店では、宝暦二年の開帳時における延命寺の勧化帳六冊を京大坂本店に送っている。それは、参考までに前回の寄附金額を通知するものであり、上方の本店関係では、京元方から金七両二歩・銀十七匁四分四厘、京大坂本店一巻から金三両三歩・銀二百五十八匁一分、京大坂両替店一巻から金二両・銀二百六十六匁二十二厘の寄付を出している。この他に、松坂店より金四両二歩・銀二匁二分、江戸四店より金三十両（江戸本店が十五両、両替店が六両、向店が六両、一丁目店が三両）を奉納している。また、江戸四店別宅共より金二百疋宛を出している。開帳を許すとなれば「これだけ経費がかかります」という情報を本部に伝えているのであった。

小梅村と越後屋の約束

なお「通達状」の十一月の部分には、九月の段階で小梅村の名主兼年寄の平井忠兵衛が江戸店に提出した願書の写しがある。内容は、先述の「通達状」の十月部分とだいたい同じであるが、越後屋が上方に提出した「開帳やむなし」という判断の基礎になったものといえる。

・天明四年には開帳はなかったので、村方の氏子一統は今年（寛政十年）の開帳を願い、昨年（寛政九年）の六月に延命寺からも書附をもって越後屋に願い出た。その時は村内の氏子たちを代表して名主・年寄が奥書をしている。

・しかし、「御店ニても其節は御取込ニ有之、先暫相延し候様被仰聞承知仕候」、その時は、店が忙しいので暫く先延ばしにするように、とのことであった。

・また最近になって、村方の氏子など三囲稲荷社を信心する者たちが「何卒、家内繁昌世上結縁のために開帳して頂き神像を伏し拝みたい」と、延命寺へ懇願している。

・この開帳が繁昌すれば、賽物奉納と諸雑用との差引残額は「御宮之積金」にして御店へ預けて置いて、万一、勘定不足等が生じても御店へは無心しないように取り決める。そのことは延命寺も承知しているので、開帳を御聞き届けになってもよいのではないか。

・寺社奉行所へは、近々願書を提出する予定なので、御店にも御届けする。

このなかで、開帳で黒字が出れば「御宮の積金」というファンドを作って越後屋に運用を任せること、万が一赤字になっても三井側には補填などの援助を求めないことを取り決めた点は、三井側のリスクを低下させる決定的な意味を持っていた。原文では、「右開帳繁昌致し賽物奉納と諸雑用と差引相残候ハ、御宮之積金ニ致シ御店へ預置度、万一品ニ寄勘定不足等相立候共御店え対し御無心申間敷旨ニ取極メ」（傍点筆者）とある。こうしたリスク軽減の実を取ることができたから、江戸の越後屋は上方に対して、開帳の実施を実質的に建言したのだろう。

江戸本店（越後屋）としても、なるべく三井全体でリスクを負わないために、そうした条件を水面下で氏子や延命寺と調整していたとみられる。地元に対しては「これだけの条件を呑むなら開帳を実施してもよい」と言う一方で、本部には「実施せざるを得ませんが、リスクは低くなりました」と使い分けるくらいは、当時のビジネスマンとしてはあり得たといえるだろう。

寛政十一年の二月になると、いよいよ開帳の準備も大詰めを迎えた。三井の江戸の四店では、開帳中に境内などに手伝いの人員を出すことになり、各店別の割り当て人数も決められた。「越後屋の稲荷様」と世間で言われるだけあって、いざ開帳となれば、資金面だけではなく人員面でも、三井家の役割は欠かせなかった。

それによれば、まず開帳中は毎日、四店・別宅の中から一人が出て、怠りなく参詣見舞＝関係者の接待や挨拶を行い、その際は、弁当を持参することとなっている。そして、「開帳中取持」すなわち事務方の応援としては、本店より三人、両替店より一人、向店より二人、芝口店より二人、本向出入中より二人、本店計《ばかり》出入一人、向店計出入一人、両替店家守中より二人、芝口店出入一人、合計十五人という割り当てとなった。また、神様そのほかの諸社の夜間のお世話係ということで、これとは別に家督退役中の者が出ることになった。

各店から出張する十五名は、御本社四人、地蔵堂一人、御願・御守三人、奉納場五人、諸々手廻り二人という具合に配置され、御神酒の世話は三店に出入の職人が受け持つことになった。いずれも麻上下を着用し、余計な経費をかけさせないためか、会場に常時張り付かせるためなのかは不明だが、それぞれ弁当を持参させている。

火の玉が飛び、御神託が下る

二月十五日からの開帳の下準備として、一月中からお社をはじめ境内の清掃などを行った。一月下旬には御神体を下げていったん仮の場所に遷座させ、元の部分も清めて準備万端整ったので、二月十二日の未明に御神体を仮の場所から本来の場所に遷宮することになった。ところが遷宮の前夜である二月十一日の深夜、とても奇異な出来事が起こり、江戸から京都の本店にあてた報告として〔永要記〕に記録されている。

それによれば、「十一日之晩暮六ツ半時頃御本社拝殿より火之玉飛出、又候四ツ時前同様ニ飛出、二度共境内中程ニて消火申候」。十一日の夕方六時頃と夜十時頃の二回、本社拝殿から火の玉が飛び出し、いずれも境内で消し止めたというものである。この現象は、別当寺である延命寺の僧侶や参詣者の面前で起こったのであった。

とても奇異なことで、その吉凶の見当もつかなかったので、延命寺の住職をはじめ、店の者たちも大いに驚いた。報告には、「誠ニ奇異之御事、吉凶之程難計延命寺院主を始店々何れも甚恐入申事ニ御座候」とある。そのため、延命寺はさっそく祈禱の護摩を行う騒ぎとなった。

この報告に記された不思議な事柄はそればかりではない。火の玉事件はあったが、遷座については店々の関係者が参集して十二日の未明に滞りなく終了していた。そこで、店から御湯と御神楽を差し上げて「御託宣（お告げ）がありますように」と神前にお願いした正にその時、「信心之願主家内安全於信心無怠は安全御守護可被下」という御神託が下ったのである。

つまり、「信心を怠らなければ願主の〝家内安全〟は護ってやろう」というもので、さまざまな混乱の末に経営を再統合したばかりの三井の関係者にとっては、何よりも有り難い〝お告げ〟であった。とはいえ、あまりに奇異の事なので、居合わせた者たちは恐れ入るほかなかった。

二度の火の玉にせよ御神託＝お告げにせよ、それらが事実か否かを証明する術はないが、当時としては、いずれも三囲稲荷社が「霊験あらたか」な神様であることを示すには十分すぎるもので、そうした話は人から人へと伝わっていった。事実、この報告書でも江戸から京都に向けて、〝事実〟の経過と有り難さが伝えられている。

もちろん、そこには開帳に向けた演出の疑いも否定はできない。氏子や延命寺と接していた江戸の三井関係者は開帳を推進する側に立っており、一般の参詣者を呼び込むことはもちろん、開帳の前評判を三井内部で高める動機は十分にあった。また、大勢が諸準備を入念に行った結果、気分が高まって集団心理によって奇異な現象を「体験」した可能性もある。いずれにせよ、火の玉と有り難いお告げのセットもあって、三囲稲荷社の評判が高まったことは確かであった。

開帳が始まると、『武江年表』にあるように「参詣、群集することおびたゞし」という状況になった。火の玉や有り難いお告げだけではなく、開帳の飾り物にもエネルギーが注がれた。延命寺から寺社奉行に届け出た境内などの飾り物は、前にも述べた〝奉納作り物虎〟や納められた銭（当時通用していたものと考えられる）をはじめ、表門と裏門前の大挑灯二張り、遠くからでも目立つように荒川の土手下には大幟をはためかせ、参道には五十本の「ほうつき挑灯」が飾られるなど大がかりなものとなった。

三月四日の報告では、日本橋万町の相模屋庄助という者が開帳に目を付けて、店の暖簾印である「井桁」に「三」の文字を入れた菓子を考案して三囲稲荷社の門前で販売したところ大量に売れたので、この菓子の折詰を店への挨拶として持参した旨の記載もある。開帳の人気が高いことを知るや、それを当て込んだ商売を考えつく者がいたのであった。そして、長期間にわたる開帳は成功裏に終了したのであった。

開帳の企画から実施段階を経て、終了するまでの経過をみてきたが、そこには開帳をめぐる収支計算の視点が表れている。「今度こそ赤字は出さない」、「寄付以外にはスポンサーには出費を願わない」、「今度の住職は堅い人物だから大丈夫」といったアピールだけでなく、実際、弁当持参という経費の削減努力も見られたのであった。しかも、当時としてはリアリティのある火の玉や御神託によって「霊験あらたか」だという評判が生まれ、参詣人が多く集まればそれに便乗した商売なども登場する。そうした意味で、三囲稲荷社の開帳は、当時の寺社をめぐる〝風評利益〟の発生パターンを象徴しているものでもあった。

祭礼と景気

それでは、虚説や異説を取り締まる側の幕府は、祭礼や開帳をどう見ていたのであろうか。祭礼や開帳への集客では、江戸時代の半ばを過ぎたころから本尊や宝物だけの公開では人が呼べなくなったこともあって、附属の出し物や展示が充実するようになり、境内に名物を作るといった動きが定着していった。当然、祭礼や開帳はしだいに派手で豪華なものになっていった。

そうした傾向に対して享保改革では、質素倹約の推進の一環として規制を加えている。屋台は一切禁止、練物の人数制限、練物を繰り出す人々の衣装も特注してはならず有り合わせで間に合わせること、豪華な練物の禁止を内容とする触書（『御触書寛保集成』［一二五二］）が享保六年（一七二一）に出されている。

ところが宝暦頃になると、幕府が祭礼を景気刺激策と考えていたことを示す触書も出てくる。祭礼が景気よく行われると人々にお金が回るが、祭礼をあまりに規制しすぎると、町は「火が消えた」ようになって不景気になるからであった。

宝暦九年（一七五九）五月になると、ぜいたくで豪華な祭礼を規制する建前には立ちながらも「乍然神事之儀、町人共一統信仰之上、町中追日繁栄ニ随ひ、おのつから人数も相増候事ニ候条、咎メ之沙汰不及候」（『御触書宝暦集成』［一〇〇七］）という規定も登場する。

祭礼の華美を禁じた触書を享保六年に出したが、最近は猥りになって規制に触れる品もあって不埒である。しかし、町人たちが信仰していることに加えて、「町中が繁栄することに通じて人口も増えるので処罰には及ばない」というものである。そして、「鼓笛太鼓之儀は勿論、近来差出来候通之練物幷日覆等致し差出候儀、又は三味線等之音曲抔相止候様ニとの事ニては無之候」つまり「賑いに必要な笛や太鼓、最近の練物や日傘、三味線などの音曲を禁止することではない」とわざわざ断りを入れている。むしろ、それを奨励しているとも取れる。

ただし、ぜいたくな衣類の禁止は享保六年の触書を踏襲しており、決して金箔や縮緬を用いてはならないとしている。金箔が必要なら真鍮箔で間に合わせ、高価な紅花染めの縮緬＝緋縮緬を使いたければ安い紅茜で代用せよという規定まであり、そうした傾向は、その後も維持された。

ところで、神田明神と山王日枝権現の祭礼は、天下祭といって、将軍の上覧のために祭礼の行列が江戸城中に入るのが例であった。しかし、安政二年（一八五五）の神田祭の時から、老中阿部伊勢守正弘《まさひろ》の命により、江戸城中への神輿・山車の入城が禁止された（『幕末御触書集成　第五巻』［四六六六］、［四六六七］）。

しかし、「それではかえって景気が悪くなるから再検討してほしい」という町奉行の意見もあり、江戸市中の物資供給を潤沢にしなければ開港によって始まった外国人の居留もうまくいかないとの判断がなされるに至った。そして、「景気引立、諸色潤沢之ため、両祭礼、付祭ハ、御曲輪内江引入候儀、前々之通可相心得旨、別紙之通町奉行江相達候間、可被得其意候事」、つまり景気を刺激して、物資を潤沢にさせるために神田・山王の両祭礼とその付祭を以前のとおり江戸城内に巡行させることになったのである(『幕末御触書集成　第五巻』〔四六六八〕)。

祭礼の経済効果について幕府は、宝暦九年(一七五九)の触書の時点では「町中追日繁栄ニ随ひ、おのつから人数も相増候事」というように、祭礼は町中が繁栄して人口も増えることにつながると認識していたのであったが、幕末になると、その認識はさらに強められており、祭礼は「景気引立、諸色潤沢」に直接結びつくのだと規定するにいたっている。

祭礼が目に余るほど華美・ぜいたくになれば取り締まるが、それほどでなければ、かえって景気刺激になるという認識は、江戸時代の中ごろには確立しており、時代を経るにしたがって強くなっていったのであった。

これまで述べてきたように、神社仏閣やその祭礼、開帳の「御利益」や「霊験」の有無は客観的に判断できるものではないので「御利益」や「霊験」と虚説・作り話の境界線を引くことは難しい。時代や社会の状況によってその線引きは相対的にならざるを得ない。現在の感覚や常識からすれば、火の玉が出たり、お参りしたら梅毒が治癒するといった話は、事実としては受け入れられないだろう。しかし江戸時代には、それらは十分にリアルな話として受けとめられた。つまり現代なら虚説になる話が、江戸時代には〝真実〟として語られる場面もあったわけである。

それゆえ、幕府も黒田家の「黄金不動」のように、当時としても明らかにインチキであるものや、教義が異説と判断できるもの、新規の寺社の設立などは許さなかったが、そうでないものについては受け入れざるを得なかったという事情があった。

一方、祭礼の経済効果を認識していた以上、同様の認識は開帳や縁日にもあったと推定できる。「御利益」や「霊験」が当時の常識として虚説やインチキの類ではなければ、祭礼や開帳を賑わせるためには効果があったと幕府がとらえていた可能性も否定できない。賑わいの創出が幕府にとって本当の「御利益」だったからである。

寺社参詣や開帳が盛んだった江戸時代の背景には、そうした幕府のスタンスも作用していたのかもしれない。幕府は浮説・虚説やそれらに伴う風評被害に悩まされ続けていたのであったが、その一方では、「風評利益」の受益者であったという二面性があったわけである。

註

（1）正式には「平成の出開帳　法隆寺秘宝展　百済観音堂建立勧進」と銘打っており、その後、なんば高島屋（五月二十六日から六月五日）、横浜高島屋（六月八日から六月十九日）と巡回している。

（2）当時、金・銀・銭の勘定はそれぞれ別建てで計算されるのが普通で、金は〇〇両〇〇分〇〇朱、銀は〇〇貫〇〇匁、銭〇〇貫〇〇文の単位であった。

（3）越後屋呉服店のビジネスに関しては、三井文庫編『三井事業史　本篇第一巻』（一九八〇年）や、土屋喬雄『日本資本主義の経営史的研究』（みすず書房、一九五四年）によった。

（4）月岑が著した『江戸名所図会』の「三囲神社」の項では白キツネは登場しない書き方になっているが、榎本其角の俳句と降雨の関係は「社僧の話」として紹介されている。

参考文献

プロローグ

荒木一視「風評被害とは何か——その背景と危険性」『地理』、古今書院、五七巻、十一月号、二〇一二年一一月

関谷直也『風評被害　そのメカニズムを考える』光文社新書、二〇一一年

曽我部真裕「風評被害」『法学セミナー』、日本評論社、通巻六八二、二〇一一年一一月

第1章

伊勢貞丈『貞丈雑記2』（島田勇雄校注）、平凡社、一九八五年

喜田川守貞『近世風俗志（一）』（宇佐美英樹　校訂）、岩波文庫、一九九六年

喜田川守貞『近世風俗志（守貞謾稿）（五）』（宇佐美英樹　校訂）、岩波文庫、二〇〇二年

斎藤月岑『定本　武江年表　上』（今井金吾校注）、ちくま学芸文庫、二〇〇三年

斎藤月岑『定本　武江年表　中』（今井金吾校注）、ちくま学芸文庫、二〇〇三年

鈴木浩三「江戸の市場経済と自律」『読売新聞（夕刊文化欄）』、二〇〇六年二月二四日

鈴木浩三『江戸商人の経営《ビジネス》戦略』、日経ビジネス人文庫、二〇一三年

鈴木理生『お世継ぎのつくりかた』ちくま学芸文庫、二〇一〇年

高柳眞三・石井良助編『御触書寛保集成』、岩波書店、一九五八年

地方自治百年史編集委員会編『地方自治百年史　第一巻』、地方財務協会、一九九二年

「鑑飩其他携火商禁止」『東京市史稿　産業篇第七』、東京都公文書館、一九六〇年

「流言馬ノモノイヒ厳探」「馬ノ物イヒ流言者処罰」『東京市史稿　産業篇第八』、東京都公文書館、一九六二年
「馬場文耕処罰」「金森頼錦除封」『東京市史稿　産業篇第二十』、東京都公文書館、一九七六年
「蕎麦中毒死風聞異説取締」『東京市史稿　産業篇第四十八』、東京都公文書館、二〇〇七年
「常憲院殿御実紀」『徳川実紀　第五篇』（黒板勝美ほか編）、吉川弘文館、一九六五年
「惇信院殿御実紀」『徳川実紀　第九篇』（黒板勝美ほか編）、吉川弘文館、一九六六年
根岸鎮衛『耳嚢　中』（長谷川強校注）、岩波文庫、一九九一年

第2章

大石慎三郎『田沼意次の時代』、岩波書店、一九九一年
幸田成友『江戸と大阪』、冨山房、一九三四年
『新訂　寛政重修諸家譜　第十二』、続群書類従完成会、一九六五年
杉田玄白『後見草』（森嘉兵衛・谷川健一編『日本庶民生活史料集成　第七巻　飢饉・悪疫』所収）、三一書房、一九七〇年
鈴木浩三『資本主義は江戸で生まれた』、日経ビジネス人文庫、二〇〇二年
「浮説取締」『東京市史稿　市街篇第三十』、東京都公文書館、一九三八年
石野広道『上水記』（復刻版）、東京都水道局、一九六五年
石野広道編『霞関集』（松野陽一編・解説）古典文庫、一九八二年

第3章

朝日重章『鸚鵡籠中記』（名古屋市教育委員会編『名古屋叢書続編　第十巻　鸚鵡籠中記（二）』）、愛知県郷土資料刊行会、一九八三年
石井良助・服藤弘司編『幕末御触書集成　第四巻』、岩波書店、一九九三年

石井良助・服藤弘司編『幕末御触書集成　第五巻』、岩波書店、一九九四年
市古夏生・鈴木健一校訂『新訂 江戸名所図会　6』、ちくま学芸文庫、一九九七年
斎藤月岑『安政乙卯　武江地動之記』（森嘉兵衛・谷川健一編『日本庶民生活史料集成　第七巻　飢饉・悪疫』）、三一書房、一九七〇年
斎藤月岑『定本　武江年表　上』（今井金吾校注）、ちくま学芸文庫、二〇〇三年
鈴木理生『千代田区の歴史』、名著出版、一九七八年
高柳眞三・石井良助編『御触書寛保集成』、岩波書店、一九五八年
高柳眞三・石井良助編『御触書天保集成　下』、岩波書店、一九五八年
「時事関係小歌謡曲及演劇禁制」『東京市史稿　産業篇第九』、東京都公文書館、一九六四年
「捨文禁止」『東京市史稿　産業篇第十一』、東京都公文書館、一九六七年
「虚説又ハ人集メ禁止」『東京市史稿　産業篇第十二』、東京都公文書館、一九六八年
「落書雑説禁止」『東京市史稿　産業篇第十四』、東京都公文書館、一九七〇年
「虚説取締」『東京市史稿　産業篇第十五』、東京都公文書館、一九七一年
「虚説取締」『東京市史稿　産業篇第十七』、東京都公文書館、一九七三年
「流言飛語取締」『東京市史稿　市街篇第十五』、東京都公文書館、一九三二年
「町火消消防取締諭達」『東京市史稿　市街篇第四十三』、東京都公文書館、一九五六年
「浮説取締」『東京市史稿　市街篇第四十四』、東京都公文書館、一九五七年
「甘露叢」『東京市史稿　変災篇第一』東京都公文書館、一九一四年
「明暦三年火災」（『玉露叢』）『東京市史稿　変災篇第四』、東京都公文書館、一九一六年
「常憲院殿御実紀」『徳川実紀　第六篇』、（黒板勝美ほか編）吉川弘文館、一九六五年
「有徳院殿御実紀」『徳川実紀　第八篇』（黒板勝美ほか編）吉川弘文館、一九六五年
戸田茂睡『御当代記――将軍綱吉の時代』（塚本学校注）、平凡社、一九九八年
高柳眞三・石井良助編『御触書天保集成　下』、岩波書店、一九五八年

野口武彦『安政江戸地震——災害と政治権力』、ちくま新書、一九九七年

第4章

市古夏生・鈴木健一編『江戸切絵図集　新訂 江戸名所図会　別巻1』、ちくま学芸文庫、一九九七年
大石慎三郎『田沼意次の時代』、岩波書店、一九九一年
大石慎三郎『吉宗と享保改革』、日本経済新聞社、一九九四年
幸田成友『江戸と大阪』、冨山房、一九三四年
鈴木浩三『江戸のお金の物語』、日本経済新聞出版社、二〇一一年
高柳眞三・石井良助編『御触書寛保集成』、岩波書店、一九五八年
高柳眞三・石井良助編『御触書宝暦集成』、岩波書店、一九五八年
高柳眞三・石井良助編『御触書天明集成』、岩波書店、一九五八年
田谷博吉『近世銀座の研究』、吉川弘文館、一九六三年
中央区教育委員会『中央区沿革図集　日本橋篇』、一九九五年
日本銀行金融研究所（貨幣博物館）「江戸時代の1両は今のいくら?」『お金の豆知識』、二〇〇八年
日本銀行金融研究所『新版　貨幣博物館』、ときわ総合サービス、二〇〇七年
日本銀行調査局『江戸期銭貨概要』、一九六五年
「新金引替中止浮説禁絶」『東京市史稿　産業篇第十』、東京都公文書館、一九六六年
「乾字金通用期限布告」「元禄金通用明春停止」「新金銀貨通用令布告」「銀貨囲置厳禁」「金銀両替相対相場願」『東京市史稿　産業篇第十二』、東京都公文書館、一九六七年
「虚説取締」「銀切賃ニ付両替店員処罰」「鋳銭布告」『東京市史稿　産業篇第十四』、東京都公文書館、一九七〇年
「吹替浮説者厳科令」「改鋳否定申渡」『東京市史稿　産業篇第十五』、東京都公文書館、一九七一年
「改鋳浮説取締」『東京市史稿　産業篇第二十』、東京都公文書館、一九七六年

「鋳銭吹立町触」『東京市史稿　産業篇第二十二』、東京都公文書館、一九七七年
「有章院殿御実紀」『徳川実紀　第七篇』（黒板勝美ほか編）、吉川弘文館、一九六五年
「有章院殿御実紀」『徳川実紀　第八篇』（黒板勝美ほか編）、吉川弘文館、一九六五年
「有章院殿御実紀」『徳川実紀　第十篇』（黒板勝美ほか編）、吉川弘文館、一九六五年
三田村鳶魚「鉄銭の不成功」『三田村鳶魚全集　第八巻』、中央公論社、一九七五年
三井高維校註『校註　両替年代記　原編』、岩波書店、一九九五年

第5章

大石慎三郎『田沼意次の時代』、岩波書店、一九九一年
大蔵省編『大日本貨幣史　第一巻　本編　三貨部』、歴史図書社、一九六九年
大蔵省編『大日本貨幣史　第三巻　雑纂部』、歴史図書社、一九六九年
大蔵省編『大日本貨幣史　第八巻』、歴史図書社、一九六九年
小倉榮一郎「江州中井家の本支店会計法について」『彦根論叢』、第五二号、一九五九年
小倉榮一郎「和式帳合法発達の段階的考察」『彦根論叢』、第一八五／一八六号、一九七七年
幸田成友『江戸と大阪』、冨山房、一九三四年
鈴木浩三『江戸の経済政策と現代』、ビジネス教育出版社、一九九三年
「四　寄合筒井正憲上申書　老中宛」、「一三　勘定奉行問合書　町奉行宛」『大日本近世史料　諸問屋再興調　一』（東京大学史料編纂所編）、東京大学出版会、一九五六年
高柳眞三・石井良助編『御触書宝暦集成』、岩波書店、一九五八年
高柳眞三・石井良助編『御触書天明集成』、岩波書店、一九五八年
高柳眞三・石井良助編『御触書天保集成　下』、岩波書店、一九五八年
田谷博吉『近世銀座の研究』、吉川弘文館、一九六三年
『通航一覧　第二』、国書刊行会、一九一二年

『通航一覧　第二』、国書刊行会、一九一二年
「朝鮮使節賜銀吹直」『銀貨改鋳浮説否定』「朝鮮使へ下賜銀包立」「天草運上請負者入札幷改鋳浮説取締」『東京市史稿　産業編第二十二』、東京都公文書館、一九七七年
「金銀吹替浮説取締」「弐朱判切賃歩増禁止再触」「三井家二朱判風聞書状送付」『東京市史稿　産業篇第二十四』、東京都公文書館、一九八〇年
「琉球人参府金銀吹替風説取締」『東京市史稿　産業篇第四十』、東京都公文書館、一九九六年
日本銀行金融研究所『新版　貨幣博物館』、ときわ総合サービス、二〇〇七年

第6章

石井良助・服藤弘司編『幕末御触書集成　第四巻』、岩波書店、一九九三年
幸田成友『江戸と大阪』、冨山房、一九三四年
鈴木浩三『資本主義は江戸で生まれた』、日本経済新聞社、二〇〇二年
鈴木浩三『江戸のお金の物語』、日本経済新聞出版社、二〇一一年
高柳眞三・石井良助編『御触書天明集成』、岩波書店、一九五八年
高柳眞三・石井良助編『御触書天保集成　下』、岩波書店、一九五八年
「米浮説ニ付札差等へ申渡」『東京市史稿　産業篇第二十四』、東京都公文書館、一九八〇年
「米穀相場ニ付流言厳禁令」『東京市史稿　産業篇第三十二』、東京都公文書館、一九八八年
「金銀貸借等ニ付流言取締令」『東京市史稿　産業篇第三十三』、東京都公文書館、一九八九年
「米価下落ニ付持囲見込商等奨励」『東京市史稿　産業篇第三十四』、東京都公文書館、一九九〇年
「棄損浮説ニ関スル諭告」『東京市史稿　市街篇第四十三』、東京都公文書館、一九五六年
井原西鶴『西鶴集　下』（野間光辰校注、日本古典文学大系48）、岩波書店、一九六〇年
松平定信『宇下人言・修行録』（松平定光校訂）、岩波文庫、一九四二年

第7章

市古夏生・鈴木健一校訂『新訂 江戸名所図会 3』、ちくま学芸文庫、一九九六年
市古夏生・鈴木健一編『江戸切絵図集 新訂 江戸名所図会 別巻1』、ちくま学芸文庫、一九九七年
岩淵令治「武家屋敷の神仏公開と都市社会」『国立歴史民俗博物館研究報告』第103集、二〇〇三年
「水天宮金御蔵納高」『江邸勝手方明細記』(有馬家文書)、久留米市立中央図書館蔵
斎藤月岑『定本 武江年表 上』(今井金吾校訂)、ちくま学芸文庫、二〇〇三年
斎藤月岑『定本 武江年表 中』(今井金吾校訂)、ちくま学芸文庫、二〇〇三年
斎藤月岑『定本 武江年表 下』(今井金吾校訂)、ちくま学芸文庫、二〇〇四年
櫻井通晴『コーポレート・レピュテーション』、中央経済社、二〇〇五年
鈴木浩三『江戸商人の経営戦略』日経ビジネス人文庫、二〇一三年
鈴木棠三・小池章太郎編『近世庶民生活史料 藤岡屋日記 第三巻』、三一書房、一九八八年
鈴木理生『江戸の町は骨だらけ』、ちくま学芸文庫、二〇〇四年
高柳眞三・石井良助編『御触書寛保集成』、岩波書店、一九五八年
「返答書」(立花家文書)、立花家資料館蔵、柳川古文書館寄託
平賀源内『風来山人集』(中村幸彦校注、日本古典文学大系55)、岩波書店、一九六一年
松浦静山『甲子夜話続篇8』(中村幸彦・中野三敏校訂)、平凡社東洋文庫、一九八一年
道永洋子「3 幕末の藩財政と軍備強化策(4章 幕藩制の崩壊)」『久留米市史 第2巻』、久留米市、一九八二年
藪利和編『問答集2 時宜指令・三奉行伺附札』(石井良助・服藤弘司編)、創文社、一九九八年
藪田貫『武士の町 大坂』、中公新書、二〇一〇年
吉田正高「解き放たれた大名屋敷内鎮守と地域住民」『江戸の祈り 信仰と願望』(江戸遺跡研究会編)、吉川弘文館、二〇〇四年

第8章

石井良助・服藤弘司編『幕末御触書集成　第五巻』、岩波書店、一九九四年
金子啓明「法隆寺献納宝物の由来と聖徳太子信仰――天保十三年の法隆寺江戸出開帳を中心に――」『特別展　法隆寺献納宝物』、東京国立博物館編、一九九六年
『平成の出開帳　法隆寺秘宝展――百済観音堂建立勧進――目録』、小学館、一九九〇年
「常憲院殿御実紀」『徳川実紀　第六篇』（黒板勝美ほか編）、吉川弘文館、一九九九年
斎藤月岑『定本　武江年表　上』（今井金吾校訂）、ちくま学芸文庫、二〇〇三年
斎藤月岑『定本　武江年表　中』（今井金吾校訂）、ちくま学芸文庫、二〇〇三年
斎藤月岑『定本　武江年表　下』（今井金吾校訂）、ちくま学芸文庫、二〇〇四年
鈴木理生『大江戸の正体』、三省堂、二〇〇四年
高柳眞三・石井良助編『御触書寛保集成』、岩波書店、一九五八年
高柳眞三・石井良助編『御触書宝暦集成』、岩波書店、一九五八年
土屋喬雄『日本資本主義の経営史的研究』、みすず書房、一九五四年
「三囲稲荷社開帳」『東京市史稿　産業篇第四十三』、東京都公文書館、二〇〇〇年
日本経営史研究所編『三井両替店』、三井銀行『三井両替店』編纂委員会、一九八三年
比留間尚「江戸の開帳」「江戸開帳年表」（西山松之助編『江戸町人の研究　第二巻』）、吉川弘文館、一九七三年
三井文庫編『三井事業史　本篇第一巻』、一九八〇年

あとがき

本書で見てきたように、江戸時代にもさまざまな風評被害が発生していた。それらの多くは、現代人にとっても身近で生々しい問題である。本書をまとめる作業を通じて、筆者自身、「これは現代の話ではないか」という錯覚に陥ることが、一瞬ではあるが何度もあった。

そこから浮かび上がってくるのは、風評被害には時代や社会の違いを超えた共通性や一般性が備わっている可能性である。とりわけ、風評が発生しやすい分野や領域、風評が拡大していくメカニズムなどにその傾向が強く現れている。

当時の風評被害は、生き死にや健康にまつわるもの、財産やお金、損得に関係するものなど、古今東西・老若男女を問わず、人々が強い興味・関心を寄せる分野で発生している。また、市場メカニズムの発露として発生する場合も多かった。その話題に関する情報不足によって、人々が疑心暗鬼に陥ったり不安感が高まったりしているときに起こりやすいという傾向も見て取れる。そして発生した風評は、巷間に拡がるなかでリアリティを高めながら強固になり、実際の被害に結びついていくのである。

社会やそれを取り巻く環境は、経済の発展や技術革新などによって、時とともに変貌を続けてきた。しかし時代を超えて、人と人とのコミュニケーションのあるところに風評被害は発生する。

つまり、風評被害は、きわめて人間的な現象なのである。

人間の行動パターンには、時代によっても変らない部分が多い。少なくとも江戸時代から現代まで、私たちは風評被害と付き合い続けてきたのだ。となれば、社会の危機管理として「風評被害は必ず起こる」という前提が必要だろう。実際江戸の社会システムは、たびたび危機にさらされながら対処機能を備えていった。さらに、「どんな場合に、どんな分野で起こりやすいのか」といった一般化が具体的にできれば、現代の風評被害に対する作戦も立てやすくなるのではないか。そうした思惑もあって、この本では、当時の風評被害の背後に横たわる共通性にも焦点を当てた。それは敷衍すれば、企業の評判を高める戦略とも不可分の関係にある。題材は江戸時代から採っているが、さまざまな現代のテーマにも通じているはずだ。

本書の冒頭で述べたように、風評被害は現代的なテーマである。しかしながら、人の営みのひとつの現われとして、歴史から学べることも多いのではないだろうか。

末筆になるが、「江戸時代の風評被害」というテーマに興味を抱き、お付き合い頂いた筑摩選書の磯知七美編集長に心よりお礼申し上げます。氏の適切なアドバイスがこの本を完成に導いたことを併せて記しておきます。

平成二十五年四月

鈴木浩三

鈴木浩三 すずき・こうぞう

一九六〇年東京生まれ。中央大学法学部卒。筑波大学大学院ビジネス科学研究科企業科学専攻修了。博士（経営学）。経済史家。二〇〇七年日本管理会計学会「論文賞」受賞。著書に、『震災復興の経済学』（古今書院）、『江戸のお金の物語』（日経プレミアシリーズ）、『資本主義は江戸で生まれた』『江戸商人の経営戦略《ビジネス》』（ともに日経ビジネス人文庫）、『管理会計学大辞典』（中央経済社、共著）などがある。

筑摩選書 0066

江戸《えど》の風評《ふうひょう》被害《ひがい》

二〇一三年五月一五日　初版第一刷発行

著者　鈴木《すずき》浩三《こうぞう》

発行者　熊沢敏之

発行所　株式会社筑摩書房
東京都台東区蔵前二-五-三　郵便番号　一一一-八七五五
振替　〇〇一六〇-八-四一二三

装幀者　神田昇和

印刷 製本　中央精版印刷株式会社

乱丁・落丁本の場合は左記宛にご送付ください。送料小社負担でお取り替えいたします。
ご注文、お問い合わせも左記へお願いいたします。
筑摩書房サービスセンター
さいたま市北区櫛引町二-六〇四　〒三三一-八五〇七　電話　〇四八-六五一-〇〇五三

 ISBN978-4-480-01572-3 C0321